カッシーラーのシンボル哲学

カッシーラーのシンボル哲学

――言語・神話・科学に関する考察――

齊藤　伸著

知泉書館

目　　次

序章　『シンボル形式の哲学』とカッシーラー研究　　　3
 Ⅰ　『シンボル形式の哲学』と本書の目的　　　3
 Ⅱ　本書の構成　　　6
 Ⅲ　カッシーラー研究の現在　　　9

第1章　現代ドイツにおける言語論の歩み
　　　　　　──ヘルダー，フンボルトからカッシーラーへ　　　13
 はじめに　　　13
 Ⅰ　ヘルダーの言語論　　　14
  1　『言語起源論』の発端とその意義　　　14
  2　人間と自然言語　　　15
  3　欠陥動物としての人間　　　19
  4　内省意識と標識語　　　21
  5　言語の感覚器官としての聴覚　　　24
  6　『言語起源論』の結論と残された問題　　　25
 Ⅱ　フンボルトの言語論　　　26
  1　フンボルトの出発点と基本理念　　　26
  2　精神の力と言語　　　29
  3　「内的言語形式」と世界観としての言語　　　31
  4　フンボルトの言語論における言語の本性　　　34
  5　フンボルトの言語論における結論　　　36
 Ⅲ　カッシーラーの言語論　　　38
  1　カッシーラー哲学における言語の問題　　　38
  2　言語の起源と神話的形式　　　39
  3　感覚と言語　　　42

4　言語の地位　　　　　　　　　　　　　　　　　　45
　おわりに——ヘルダー，フンボルトからカッシーラーへ　　48

第2章　カッシーラーにおける神話の哲学
　　　　　　——シンボルの根源としての神話的思考　　　53
　はじめに——「シンボル形式の哲学」における神話的思考　　53
　Ｉ　言語と神話の起源——『言語と神話』の考察　　　55
　　1　言語と神話の関係——カッシーラーの視点　　　56
　　2　ヘルマン・ウゼナーによる神名の三区分　　　　58
　　3　神話的概念作用と理論的概念作用　　　　　　　61
　Ⅱ　思考および直観形式としての神話　　　　　　　　66
　　1　シェリングの『神話の哲学』からの展開　　　　66
　　2　カッシーラーによる神話的思考の基礎理解　　　68
　　3　思考形式としての神話　　　　　　　　　　　　71
　　4　直観形式としての神話　　　　　　　　　　　　76
　おわりに　　　　　　　　　　　　　　　　　　　　　82

第3章　シンボル的直観と再現前化作用
　　　　　　——『シンボル形式の哲学』第三巻の考察　　85
　はじめに——本章の目的と問題点　　　　　　　　　　85
　Ｉ　シンボルの含蓄と知覚世界の構築　　　　　　　　88
　　1　再現前化とシンボルの含蓄　　　　　　　　　　88
　　2　知覚世界の構築　　　　　　　　　　　　　　　93
　Ⅱ　直観と表出機能　　　　　　　　　　　　　　　　95
　Ⅲ　反省と表出機能　　　　　　　　　　　　　　　　99
　Ⅳ　空間と時間の再現前化作用　　　　　　　　　　102
　　1　空間と時間の三類型　　　　　　　　　　　　102
　　2　対象と空間直観　　　　　　　　　　　　　　103
　　3　時間直観と再現前化作用　　　　　　　　　　105
　おわりに　　　　　　　　　　　　　　　　　　　　107

第4章　シンボル形式としての科学的思考
　　　　　──概念と記号の関係からの考察　　　　109
はじめに──カッシーラー哲学における科学的思考　　109
Ⅰ　自然的世界概念から科学的思考へ　　110
　1　自然的世界概念の特質とその限界　　110
　2　科学的思考への契機──真理の問題　　112
Ⅱ　シンボル形式からみた科学的思考の概念形成　　114
　1　直観形式と概念形式における真の差異　　114
　2　概念形式における主観性の問題──経験主義による概念批判　　117
　3　代理機能としての概念と再現前化　　123
　4　二つの概念と二つの客観化作用　　126
Ⅲ　言語的記号から科学的記号へ──記号の三区分　　129
　1　直観・言語・科学　　129
　2　言語的記号　　130
　3　言語形式から科学的概念形式への展開──言語と科学の連続性　132
おわりに　　138

第5章　心身論とシンボル機能
　　　　　──『〈精神〉と〈生命〉』と題する二論文の考察　　141
はじめに──二つの『〈精神〉と〈生命〉』　　141
Ⅰ　第一論文における「精神」と「生命」　　144
　1　ジンメルの「生の哲学」とカッシーラーの立脚点　　144
　2　協働する「形式」と「生命」　　146
　3　能産的形式と所産的形式　　148
Ⅱ　第二論文における「精神」と「生命」　　149
　1　シェーラーの『宇宙における人間の地位』の考察　　149
　2　シェーラーの心身論における二つの問題点　　151
　3　活動のエネルギーと形相を作るエネルギー　　153
おわりに──ロマン主義の精神と心身の対極性　　155

第6章　新たなる人間の定義──晩年の著書『人間』の考察　　159
はじめに──カッシーラー哲学における『人間』の意義　　159

目　次

Ⅰ　現代ヨーロッパ人間学の危機　161
1. 心理学の発達とソクラテスによる自己認識　161
2. 中世以降における自己認識の問題
　　――科学の発達と世界観の変貌　163
3. 知的中心の喪失による自己認識の危機　165

Ⅱ　「象徴的動物」としての人間――ユクスキュルの環境理論　166
1. 新たなる人間の定義 「象徴的動物」　167
2. ユクスキュルの環境理論と「象徴系」　168
3. シンボル（象徴）とシグナル（信号）　173

Ⅲ　情動言語と命題言語の差異　176
1. ケーラーの実験からの考察――情動言語と命題言語　177
2. シンボルの獲得について
　　――ヘレン・ケラーとローラ・ブリッジマンの事例　179

おわりに　182

終章　『シンボル形式の哲学』の後世への影響　185

Ⅰ　「シンボル形式の哲学」の結論　186
1. 「シンボル形式」とそれが関わる表象の構造　186
2. 「世界観」としてのシンボル形式とメルロー＝ポンティの批判　187
3. 『シンボル形式の哲学』におけるシンボルの規定　188

Ⅱ　S.K.ランガーによるシンボル哲学　190
1. ランガーにおけるシンボルの問題　191
2. 「定式化機能」としてのシンボル機能　194
3. カッシーラーとランガーのシンボル理解　195

付論　カッシーラーの宗教理解
　　――カントを中心とした啓蒙主義理解の考察　199

はじめに――『啓蒙主義の哲学』の主題　199

Ⅰ　堕罪の教義とフランス啓蒙主義
　　――パスカル・ヴォルテール・ルソー　201
1. パスカル――人間の堕罪と二重的性格　202

	2 ヴォルテール——人間性の擁護と中間的帰結	203
	3 ルソーの宗教論——宗教的精神の根源としての「良心」	206
Ⅱ	カッシーラーによるカントの宗教論理解	208
	1 カントの宗教論における基本思想	209
	2 カッシーラーの理解——『宗教論』の評価	213
おわりに——『宗教論』が与えた積極的な契機と自然的宗教		215
	1 『宗教論』が与えた積極的な契機	215
	2 啓示的宗教と自然的宗教	216

資料（訳） エルンスト・カッシーラー：フンボルトの
　　　　　　言語哲学におけるカント的要素　　219

あとがき　　255
参考文献　　259
索　引　　267
欧文目次　　275

カッシーラーのシンボル哲学

――言語・神話・科学に関する考察――

序　章
『シンボル形式の哲学』とカッシーラー研究

―――――

I　『シンボル形式の哲学』と本書の目的

　20世紀を代表する哲学者であるエルンスト・カッシーラー（1874-1945）は，一般的に文化の哲学者と呼ばれている。彼は19世紀末から20世紀初頭にかけて既成の文化形式を破壊し，新たに文化を創造しようと知的な雰囲気に沸いたワイマール文化の中で育ち，マールブルク学派のヘルマン・コーヘンに師事することによってカントの哲学へと導かれていった。そして彼が編纂に携わったいわゆる「カッシーラー版カント全集」の最終巻にあたる第11巻に，自身のカント理解を論じた『カントの生涯と学説』（1918年）が加えられたことからも知られるように，彼は著名なカント学者であった。この著作はカント研究の最高峰として有名であるが，カッシーラーを「研究者」としてではなく，一人の「哲学者」としての地位を確固たるものにしたのは『シンボル形式の哲学』（1923-1929年）であることに異論をさし挟む余地はない。この著作において彼は，カントが『純粋理性批判』で要求したように，既存の問題を現代に即して「哲学すること」によって新しい哲学体系の構築を試みた。そこでは19世紀から20世紀にかけて飛躍的な進歩を遂げた諸科学の成果を取り入れることによって，「シンボル形式」を中心とする彼独自の哲学的人間学を創始した。そのため「哲学者」としてのカッシー

ラーは『シンボル形式の哲学』によって特徴づけられる[*1]。

『シンボル形式の哲学』は全三巻から構成されており，それぞれ第一巻「言語」，第二巻「神話的思考」，そして第三巻「認識の現象学」と題されている。この著作はコーヘンやナトルプに代表されるマールブルク学派の枠に囚われることなく，上述のようにカッシーラーが独自に哲学的人間学の体系の構築を企図したものである。1919年に新設されたハンブルク大学に教授職を得た彼は，そこでのワールブルク文庫との出会いによって新たな着想を得た。いまや彼の関心はマールブルク学派に従った論理的なカント解釈に留まることなく，人間の文化現象全体へと広げられた。しかしながら彼が言うところの「シンボル形式」（symbolischen Formen）は，知覚した感覚印象をシンボルへと構成する人間の精神的な力を意味している。そのためこの概念にはカントが『純粋理性批判』において確立した認識の「構成説」が前提とされている。したがってカッシーラーの意図は，カントの哲学が孕む問題点を超克しつつ，新たに「シンボル形式」という概念を用いてそれを拡大することであり，つまりカントにとって「理性の批判」であったものが，カッシーラーでは「文化の批判」へと発展させられるのである。彼は『シンボル形式の哲学』が意図するところを次のように述べている。

---

1) カッシーラーは『シンボル形式の哲学』に先立って1910年に『実体概念と関数概念』を著している。この著作についてカッシーラーの遺稿を編纂したD. P. ヴィリーンは，「彼の体系的な哲学としては最初の独自な著作」であると述べている。そこでは論理的な理論と科学上の諸概念の形成との相互関係について論じられた。しかしながら，カッシーラー自身も述べているように，『実体概念と関数概念』は，『シンボル形式の哲学』へと展開する彼の「形式論」の先行研究であり，その考察対象がさらに拡大されなければならなかった。彼は言う，「一般的認識理論の構想が原理的に拡大される必要があるように思われてきたのだ。つまり単に世界の科学的認識の一般的諸前提を探求するだけではなく，世界を「了解」（Verstehen）するさまざまな基本形式を相互に画定し，そのそれぞれをできるだけ明確にその固有の傾向と固有の精神的形式とにおいて捉えるところまで進まねばならなかった」と。そのためここでは，やはり『シンボル形式の哲学』こそ「哲学者」としてのカッシーラーを特徴づける著作であると言えよう。Cassirer, *Philosophie der symbolischen Formen*, erster Teil, Wissenschaftliche Buchgesellschaft, Darmstadt, 1977, v.（『シンボル形式の哲学』生松敬三・木田元訳，岩波文庫，1989年，9頁）

なお本書での引用に際して邦訳を参照した場合は全て出典箇所を明記したか，それぞれの文脈にいっそう適応させて明瞭な叙述とするために，著者によって部分的な修正を加えている。

I 『シンボル形式の哲学』と本書の目的

純粋な認識機能と並んで，言語的思考の機能，神話的・宗教的思考の機能，芸術的直観の機能についても，いかにしてこれらすべてにおいて，まったく特定の形態化——世界の（der Welt）形態化というよりはむしろ世界への（zur Welt）形態化——が行われるのかが明らかになるような仕方で，それらを理解することが肝要なのである。こうして，理性の批判は文化の批判となる[*2]。

　カッシーラーの「文化批判」においては，人間の文化がそれぞれ異なった現象形態をもって現れるとしても，現象自体の観察によってではなく精神の活動という側面から考察するならば，それらを通底する共通の作用が見出される。それこそがカッシーラーの言う精神の普遍的な原理としての「シンボル形式」なのである。カッシーラーはカントの超越論的観念論を否定することによってではなく，それをそれぞれの文化現象に適用して考察することによって，精神の機能を明らかにしようとする。彼が言うところの「形式」とは，けっして単なる思考や認識の鋳型なのではなく，まさにそれらを創り出し，また可能とさせる機能そのものであり，それは文化の批判によってのみ初めて明るみに出るものとして彼は理解する。

　このようなカッシーラーの理解から，本書では『シンボル形式の哲学』において展開されている学説の詳細な検討を通して，彼の「シンボル哲学」を明らかにすることを目的とする。既に述べたように，カッシーラーは『シンボル形式の哲学』を「言語」，「神話的思考」，「認識の現象学」という三つの主題の下に取り組んでいるが，これまでのカッシーラー哲学の研究においてはこれら三つの著作を横断的に検討するような試みは未だなされたことがない。カッシーラーがその探求対象としたものは，「シンボル」だけではなく，ルネサンス時代や啓蒙主義哲学といった思想史の研究から，アインシュタインの相対性理論に至るまで多岐にわたっている。そのため哲学者エルンスト・カッシーラーの全貌を描出しようとするならば，扱うべき範囲が広大なために『シンボル形式の哲学』

---

2) Cassirer, *Philosophie der symbolischen Formen*, erster Teil, Wissenschaftliche Buchgesellschaft, Darmstadt, 1977, S.11.（『シンボル形式の哲学』生松敬三・木田元訳，岩波文庫，1989 年，9 頁）

での個別的な問題を詳細に検討することによっては，不可能なように思われたからである。したがってここでは決して彼の哲学全体を明らかにしようとするのではない。むしろ彼の哲学における最も偉大な功績としての「シンボル哲学」の体系の解明だけを目的とするのである。後に詳述するがこのような試みは，現在最もカッシーラー研究が盛んなアメリカにおいても成されたことはなく，本書によって初めて彼の「シンボル哲学」の体系を理解するための指針が与えられると思われる。

II　本書の構成

本書ではカッシーラーの『シンボル形式の哲学』の構成に従って，それぞれの主題に関する彼の思想を考察する。そのため全6章から成る本論は，それぞれの章が独立した構成となっているが，そこには有機的なつながりが存在する。こうした構成によってこそ，カッシーラーの思想的展開を明らかにすることが可能であったし，彼が『シンボル形式の哲学』に吹き込んだ思想の息吹と共に考察ことが最良であると思われた。

第1章ではまず「言語」を問題とした。「言語」はシンボルそのものであり，それはカッシーラーにとって『シンボル形式の哲学』第一巻から，晩年の著作に至るまで最も重要な問題の一つであり続けた。彼は『シンボル形式の哲学』において，彼以前の言語論の歴史的な考察を通じてシンボルとしての言語が，いかに人間の文化的生活を可能とさせる根源的な力であるかを問題とする。しかしながらカッシーラーは，単に言語の論理的な側面だけではなく，その情動的な側面もまた同時に重要視するという点に彼の言語理解の特徴が示されている。このような理解にはヘルダーとフンボルトの言語論からの影響が色濃く現れており，彼はそれらの諸側面を言語だけに留まらない「シンボル」として考察することによって発展的に継承する。そのためカッシーラーの言語論の考察を始めるに先立って，ヘルダーとフンボルトの言語論を理解しておかなければならない。そうすることによって，いっそう彼の思想が明瞭になるように思われる。そこでカッシーラーの言語論と，ドイツ観念論における先駆的な二人の言語論とを順に検討し，それらとの比較的な考察によっ

てカッシーラーがシンボルとしての言語をいかに理解するかを問題とした。

続く第2章では,『シンボル形式の哲学』第二巻「神話的思考」と,『言語と神話』において展開されている彼の神話論を考察する。彼はこれらの著作で全てのシンボル形式の原始状態としての「神話的思考」の特質を解明する。なぜなら言語や宗教といった高度に抽象化された「シンボル形式」は,カッシーラーによると,根源的には直観的な「神話的思考」に等しく根を張っているからである。そのためヘルダーが「言語の起源」を探究したのとは相違して,彼は「シンボルの起源」を問うたのである。したがって本章は,第1章とのつながりが極めて強い。さらに,神話的思考は直観的な思考であるにもかかわらず,そこには最も抽象化がなされた科学的思考へと発展する精神発達の萌芽が見出されると彼は主張する。彼はこうした見解を『言語と神話』においても同様に述べており,この二つの著作が彼の神話論を理解するための基本文献となっている。

続く第3章と第4章では,『シンボル形式の哲学』第三巻「認識の現象学」の考察を行う。この巻は大きく分けて二つの主題から論じられており,本書ではそれぞれを分けて考察することによって彼の問題意識をさらに明瞭に叙述しようと試みた。したがって第3章では「シンボルの含蓄」(symbolische Prägnanz)というカッシーラー独自の概念を採り上げ,言語や神話といった「人為的なシンボル機能」ではなく,それらよりもいっそう根源的な「自然的シンボル機能」を問題にする。この概念は彼の「シンボル哲学」全体を基礎づける第一の原理として理解されなければならず,極めて重要な意味をもっている。そして同時に人間の精神における「再現前化」の機能を解明することによって,彼独自の純粋認識の構造を考察する。

そして第4章においては,彼が「人間文化の最高にして,最も特徴的な成果」であると言う科学および科学的思考を問題にする。科学の獲得が人間の生活に極めて大きな影響を与えたことは言うまでもなく,カッシーラーは科学を生み出すその思考様式をシンボル形式との関連から考察する。科学的思考は人間の思考形式で最も高度に抽象化され,また客観化された形式であり,彼によるとそれはまさに人間にとって新たな認識の道を切り開く機能そのものである。神話的思考から出発した人間の

思考様式が，最後に到達するのが科学的思考であり，カッシーラーはこの思考形式を明らかにするために，それとは対照的な神話的思考との比較考察からそれを特徴づける。この問題に関するカッシーラーの思想を解明するためには，『シンボル形式の哲学』第三巻の後半部分，そして全四巻からなる大著『認識問題』が有用な資料となる。そのためここではこの二つの著作を中心とした考察を行う。

さらに第5章ではカッシーラーの心身論を採り上げた。人間における精神と生命の問題は，ヨーロッパの哲学において長く主要問題であり続けた。しかしながらカッシーラーは当時流行していた「生の哲学」に加担することもなかったし，また現代における哲学的人間学の創始者マックス・シェーラーのように心身の二元論を強調することもなかった。そのため彼の心身論は独自の立場，すなわち『シンボル形式の哲学』の体系における心身論となった。この問題に関する彼の見解は，いわゆる「同一哲学」や「二元論」を超克する試みとして有意義な洞察を与えてくれる。そこで本章では，彼の心身論を解明するうえで重要だと思われる二つの論文，つまり『精神と生命』（1928 年）と『現代哲学における〈精神〉と〈生命〉』（1930 年）を順に検討することによって，この問題に関する彼の思想を明らかにしようと試みた。

第5章までが一貫して『シンボル形式の哲学』を中心とする考察であったのに対して，最終の第6章では，彼が『シンボル形式の哲学』の「説明であり，例解である」と位置づける晩年の『人間』（1944 年）を問題にする。亡命先のアメリカで著されたこの著作は，単にそれまでの著作の要約と考えられてはならない。とりわけこの著作の最初の三章は，『シンボル形式の哲学』には見られなかった新たな要素が取り入れられており，それによってカッシーラーは新たな人間の定義に到達する。そこにおいて彼は，人間を「象徴的動物」と定義することによって彼自身の「シンボル哲学」を完成させるに至った。そこで本章において私は，この著作がもつ意義を強調して晩年において結実するに至った思想の特質を論じた。このように『シンボル形式の哲学』全三巻の後に，独立した著作としての『人間』を考察することによって，初めて彼のシンボル哲学の全貌が明らかになると考えられる。

終章においては，本論全体を総括した考察と，カッシーラーの「シン

ボル哲学」が与えた後世への影響を論じた。そこで私はカッシーラーの後継者として有名なアメリカの哲学者 S. K. ランガーによる『シンボルの哲学』（第三版1956年）を中心として，彼女とカッシーラーの思想との関係の解明を試みた。

　本書に付論としてつけ加えたのが「カッシーラーの宗教理解」である。ここでは名著として名高い『啓蒙主義の哲学』，『カントの生涯と学説』，『18世紀の精神』を中心として，カッシーラーが17世紀から18世紀に至る啓蒙主義における宗教の問題を，いかに理解したかを論じた。彼の啓蒙主義に対する理解は，世紀の病としての無神論やニヒリズムが蔓延する現代世界において，再び宗教が果たしうる役割を捉え直す契機になるのではないかと思われる。というのもユダヤ系ドイツ人であるカッシーラーが，宗教と理性との関係を歴史的に考察したこれらの著作においては，宗教が本来説くべき普遍的な道徳律が強調されており，彼の理解は現代のキリスト教においても同様に意義深いからである。この問題は極めて大きな現代的意義をもつにもかかわらず，カッシーラーによる宗教理解は主たる関心である「シンボル形式」とは直接的な関係をもたないために，本論に加えるのではなく付論とした。

　そして最後にカッシーラーによる論文，『ヴィルヘルム・フォン・フンボルトの言語哲学におけるカント的要素』（1919年）を翻訳し，それを付属資料として付け加えた。というのも，未だ訳出がなされていないこの論文は，とりわけ本書の第1章において扱った18世紀の言語論が，カントの『純粋理性批判』とどのような関わりをもつかが，カッシーラー独自の視点から簡潔明瞭に語られており，彼の言語論をそれらとの関係から考察するのに有用な手掛かりになると考えられるからである。そのため本書は，本論としての六つの章に，付論および付属資料という八つの独立した論文によって構成される。

Ⅲ　カッシーラー研究の現在

　カッシーラー哲学の研究が最も盛んに行われている国は，彼の母国ドイツではなくアメリカである。それはカッシーラーが晩年を過ごした国

であること，また彼の遺稿をイェール大学が保有していることにも起因している。既にアメリカにおけるカッシーラー研究は，彼の存命中に開始されていた。その中でも特筆すべき成果は1949年に23人の研究者による論文を掲載した「現代哲学者叢書」(*Library of Living Philosophers*) に収められている『エルンスト・カッシーラーの哲学』である。カッシーラー自身は，この叢書の完成を待たずして1945年に急逝したが，そこでは主だったアメリカの研究者たちによってカッシーラー哲学に対する見解が述べられている。この叢書の編集者であったP. シルプがその序言において，カッシーラーの著作を英語に翻訳する必要性を説いており，その後にイェール大学出版局によって『シンボル形式の哲学』を初めとする彼の著作の本格的な翻訳が開始された。カッシーラーがアメリカにて英語で出版した二つの著作，すなわち『人間』と『国家の神話』もまたイェール大学から出版されたものであり，カッシーラーの著作は当初からアメリカにおいて注目を集めていた。

　アメリカでカッシーラーの哲学を最初に採り上げ，さらにそれを発展的に継承したのはS. K. ランガーであり，彼女自身が翻訳した『言語と神話』によってカッシーラーの哲学はアメリカへと紹介されたと言っても過言ではない[*3]。その他で著名なカッシーラー哲学の研究者としては，遺稿を編纂したD. P. ヴィリーンやJ. M. クロイスの名前が挙げられる。ヴィリーンは1964年にイェール大学出版局が獲得した遺稿に，自身の理解を詳細に述べた序文を付して『象徴・神話・文化』（1979年）という表題で出版した。さらに彼によって遺稿としての『シンボル形式の哲学』第四巻（1995年）が出版されており，カッシーラーの哲学に最も精通した研究者の一人である。またクロイスはヴィリーンと共に遺稿の編纂に携わり，文化の哲学者としてのカッシーラーの全体像を描くことを試みた『カッシーラー』（1987年）を著している。近年では『シンボル形式の哲学』第四巻を研究したベイヤーによる『カッシーラーにおけるシンボル形式の形而上学』（2001年）や，カッシーラーの生涯に沿って考察されたスキデルスキーによる『エルンスト・カッシーラー』（2008

---

3) S. K. ランガーは「現代哲学叢書」の『エルンスト・カッシーラーの哲学』に論文を掲載した23人のうちの1人であって，カッシーラーの神話論に関する自身の見解を述べている。

III　カッシーラー研究の現在

年) などがある[*4]。ベイヤーの研究書を除いてこれらの研究書に共通して言えることであるが, それらは極めて幅広い分野にまで拡大されたカッシーラーの文化哲学の全体像を描こうと試みたために, それらがカッシーラー哲学への導入としては意義ある指針を示すとしても, 彼の学説を詳細に検討したものとは言い難い。そのためアメリカにおいても, カッシーラーの研究は他の思想家と比べてもその質・量ともに十分とは言えず, 未だ研究の余地を多く残している。

わが国では木田元訳『シンボル形式の哲学』(岩波文庫全四巻) を初めとして, 既にカッシーラーの著作の多くが翻訳されているにもかかわらず (参考文献表を参照), 上述のようなカッシーラーの哲学の全体像を叙述した著作が未だ存在しないことは驚きである。というのも矢田部達郎によるカッシラア『象徴形式の哲学』抄訳 (培風館) が世に出たのは1941年のことであり, それはイェール大学出版局による英訳に14年も先んじている。そのためカッシーラーは早くからわが国に「馴染みある」思想家であったにもかかわらず, 未だ本格的な研究はなされていない。

そのため本書ではアメリカにおいても未だカッシーラー研究で試みられたことがない手法によって, すなわちそれぞれのテキストに即して彼の思想を抽出し, その重要な要点を可能な限り平明に叙述しようと試みた。その際, カッシーラーの難解な著作の多くが既に優れた先達によって邦訳されていたことはこの上ない幸運であった。本書の出発点において, それらの業績がなかったならば, 恐らくはこうした試みすら企てることはできなかったであろう。そのため本書はこれらの諸邦訳に負うところが大きいとはいえ, 複雑な論述のために理解するのに多くの労力を要するカッシーラーのシンボル哲学をいっそう身近なものにする試論であると言うことができよう。ここに本書が果たし得る役割が存すると確信している。

---

4) ドイツにおいても同様に, カッシーラーの伝記的研究としては Heinz Paetzold による *Ernst Cassirer——Von Marburg nach New York——* (1995) や, Thomas Meyer による *Ernst Cassirer* (2006) がある。

第 1 章
現代ドイツにおける言語論の歩み
──ヘルダー，フンボルトからカッシーラーへ──

はじめに

　カッシーラーの言語論を問題とするためには，その前段階として彼が極めて大きな影響を受けたことが明瞭な先人の思想を考察することが求められる。すなわちそれは共に18世紀を代表する思想家であるヨハン・ゴットフリート・ヘルダー（1744-1803）とヴィルヘルム・フォン・フンボルト（1767-1835）である。カッシーラー自身は，多くの場所でフンボルトの言語学から知識を得たことや，フンボルトの機能主義という思考様式から受けた影響を認めているし，それらを賞賛さえしている。しかしながら，彼の言語に関する叙述のみならず，人間の認識機能に関する思想においても，フンボルトに先立ってヘルダーが説いた思想がそこに広く浸透していることが見出される。というのも，カッシーラーの言語に関する思想を考察してみると，その出発点からしてヘルダーの主張がそのままに当てはまるからである。ヘルダーは『言語起源論』において，人間の精神がいかにして言語を「発明」したのかを問うた。こうしたヘルダーの探求は，フンボルトに至ると実際の言語に即して精神の内外へと志向する機能として考察された。そしてカッシーラーはこれらの言語論を機軸として，さらに現代の自然科学による成果を取り入れることによって，新たな人間学としての言語論を展開する。彼の手になると，もはや言語論は言語の探求だけに留まらず，それは「シンボル形式」という言語を包摂するより大きな視点から捉えられる。このようなヘル

ダーを出発点とするドイツの言語論は,現代にも確実に継承されている。

ところで,これまでカッシーラーの言語論をフンボルトの言語哲学との関係から理解することはなされてきたが,彼の思想をヘルダーの思想まで遡って考察する試みはなされたことはない。そのため本章では,ヘルダーを出発点とするドイツ観念論における言語哲学の系譜を辿りつつ,20世紀の哲学者であるカッシーラーへと,いかにヘルダーの言語論が影響を与えているのかを明らかにしたい。

I　ヘルダーの言語論

1　『言語起源論』の発端とその意義

文学批評やカント批判など,多肢に渡る執筆活動を行ったヘルダーにとって,言語は最も重要な問題の一つであった。彼はカントから教えを受けながらも,それが主知主義的である点を指摘し,それに対峙しつつ新たな人間学を創始した。彼の有名な『言語起源論』は,1756年にジュースミルヒが発表した『最初の言語が人間にではなく創造主にのみその起源をもつことを論証する試み』によって引き起こされた言語の起源に関する論争にその端を発する。プロイセン王立アカデミーでは,このジュースミルヒの「言語神授説」を論駁することを目的とした懸賞論文を募ることとなった。当時のベルリンでは上述のジュースミルヒに代表される「言語神授説」と,それに反対する啓蒙主義的な言語の「自然発生説」による激しい論争が繰り広げられていた。当然のことながら,アカデミーが公募した懸賞論文は「自然発生説」を論拠とし,それらを証明し得るものであることが期待された。そしてその最優秀論文として認められたのがヘルダーの『言語起源論』である。しかしながらそれは,アカデミーが想定していたような,「自然発生説」を擁護するものではなく,むしろ熟慮性または反省的思考と,それらを可能にする理性の働きを重視するという新たな人間学的な手法によるものであった。そのため『言語起源論』においてヘルダーは,いわば「精神の現象学」を展開したのである。そこでカッシーラーは,ヘルダーのこの著作を次のように評価する。

言語の起源についてのヘルダーの説は，なお全く思弁的である。それは人間に関する彼の理想および人間文化の性質と発展についての，彼の深い直観に基づいたものである。とはいえ，それは極めて価値ある論理的ならびに心理的要素を含んでいる。動物における一般化または抽象化の過程は，精密に研究され記述された結果，ことごとくヘルダーによって強調された人間言語独特の性質を明らかに欠いている[*1]。

『言語起源論』でのヘルダーの主張は，現代の経験的な観察や科学的な分析を行う学問によっても否定されるものではなく，むしろその正当性を証明するものとなった。そのため今日においてもヘルダーの言語の起源に関する思想はその意義を失っていないと言えよう。彼の思想は18世紀の言語哲学に多大なる貢献をなし，ヴィルヘルム・フォン・フンボルトに代表されるような，その後の言語を問題とした思想家達に確かな出発点を与えた。そこで続く考察では『言語起源論』からヘルダーの言語哲学における基本思想を明らかにしたい。

2　人間と自然言語

ヘルダーによると，「人間は動物としてもすでに言語をもっている」[*2]。他の動物と同様に，人間もまた突然に襲いくる歓喜と愉悦，苦痛や悲哀といった情動を，いっさいの恣意や熟慮とは無関係な仕方によって自身の外へと表現する「自然言語」(Natursprache) をもっている。こうして表出された音声は，各々の感情に応じて独特の音調をもつ。それらは人間以外の動物からも見出されるものであり，ときにそれは近似した生物学上の種の間において相互に理解され得る。しかしながらヘルダーによると，それらは本質的にはそれぞれの種のための「種族語」であり，人間は人間のみに固有な自然言語をもっている。

またこれらの音声が人間によって文字として綴られると，それらに込

---

1) Cassirer, *An Essay on Man*, Yale University Press, New Heaven, 1944, p.40.（『人間』宮城音弥訳，岩波文庫，1997年，92頁）。以下邦訳での出典箇所は（　）内にて記す。
2) Johann Gottfried Herder, *Abhandlung über den Ursprung der Sprache*, Felix Meiner Verlag, 1964, S.3.（『言語起源論』木村直司訳，大修館書店，1977年，3頁）

められた情動が異なった様相を呈する。すなわち，文字としての「鈍い〈あゝ〉という音声は，うっとりするような恋の吐息のほかに，救いようのない絶望の声」*3 としても理解し得るであろう。そのため文字で表記された自然言語の音声は，もはやそれだけによっては明確な意味を定めることはできない。したがってそれは表出される行為の内においてのみ，確かな意味が満たされるのであり，それがもつ「生命」としての音声が取り除かれるやいなや，それらは単なる「符号」に成り下がる。これらの音声が生きた意味を保持し続けるためには，それらが表象される「器官」（Organ）に留まらなければならない，とヘルダーは主張する。さらに，単なる感情と情動の「叫び」としての自然的音声は，その表象に対する応答を求める行為ではないために，我々人間が用いる言語とは区別されるとヘルダーは言う。こうした叫びの表象行為は，「画面全体」へと向けられているのであり，先にあげた二つの「あゝ」という音声が，どちらの意味において用いられたのか，ただそれだけの区別をもたらすことだけを目的としているのが自然言語である。そこには発話者のみが存在するのであり，この次元においてはいわば「一人称」のみが存在する*4。

（1）「言語神授説」への批判　　ヘルダーによる「言語神授説」への第一の批判は，こうした音声と文字との関係についてなされる。ジュースミルヒは人間言語の多彩な音声が，わずか20数個の文字によって表記され得ることが既に神的で超自然的な秩序の存在を証明していると説き，それを言語が神によって与えられたことへの論拠とした。確かに彼が言うように，文字をもつ言語においてはその言語音をわずかな文字によって綴ることが可能である。しかしながら，この場合にはそれらの文字が厳密に音声そのものを，「物自体」としてそのまま写し取っていることが前提とされているが，ヘルダーによると未開の民族が使用してい

　3）　Herder, op.cit., S.5.（7頁）
　4）　しかしながら先に述べたように，人間は「動物として」言語をもっているのであり，自然言語と無縁な存在であるわけではない。そこでヘルダーは人間と自然言語との関係を次のように主張する。すなわち「すべての始原の言語には，これらの自然音声の名残がなお鳴り響いている。――それらは本来の根ではないが，言語の根に生気を与える樹液である」と。Herder, op.cit., S.6.（9頁）

る言語の音声を考察するならば，いかにそれらを正確に記述することが困難であるかが明瞭となる*5。ヘルダーはこの点について次のように主張する。「言語は生き生きとしていればいるほど，それを文字に把握しようと考えたことが少なければ少ないほど，未分離のまったき自然の声に根源的に遡れば遡るほど表記しがたく，まして二十個の文字では表記しがたいものであり，そればかりでなく，異国人にとってはしばしば全く発音不可能なものである」と*6。ヘルダーの言語哲学においては，言語の音声は生きた魂をもつものであり，綴られた文字は生命のない「符号」である。文字は実際の音声を忠実に再現しているように思われても，それぞれがもつ独特な息遣いや母音の相違があり，そしてそれらを聞く者が属する言語の音韻体系から逸脱した音声であるとするならば，それらを厳密に生きたままの音声として綴ることは不可能であるとヘルダーは言う。

　さらにヘルダーによれば，いわゆる「神の言語」と呼ばれるヘブライ語でさえも，古代の文法書においては母音が明記されずに欠如したものが存在する。なぜならそれは，「彼らの気音はきわめて精神的かつ霊妙であったので，それらは雲散霧消して文字に書き留めることはなかった」*7からであるとヘルダーは説く。母音とは言語においては最初のものであり，最も生き生きとしたものであると彼は理解するがゆえに，この表記上の母音の欠如は「健全な理性の流れに逆らう」行為であるとして，それが意図されたものではなく，そうせざるをえなかった事態の意義を力説する。ヘルダーにとっての言語は生きた魂をもっており，それらを生きた音声として完全に表記することはできない。そのためジュースミルヒが論拠とした超自然的秩序の存在は否定される。ヘルダーにとって言語は，常に「有機的な力」なのであり，感覚器官との不可分の協働によってのみその生命が保持されると言われる。

　5）　ここで彼は南北アメリカに住むいくつかのインディアン種族の言語を考察している。それによると，彼らの最も単純で初期的な動詞は情動の叫び，すなわち自然的音声の名残を多く残しており，これらの音声がいかにその部族以外の者にとって正確に発音することが困難であるかを述べている。
　6）　Herder, op.cit., S.8.（11 頁）
　7）　Herder, op.cit., S.8.（14 頁）

(2)「自然発生説」への批判　　先に述べた自然言語は知能の優劣にかかわらず，全ての動物に見出されるものであり，それは感覚器官と完全に浸透し合っている。そのためこの音声は，感官を通じて瞬間的に我々の感情へと迫ってくる。それは思慮も熟考も加えられることなく，直接的に特定の自然法則に従って一定の感情を呼び覚まさせる音声である。ヘルダーはこうした自然法則に従った自然言語の起源は，完全に動物的なものであると言う。しかしながら彼は，理性的な人間の言語がそうした自然言語と共通の根をもち，そこから次第に発達したものであると主張する「自然発生説」をも批判して次のように言う。

　　だからと言っていかなる動物も，最も完全な動物でさえも，人間言語への本来の始まりをなんらもっていない。この叫び声をいかに形成し，洗練し，組織化しても，この音声を意図的に用いる悟性がそれにつけ加えられなければ，先の自然法則に従って人間の恣意的な言語がいかにして生じるのか私にはわからない[*8]。

したがってこの言葉からも明らかなように，ヘルダーにとって人間の言語は，神によって与えられたものでも，または自然界にて生じた音声から進化したものでもない[*9]。彼によると自然発生説を擁護しようとした哲学者たちは，その考察の出発点からして誤っていたために，必然的に誤った結論へと導かれたのであった。彼は自然発生説を主張した代表的な人物であるコンディヤックとルソーを名指して次のように言う。「前者〔コンディヤック〕は動物を人間に，後者〔ルソー〕は人間を動物にしてしまった」[*10]と。こうしてヘルダーの『言語起源論』は，彼以前の言語論とは異なる独自な出発点に到達する。つまり全ての動物は自然法則に従った上での情動表出を行うことはできるが，分節された理性的言語をもつ動物は人間だけである。そして人間と動物は，第一に「自然言語」

---

8) Herder, op.cit., S.12.（19頁）

9) ヘルダーは言語の「自然発生説」を主張した哲学者たちを次のように痛烈に批判する。「哲学者たち，すなわち明瞭な概念を求める人々が，この感覚の叫び声から人間の言語の起源を説明することをかりそめにも思いついたことに唖然とせざるをえない」と。Herder, op.cit., S.11-12.（19頁）

10) Herder, op.cit., S.15.（24頁）

と「理性的言語」によって区別される。そのためヘルダーは，人間と動物とが本質的に異なる存在であると見なし，その差異を経験的に考察することのみが人間言語の起源を解明する唯一の方法であると主張する。

3 欠陥動物としての人間

次にヘルダーの有名となった主張によれば，人間は生物学的な見地からみると「欠陥動物」である。なぜなら他の動物が有する生得的な技能能力または技能衝動というものを人間はほとんどもっていないからである。ヘルダーはこうした欠陥を「生活範囲」の相違によるものと理解し，言語の使用と同様に人間を他の動物から決定的に区別する要素の一つであると主張した。彼によると，全ての動物はそれぞれが独自の生活範囲をもっており，生まれてから死ぬまでこの範囲内から抜け出ることはない。そしてその範囲が狭ければ狭いほどに，この能力と衝動は濃縮して鋭敏となり，みな同じような技能作品を作り出すことが可能になる。しかし他方で，より広い生活範囲をもつ動物においては，むしろそれらが弱められるという反比例の関係が見出される。こうした事態は，生活範囲の拡大とともに自身が関わる対象への注意力が分散されることに起因するとヘルダーは考えた。さらにこの反比例の構造は，動物の言語においても同様に見出される[*11]。群れなどの集団で生活する動物が，その種族内における個の役割を果たすためには，それぞれが何らかの表象を用いて他の個体へと情報を伝達する必要がある。たとえば下等生物と比べて生活範囲が広いと思われるそれらの動物においては，威嚇，求愛，危険告知など多様な動物言語が見出される。そのためこれらの動物言語は，より狭い生活範囲に生きる動物のそれよりも多彩であり，その表象も多くならざるを得ない。しかしながら，それよりも生活範囲が狭くなればなるほどに，この言語は濃縮され，微量の表象によって必要最低限の情報を伝達することが可能となる。これは彼らの感覚器官が，前者のそれよりも鋭く，より表象と直接的に関わっているからであるとヘルダーは主張する。

しかしながらヘルダーによると，こうした自然界における言語と意味

---
11) ここで言うところの動物言語は，前述の情動表出に用いる機械的な自然言語ではなく，情報伝達を目的とした動物間における言語である。

内容における反比例の構造は，そのまま人間に妥当することはない。なぜなら人間が関わる対象は，現実の世界だけではなく，無限な宇宙にまで拡大されるからである。確かに人間は他のいかなる動物よりも広い生活範囲の中に生きているために，感覚器官は他の全ての動物よりも鈍化している。だが人間は他の動物と同様に，一つの対象に一つの表象を関連づけるだけの生活範囲に生きているのではない。この点に関してヘルダーは次のように論じる。「人間とともに舞台は一変する——かれの分散した欲望，かれの分割された注意力，働きの鈍ったかれの感覚器官に対して，あらゆる動物の暗い言語さえなんの役に立つだろうか」[*12]と。そのため対象と表象が直接的に関係する動物言語を人間は必要としないだけでなく，それを自然から与えられてもいない。こうした意味においてヘルダーは，人間を「欠陥動物」と呼ぶ。

しかしながら人間においては，こうした欠陥の中に「代償への胚種」(Keim zum Ersatz) が見出される。ヘルダーによると，まさにそれが他の動物から人間を隔絶させ，新たなる次元へと人間を導くものである。人間の技能や衝動は他の動物に比べて弱く，感覚器官の鋭敏さも劣る代わりに，人間は自然からの「自由」を獲得した。この自由によって人間は，生物学的に与えられている生活範囲に囚われることなく，無限に拡大する展望を獲得する。もはや人間は，自然の中で機械的な運動を繰り返すだけではなく，「自己完成の目的と目標」を抱くようになる。人間は本能だけに従っては何一つ完全な仕事を成し遂げることができない代わりに，己を鍛錬し，改善する能力を獲得したと言うのである。この人間のみに特徴的な力，つまり「代償への胚種」についてヘルダーは次のように結論する。

> 人間のこれらの力の素質の全体を，悟性とか理性とか内省とか，好きなように呼んでさしつかえない。これらの名称を分離した力，あるいはたんに段階的に高まった動物的な力のために用いるのでなければ，私にとってはどれでもよい。——それは思惟の唯一の積極的な力であり，これは身体のある種の組織と結びついて，人間の場

---

12) Herder, op.cit., S.17-18.（29頁）

合は理性（Vernunft）と呼ばれるのであるが，動物の場合には技能能力（Kunstfähigkeit）となり，また人間の場合には自由（Freiheit）と呼ばれ，動物の場合には本能（Instinkt）となる[13]。

この人間のみに与えられた特殊な能力は，動物における衝動や能力とは異なった方向へと展開する。というのも，それは動物的な諸力が熟達することによって得られたものでなければ，または何らかの能力がそれらに付け加えられて構成されているものでもないから。ヘルダーが言うところのこの人間に特殊な能力は，動物のそれとは異質な能力である。さらにここでヘルダーが言うように，この力は個々に分離し，それぞれが個別的に機能するのではなく，それは一つの有機的な力の総体である。そのため精神の活動においては，一見すると理性や悟性などと名づけられた力を個別的に用いた思考が可能であると思われるが，そこにおいて真に作用しているのは特定の力ではなく，精神または魂の力全体であるとヘルダーは主張する。それゆえに彼にとって理性や悟性は，「代償への胚種」に含まれる力の個別的な「現れ」に過ぎない。そしてこの「胚種」の最も始原的な機能を，「内省意識」（Besonnenheit）または「反省」（Reflexion）と規定する[14]。

4　内省意識と標識語

人間は生物学的には「欠陥動物」である代わりに，他の動物にはない「自由」が与えられている。そしてヘルダーはこの「自由」を可能とさせる「内省意識」の機能は，動物的な諸力が欠落した空白に宿った「胚種」に備わっており，既に人間が人間として存在したその瞬間から，この意識が存在すると言う。上述したように，人間は動物的な技能や衝動，そしてそれらを直接的に感受する感官の本能的機能を保有していない。その代わりに人間は理性を獲得した。ヘルダーによると動物的な衝動や感官機能と理性は，一つの動物において共有されることができない。なぜなら動物における衝動は，その生活範囲の内においてのみ鋭敏に作用し，その外に対しては一切「盲目的」であるから。彼によると，まさにこの「盲

---

13) Herder, op.cit., S.20.（34頁）
14) Herder, op.cit., S.23.（41頁）参照。

目」による一点への集中が，冷静にして客観的な内省意識を抑圧するがゆえに，人間以外の動物は理性をもち得ないのである。

人間に与えられた「自由」は，外界の一点だけにではなく無限に多様なものへと意識を向ける精神の積極的な機能を前提とする。動物的衝動に代わるこの力についてヘルダーは，「人間の本性の素質全体を我々は，理性に固有の力その他との混同を避けるために，内省意識と呼びたいと思う」[*15]と述べている。彼の言語哲学においてこの「内省意識」とは，まさに人間を人間たらしめる精神の根源的な作用であり，言語の起源の問いに対する彼の答えがここに横たわっている。動物的な生活範囲から解き放たれている人間は，固有の素質としての内省によって自己を自己の内に映し出す。そして自由にこの意識を作用させることによって，人間は言語を発明（Erfindung）したとヘルダーは主張する。

この人間に固有な能力としての内省は，彼を取り巻く流動的な外界から，特定の対象を停止させ，そして自身がその対象に注意を向けている状態を意識することによって遂行される。精神に入り込んだ対象に対して人間は一つの「魂の言葉」（Wort der Seele）としての標識を創造するとヘルダーは言う。そのためカッシーラーによると，このヘルダーの主張には言語の元機能（Urfunktion）の中に内包された判断の元機能が前提されている[*16]。というのは，この判断の元機能によって所与の印象を単に採り上げるだけではなく，それらを互いに区別し，選び出し，また隔てることが可能になるからである。こうして明確に区画されることによって与えられる規定と形象としての「世界」が，統覚と自己意識における統一的な中心となり，それによって初めて人間は反省と熟慮に到達する。そしてこれによって初めて人間は真正な意味での概念を獲得し，自己意識に至るのである。

人間は外界の対象を衝動や本能に基づいて認識するのではなく，常に自身の魂に刻印された「魂の言葉」との照合によってその対象が何であり，また何でないかを理解する。こうしたプロセスこそがヘルダーが言うところの「人間的な認識」であり，感覚器官によってではなく，魂に

---

15) Herder, op.cit., S.22.（36-37 頁）
16) Cassirer, Die Kantischen Elemente in Wilhelm von Humboldts Sprachphilosopie, in; *Ernst Cassirer Geist und Leben Schriften*, Reclam, Leipzig, 1993, S.249-251 参照。

おいて対象を再認したその瞬間に言語は発明されたのである。それゆえ言語は「人間が人間であったのと同じく自然に、そして人間にとって必然的に発明された」*17 と彼は主張する。ヘルダーは言語を単なる認識の手段として捉えたのではなく、むしろ言語が基づく精神の積極性と自発性の考察によってその起源を問うた。カッシーラーはヘルダーの『言語起源論』が「言語の価値を、その理論的または実践的な基本傾向に従って、〈意識全体〉（Gesamtbewußtsein）の構造を示そうとした」試みであったと言う*18。

　こうした主張に基づいて、ここから「言語神授説」に対する第二の批判がなされる。ジュースミルヒは言語が神からの教示によって人間に与えられたと説いた。しかしその際には、人間にア・プリオリな能力として、言語とは一切無関係に作用し得る理性が前提されている。そのためヘルダーは彼の主張が「永遠の悪循環」であると言う。なぜなら、いかなる理性も言語をなくしてはその機能を果たすことはできないからである。人間が神の教示を受け、言語が与えられるという過程においては必然的に理性の行使が求められる。もしもそうでないと、人間は神の教示を理解することすらできないであろうとヘルダーは説く。言語は人間が人間として存在したその瞬間から理性と共に人間固有の能力として備わっていなければならない。こうして言語が神から授けられたものとする「言語神授説」は、ヘルダーによって徹底的に論駁された。

　そのため最初の、最も原始的な言語は人間の魂の内において発明された。それがどれほど原始的な言語であっても、それが人間の理性的な言語である限り、他のどれほど人間に近い知能をもつとされる動物からも見出されることはない。そのためまさしく言語の現象は人間のみに固有な精神の現象である。この点を踏まえてヘルダーは、次のような結論に至る。すなわち、「言語が我々の種属の外部からの真の識別特徴であり、理性が内部からの識別特徴である」*19 と。

　こうして言語は人間にとって精神の本性的な器官となる。それは人間にとって単なる必要性によってだけではなく、むしろ必然性によって発

17）　Herder, op.cit., S.25.（44-45 頁）
18）　Cassirer, op.cit., S.249.
19）　Herder, op.cit., S.30.（57 頁）

明された能力である。さらに人間における最初の思考は，常に自己との対話であり，そしてその後に他者との対話に備えるようになる。それと同様に最初の標識語は自己の標識であるだけでなく，いずれは他者への「伝達語」に至るとヘルダーは主張する。

5 言語の感覚器官としての聴覚

ヘルダーによる言語の起源に関する哲学においては，「聴覚」は精神の感覚器官として捉えられ，視覚や触覚よりも高い地位に置かれる。というのも，視覚が知覚する印象は極めて複雑であり，多量の情報を含んでいる。そのため視覚が認識する世界はあまりに明るく，視覚的印象を言語によって表象しようとするならば，全体として曖昧な標識とならざるを得ない。そのため視覚による認識は言語の感覚器官にはそぐわない。また触覚は確実に対象を捉えているようではあっても，それは対象自体に接近し過ぎているために，捉えた内容があまりに漠然として入り乱れている。そのため触覚による印象は暗く曖昧となり，それを明確に表象することは困難である。したがってヘルダーは，人間が視覚と触覚を用いて知覚した対象を正確に表現することはできないと言う。それらに対して聴覚は前述の二つの感覚の「中間」に位置しており，言語または標識を作り出す感覚器官である。この点に関してヘルダーは次のように主張する。

> 視覚はあまりにも明るく，輝きすぎる。——それは非常に大量の標識を供給するために，魂は多様性に屈服し，一つの標識さえ漠然としか分離できないので，これを再認識するのは困難となる。聴覚はこの中間にある。それは全ての入り乱れる暗い触覚の標識も，全てのあまりにも繊細な視覚の標識もそのままにしておく。しかし，手で触り，眼で眺めた対象から一つの音声が引き離されるのではないだろうか。それは暗すぎたものを明晰にし，明るすぎたものをより快適にする[20]。

---

20) Herder, op.cit., S.22.（82頁）

このようにヘルダーにとって聴覚は,言語の感覚器官であり,「標識語」は聴覚の機能を前提としている。しかしながら,同時に人間は聴覚だけによって言語を創り出したのではないともヘルダーは説く。聴覚は遠く離れた場所から対象を眺める視覚と,その対象に接近して直接的に触れる触覚との中間に置かれ,それは他の二つの器官ともそれぞれが互いに浸透しあっている。それは自ら音を発しない対象でさえも,標識を作りだし,言語とすることが可能だという事実によって証明される。

人間は自身を取り巻く自然から与えられる音声を,理性の力で魂に刻印を押す。聴覚を通じて魂に語りかける自然は,自ら名を名乗り,人間が後に再び同じ対象を呼び出し,享受することが可能となる。ヘルダーによると,人間は生命を持った自然の音声から,言語を自らの「魂の力」をもって発明したのである。

6 『言語起源論』の結論と残された問題

これまでの考察からも明らかなように,ヘルダーのこの論文は「言語神授説」への論駁と,彼の言語に関する基本思想を示すことを目的としている。ヘルダーにとって言語は,神的な何ものかによって与えられたものでなければ,またはルソーやコンディヤックが主張したように自然的な動物言語から発達したものでもない。それは人間が人間として存在したその瞬間から理性と共に備わっている本性的な機能である。ヘルダーは原始的な民族が用いる言語と,理性的な言語との段階的な差異を認めながらも,その差異は動物言語との差異と同質のものではない。人間の言語と動物言語は質的に異なっており,それぞれが異なった意図によって用いられると彼は言う。

そして『言語起源論』において彼は,新たな仮説を提示するのではなく,むしろ人間にとって言語が本性的な機能であること,またそうでなければならなかった理由を論じている。そのため,この著作は体系的に構成されているものではなく,彼の直観的な洞察をその基礎としている。しかしながら,それは単に空虚な思索として終わるものではなく,フンボルトの言語論やカッシーラーの哲学に継承されている。後にカッシーラーが述べているように,彼の直観に基づいた洞察は,その後の生物学的,言語学的,そして心理学的な発見によっても否定されるものではな

い。そのためヘルダーが『言語起源論』において主張した内容は，18世紀の言語哲学としては極めて画期的であったと言えよう。

　ヘルダーにおいて言語は常に積極的な価値をもつものとして理解され，「欠陥動物」でありながらも人間を他の動物よりも高い地位へと押し上げる第一の原理となる。そして彼によって言語の起源，そして人間の精神的発達の歴史への新たなる一歩が示された。こうした意味において『言語起源論』は現代ドイツの言語哲学史の出発点として秀逸なる標識となった。

　しかし未だ言語の起源への問い，そして人間と言語の関係についての問題は残されている。ヘルダーの言語論においては，いかにして内的な言語が形成されるかが問題とされたが，それがいかにして外的な言語となり得るのかは十分に論じられてはいない。こうした残された問題を補いつつ，言語をさらに徹底的に経験的な事実に即して考察したのがヴィルヘルム・フォン・フンボルトである。彼はヘルダーの思想を継承しながらも，また新たな言語学的な発見を用いて言語の本性を明らかにしようと試みる。そこで次節ではフンボルトの著作，『言語と精神』と『双数について』から彼の言語哲学を考察し，ヘルダーからの継承と展開を明らかにしたい。

Ⅱ　フンボルトの言語論

1　フンボルトの出発点と基本理念

　文化人類学者であるヴィルヘルム・フォン・フンボルトは，ヘルダーの言語論を継承しながら世界の言語をその構造によって分類し，いくつかの類型へと還元した。そこで彼は言語の個別性または多様性に着目し，それが人間の自己，そして社会の形成にいかに関わっているのかを明らかにした。彼は言語の様々な構造の型に見られる類似性や相違性についての新しい言語学上の発見を基礎に据えて，なぜ異なる民族の言語が必ず異なった構造を示すのか，またどのような要素が言語の進化の方向性を決定するのかという文化人類学的にして，同時に哲学的な問題提起から出発する。

II フンボルトの言語論

　主にフンボルトの探求の対象となったものは、いわゆる「言語一般」でも、またはある特定の言語から見出される特殊な部分から全体を描き出したものでもなく、現実に人間の内的な力として働く生命をもった「活動」としての言語であった。そのため彼の考察対象はインド・ヨーロッパ語だけに留まることなく、全世界の言語へと向けられた[21]。彼によると、人間が多数の民族や部族に分かれている事と、それに従って人種、民族または部族間において、それぞれが異なった言語を用いている事との間には密接な関係が存在する。こうした民族と言語の相違において常に見出される連関は、人間の精神的な力による「生産的活動」という人間の内面的な次元に深く関わっており、それに依存さえしていると彼は言う。そのためフンボルトが主著『カヴィ語研究序説』(1836年)の目的を次のように言う。「私が本書において行おうとしていることの主眼は、正に言語の相違性と人類の民族への分裂という二つの現象と、精神の力の生産活動との関連性を考察することに他ならない」と[22]。

　フンボルトにとって人間の言語機能は、「内的存在の器官」(Organ des inneren Seyns) である。ヘルダーの主張と同様にそれは内面において有機的に働き、理性などの精神の活動と完全に浸透し合って機能するものとして理解される。この内的な存在の器官は、精神の最も深い部分すなわち民族独自の精神へと向かい、そこで互いに浸透し合うことによって、いっそう豊かな言語として表出される。こうしてフンボルトによって言語は、単に人間の「言語を用いる」という本性的衝動によってのみ生成されるのではなく、それぞれの民族の「精神的独自性」と絡み合うことによって独自の言語として生み出されると説かれる[23]。

　さらにフンボルトの言語論は、彼の最も有名な命題、「言語そのものは決して出来上がった作品 (Ergon) ではなく、むしろ活動性 (Energeia)

---

21) たとえば彼は、博物学者である弟のアレキサンダー・フォン・フンボルトがスペイン王室の援助を受けて行ったアメリカ大陸の調査から持ち帰った、原住民の言語についての分析的記述を行っている。

22) Wilhelm von Humboldt, Üeber die Verschiedenheit des menschlichen Sprachbaues und ihren Einfluß auf die geistinge Entwicklung des Menschengeschlechts, in; *Wilhelm von Humboldt-Werke3* Wissenschaftliche Buchgesellschaft, Darmstadt,1963, S.384. (『言語と精神』亀山健吉訳、法政大学出版局、1984年、18頁)

23) 彼はこの独自性を、全ての人間に普遍的に与えられている天性に、それぞれの民族が生きる「現実」が影響して産み出されたものとして捉えている。

である」*24 において，簡潔にして明瞭に表明されている。彼にとって言語は，無意識に日々繰り返される一つの「奇跡」であり，言語はまさにそれが使用され，機能する場においてのみ存在すると言うヘルダーの基本思想を忠実に継承している。フンボルトの探求はこの命題から出発し，一貫して言語の機能的側面を重視し，それを探求し続けた。この点について彼は次のように論じる。

> 言語というものは，その実際の本質に即して見ると，実は終始中断することなく，あらゆる瞬間ごとに移ろい続けてゆくものである。文字に書き写して移ろう言語を留めようとすることでさえも，結局は言語をミイラのような形で保存するだけの不完全なやり方に他ならず，書かれたものをもう一度，生々と口に出して我々の身近なものとすることが，どうしても必要になってくる——それゆえ言語の本当の定義は，生成に即した定義しかありえないことになる。すなわち言語とは，分節音声を思考の表現たり得るものとするための，永劫に反復される精神の働きなのである*25。

本来的には音声である言語を，厳密な意味で文字を用いて記述することの困難さ，そしてその不完全さは既にヘルダーによって指摘されていた。それと同様にフンボルトは，言語を生きた内的実在として理解する。そのため彼の言語哲学においても，常に言語の生成と，その機能の問題が重要視される。言語はまさにそれが使われる場においてのみ，存在すると言うことができる。これはヘルダーが言語の生気を維持するためにはそれが器官に留まらなければならないと言った主張と一致する。ここにヘルダーを継承しつつも，さらにその精神における言語の生成過程に着目するという，フンボルトの言語哲学の出発点が見出される。

---

24) Wilhelm von Humboldt, op.cit., S.418.（73 頁）
ここでフンボルトが言うところのエネルゲイアは，近代的な意味であり，古典的なアリストテレスの形而上学に則った意味においてではない。というのも彼はここにおいて，精神の活動性以外のものを考慮に入れていないから。
25) Wilhelm von Humboldt, op.cit., S.418.（73 頁）

2 精神の力と言語

　ヘルダーが明らかにしたように，言語は人間を他の全ての動物から決定的に区別する第一の要素である。フンボルトも同様に，それがいかに原始的な段階であろうとも，「文化」を形成するためには言語の力が必要であると言う。彼によると言語はそれだけで独立した機能として独自に発達するものではなく，それは精神の力と共に発達することによってあらゆる精神の活動に「生気」を与える。さらに彼によると，言語と精神は二つの異なった機能なのではなく，その両者は完全に同一体を成してさえおり，フンボルトはそれらの働きを「知的能力の同一行動」と呼ぶ。というのは，人間の内的な思考や精神の創造的機能でさえも言語を媒体とする以外には不可能であると彼は理解するから。それゆえにフンボルトにおいても，言語は精神の力と不可分に統一した機能として捉えられる。

　さらにこの知的能力の同一行動は，人間に普遍的に与えられた能力でありながらも，同時にそれは各民族独自の伝統的な精神にも依存する。なぜなら民族によって異なる言語，および異なった言語構造をもつという事実は，言語が単に個人と個人を区別するだけではなく，また民族と民族とを区別する一つの徴表であることを明らかに示しているからである。もしも言語が民族的な精神と全く関係なしに，人間の普遍性のみに由来する機能であるとしたならば，世界中にこれほどまでに多くの言語が存在し，異なった構造を示していることを説明できない。そこでフンボルトはこの点について次のように断言する。「言語は，いわば民族の精神が外面的な形をとって現象してきたものと言うべく，それぞれの民族の言語は民族の精神であり，民族の精神はその言語に他ならない」[*26]と。それぞれの言語からは個人の精神ではなく，その言語を話す民族の精神的発達の歴史が見出される。しかし，ここでもまた彼は言語を記述して細かく分解することによってではなく，言語の活動という側面からその本性的機能を明らかにしようと試みる。フンボルトが常に問うのは，言語を既成の作品として生命の失われたものと見なすことなく，一つの内的活動の総体として捉え，言語と精神とが内面において結びつくこと

---

26)　Wilhelm von Humboldt, op.cit., S.414-415.（67頁）

によって，いかに影響を与えているかという問題である。

　ここまでの考察からも明らかなように，フンボルトの言語哲学においては言語を語彙や文法規則といった構造的な類似点や相違点において区別し，分類することだけでは言語を生きた活動，すなわち有機的な総体として理解することはできないと説かれる。そのため彼は個々の言語における「形式」を考察する必要性を強調する。ここで彼が言う「形式」とは，いわゆる言語の文法規則の類ではなく，言語を生成する精神の力としての形式である。フンボルトによると，人間はこの言語形式を用いて言語を生起させる。そしてその形式は，人間に所与の「衝動」によって分節化された音声を思考表現として，すなわち客観的な言語としての妥当性を与える役割を果たしている。フンボルトが主張するこうした「形式」の存在は，人間の発話によって現れたもの以外からは見出されないために，この形式は想定された単なる抽象概念のように思われるかもしれない。しかしながら精神が形式を用いて言語を生起させるという「行為」が彼の関心の対象なのであって，活動性を重要視するという彼の手法から逸脱するものではない。このようなフンボルトの「形式」の思想に関してカッシーラーは，カントとの比較的視点から次のように叙述する。

　　カントが「内的」および「外的」な経験の可能性，つまりは対象意識と自己意識の可能性が基づいている論理的基礎カテゴリーを示したように，フンボルトは言語的な根本形式において同様の目的を果たそうとする。そうした形式は全て，実体的に存在するものの模写でも，または単なる表象の中で反復可能なものでもなく，むしろそれらは知的な観察と形成における器官（Organ）にして手段（Weise）なのである[27]。

　さらにカッシーラーによると，フンボルトが言う言語の「形式」とは，存在の形式（Seinsform）ではなく，生命の形式（Lebensform）である。フンボルトの言語論において，それは既に識別された事実を表現するた

---

27) Cassirer, Die Kantischen Elemente in Wilhelm von Humboldts Sprachphilosopie, in; *Ernst Cassirer Geist und Leben Schriften*, Reclam, Leipzig, 1993, S.259-260.

めではなく，むしろはるかに，それまで識別されていなかったものを発見するための真の手段であるとカッシーラーは言う。そのため言語形式は固定された客観的な要素のみによって成立するものではなく，個別的な主観の関与が認められる。しかしながらそれは次に考察するフンボルトの基本概念である「内的言語形式」によって，主観それ自体が普遍的なものへと昇華させられ，また同時に客観性を帯びたものとして結実すると説かれる。

3 「内的言語形式」と世界観としての言語

こうしてフンボルトは，言語を細かく分解して詳細に記述することよりも，精神の形式が作りだす生きた言語の探求を優先する。そこで次に，フンボルトの言語論を特徴づける有名な概念である「内的言語形式」（innere Sprachform）を問題にしたい。この概念はフンボルトの言語論において最も頻繁に採り上げられるにもかかわらず，彼自身はそれに明確な定義を与えていない。そして『カヴィ語研究序説』の第21節は「内的言語形式」と題されているが，そこでの叙述でも「内的言語形式」という表現は一度も用いられていない。そのため我々は彼が言うところの「内的言語形式」を間接的に表現されたものの中から理解しなければならない。フンボルトによれば，この概念は外的な言語形式としての音声形式に対立するものであり，両形式の関係を第22節「音声と内的言語形式との結合」において次のように説く。

> 音声形式と内面的な言語法則とが結合したとき，言語が完成したことになる。そして，言語の完成度が最高潮に達するためには，音声と内的形式との結合が，言語を産み出す精神の活動に支えられて行われ，この結びつきが音声と〔内的〕形式の両者に，真正かつ純粋に浸透することが必要なのである[*28]。

すべての言語は第一義的には音声によって構成されている。しかしながら人間の言語を生み出す際に必要とされるものは，単に外的な言語の

---

28) Wilhelm von Humboldt, op.cit., S.473.（151頁）

構成要素としての音声形式だけではない。フンボルトによると人間が言語を生成する際には，感性的な音声器官以外に純粋に内面的な器官を用いた活動を伴っている。外的な音声形式と共に言語を生み出すその内的な器官こそがフンボルトが言うところの「内的言語形式」である。それぞれの言語において音声形式が多様な特徴を示すのとは異なり，この内的形式は普遍性をもった知的な機能である。したがって外的な音声形式は無限に多様な性格をもつとしても，内的言語形式によって人間の言語は普遍的な本性を備えたものとなる。このフンボルトが言う内的言語形式は，ヘルダーが「魂のことば」と言ったものを，一つの精神の「形式」としてさらに発展させており，ヘルダーが言語を生み出す内的な力の探求に留まったのとは異なり，フンボルトの言語論においては音声形式と内的言語形式の協働によって言語が作り出されると説かれる。そのため我々はこうした点にヘルダーからフンボルトへの発展的な継承があると見なすことができよう。

　上述のフンボルトの言葉で言われているように，言語が「完成」するためには，音声形式と内的言語形式の結合が求められる。この結合する作用はフンボルトによると，精神の「総合的な働き」(synthetisches Verfahren) である。この働きは言語を生み出す行為の最初の要因であって，それは精神における「総合作用」であると言われる。さらにフンボルトによると，この作用によって結合される二つの形式の関係は，どちらか一方が他方に依存するといった事態ではない。そこでは両者がいわば相互に支えあうことによって，単なる感性的な叫びでも，または無味乾燥した悟性だけによるのでもない，真正な意味での人間「言語」が作り出されるとフンボルトは主張する[*29]。

　そして次にフンボルトは，このような言語における「法則」を探求する。いかなる言語であろうとも，それが本来的な役割を果たすためには言語内で定められている法則に従わなければならないことは明らかである。フンボルトによると，こうした言語を統制する法則とは，「直観，思考，

　29）　こうした関係をフンボルトは思考と音声とを対比させて次のように論じる。「そこでは本来的に思考が音声に魂を息吹として吹き込むのであるが，音声の方でもまた自身の本性に基づいて，逆に思考に対して人の心を奮い立たせる原理を与え返すのである」と。Wilhelm von Humboldt, op.cit., S.474.（152頁）

感情の法則一般と調和し,相互に連関しつつ働いている」[*30] 法則である。当然のことながら,このような法則のうちで最も重要なものは「文法規則」であるが,フンボルトは文法規則だけが言語の方向性を決定しているのではないと言う。人間が言語を生み出す際には精神に備わった全ての力を用いて,他者に同様な思考または感情を喚起させる「契機」として音声を発する。そこでは言語の生成に関与しないような機能は一つもなく,そのためこうした精神的な力の結集によって,言語を生み出す内的な知的要素の中にも相違が現れてくるとフンボルトは言う。この点について彼は次のような二つの原因を指摘する。

　第一の原因　人間が言語を生み出す際には,既に述べたように精神の全ての力を統合し,観念を分節された音声へと作り変える。しかしその際に用いられる内的な力の均衡が,常に一様であると考えることはできない。たとえば純粋な理性的言語というものが考えられないように,すべての言語には感性的特質が含まれざるを得ない。そのためどの程度まで感性的な要素が言語に浸透しているかは,その言語によって異なるのである。

　第二の原因　言語の表現様式における多様性に着目するならば,たちまち精神の創造的な力と感情的な側面が前面に現れてくる。それは言語を生み出す内的な活動が,悟性の力だけによってではなく,むしろ各民族の文化的な背景を基礎とする個別的な思考形式によって起こってくるからである。

　このようにフンボルトの言語論においては,各言語がそれぞれ異なった特殊な構造をもつものとして理解される。さらにフンボルトによると,言語を生み出す活動には各民族に特有な「色調」が混入しており,言語の相違は,そのまま「認識」の相違を引き起こす[*31]。そのため言語が異なる民族間においては,それぞれ独自の色調が対象に与えられ得るがゆえに,同じ対象であったとしても,異なった形象として立ち現れてくる。

---

30)　Wilhelm von Humboldt, op.cit., S.464.（138頁）
31)　この点についてフンボルトは,サンスクリット語の例を挙げて実証している。サンスクリット語においては,宗教的な意味において用いられる述語が他の言語と比較して圧倒的に多く,これはサンスクリット語を使用していた古代インドの民族においては,それぞれの述語に対応した抽象的な概念が深く精神の奥にまで浸透していたことを明らかに示している。

このようにフンボルトにとっての言語は「世界観」（Weltansicht）の様相を呈しており，言語の相違は，単なる外的な構造の相違ではなく，言語を生み出す内的な精神の諸力と共に機能する民族的精神,すなわち「世界観」の相違として理解される。

4　フンボルトの言語論における言語の本性

次にフンボルトの他の論文から，彼の「分節」（Articulation）に関する思想を考察したい。上述のようにフンボルトにとっての言語は，それ自体が一つの「世界観」であるために，認識に決定的な影響を与えていると理解される。その際，言語が真の世界観として作用するためには，それが世界をも独自の法則に従って「分節」する機能でなくてはならない。この点について『人間の言語構造の相違について』（1827-29）第二章「言語の本性とその人間一般との関係」では,次のように語られる。「分節音，あるいはもっと一般的に言えば，分節こそは言語の真の本質であり，言語と思想を実現する原動力であり，この両者を密接に結びつける要石である」[32]と。ここで彼が用いている「分節」という術語は,物理的な空気の振動としての外的な「音声」だけではなく，それによって内的な思考をも明確にする作用として捉えられている[33]。そのため彼は分節の機能こそが，人間における精神的な全活動の根源的力であると主張する。

---

32) Wilhelm von Humboldt, Üeber die Verschiedenheiten des menschlichen Sprachbaues, in; *Wilhelm von Humboldt-Werke3* Wissenschaftliche Buchgesellschaft, Darmstadt,1963, S.192.（『双数について』村岡晋一訳，新書館，130頁）

33) この「分節」という概念についてフンボルトは，次のように述べている。「私はこの概念をここではその機能の面からのみ，つまり，音声を思想の担い手にするような音声の形態化作用としてのみ理解する」と。Wilhelm von Humboldt, op.cit., S.193.（132頁）

さらに，この「調和」の概念について，ユルゲン・トラバントは『フンボルトの言語思想』において，ヘルダーとの関連から次のように述べているのは傾聴に値する。
「フンボルトは〈歌う〉動物としての人間というヘルダーの規定——言語のもつ歌としての性格に加えて，言語の〈自由な〉詩的生産力を強調した規定——を取り上げただけではない。——フンボルトはとりわけ，相互の語りという，言語の〈遂行論的〉次元に言及する場合,繰り返し楽器の比喩に例えている。——〈調和〉という概念は，言語理論の枠組みにおいて，その文字通りの意味を取り戻すことになる。話し手の声は他者において〈調和〉を産み出し，これがやがては同調へと至ることになる」。ユルゲン・トラバント『フンボルトの言語思想』村井則夫訳，平凡社，2001年，64頁。

このようにフンボルトにとっての「分節」は,その始源においては朦朧としている人間の思考を,定式化する普遍的な「知的活動」である。フンボルトはこうした人間における内的な分節行為の実在を,聾唖の人間さえもが言語の「意味」を理解し,それを産み出す能力を備えているという事実から証明する。さらに彼は,人間には外的な音声を知覚するための外的聴覚と同時に,精神の内で作用する「内的聴覚」(innere Gehörsinn)があると言う。そのため聾唖の人間は外的聴覚が閉ざされていても,内部的聴覚が作用しているために,分節の能力を有するとフンボルトは論じる[*34]。さらにこうした内的な聴覚の存在は,人間の精神がただ理性だけを用いて言語を産み出すのではなく,思考と言語器官とを同調させ,完全に浸透し合った方法によって言語を生み出す「衝動」をもっている論拠ともなる。そのため人間は,肉体的な障害などの外的な制限を受けていようとも,その精神の内面的な力だけでもって言語を獲得し,それを行使することができる。それゆえに言語機能は人間の外的な要素ではなく,むしろ内的な精神の本性に根ざした機能である。

ところで既に指摘したように,ヘルダーの言語論において残された問題は内的な言語が生成される過程が重視されることによって,それがいかにして外的な言語として現れるのかが明確に論じられていないことであった。そこでフンボルトは,この内的言語から外的言語への展開を,子供が言語を獲得する過程の考察から明らかにしようと試みる。彼によると,人間の言語は特定の教育過程を経て習得されるものではなく,人間の文化的な社会のうちにおいて,常に「他の人間と一つであること」を前提としている[*35]。分節された音声によって,それが意味するものを他者の内に喚起する能力は,動物的な行為の領域を超越した人間独自の能力である。しかしこの言語行為においては,語る者と語られる者の間

---

34) こうした内的聴覚に関して,フンボルトは次のように力説する。「我々が耳で聞く音が,聾唖者たちには器官の位置と動きによって明らかになる。彼らは音の分節をその物理音なしに聞きとるのである。たしかに,たとえ外部感覚としての耳は閉ざされてはいても,彼らにおいては内的聴覚が同時に働いているに違いない」と。Wilhelm von Humboldt, op.cit., S.193.(131頁)

35) この点についてフンボルトは,人間一般の言語行為が,他者の発言を理解するという行為でさえも,精神の自発的な活動に基づいており,音声を聞いて理解する能力の「相互的な覚醒」であると言う。Wilhelm von Humboldt, op.cit., S.220-221.(159頁)参照。

に，同一の言語が共有されていなければならない。つまり他者とは全く隔絶した自己の精神において獲得された言語が，他者の語る言語と同等の本性，すなわち語る言語と，語られる言語という表裏一体の本質を同時に共有していないとしたら，言語による意思伝達は不可能となると彼は言う。そのため彼は言語の獲得と発達は，自己の内において進行するのと同時に，外的な作用すなわち「聞く」作用へも進んでいかなければならないと説く。こうしてフンボルトは，言語が常に「語る」言語と同時に「聞く」言語として人間に備わっていると主張する。さらにこれは，思考における「我と汝」の関係においても同様であり，彼によると人間は自身の内での個人的な思考のためにも我に対する汝を必要とする。この「語る」行為と「聞く」行為は共に共通の本性をもったものであり，他者と一つであること，すなわち人間の文化的な社会の内に生活することによって初めて習得されるのである。そのため内的な言語は，常に同時に外的な言語を伴うことによってその本来的な役割を果たすことができるとフンボルトは説く。こうしてヘルダーが残した問題は，フンボルトの言語哲学において「対話」という言語の本性的な機能の考察から克服されるのである。

5　フンボルトの言語論における結論

これまでの考察からも明らかなように，フンボルトによる言語の探求においては，常にその機能的側面が重視され，それが実際に語られる場での考察が優先される。彼は言語を個々の要素に分解し，生命を失った「作品」と見なすことを断固として拒否する。そのため彼はシェリングやヘーゲルのような形而上学に傾倒することによってではなく，カントの批判哲学の手法を取り入れることによって言語の本質的な構造を探究した[*36]。彼の手法はヘルダーのそれとは異なり，直観に基づいた思弁に

---

36) フンボルトとカントの関係について，カッシーラーは『シンボル形式の哲学』の第一巻において，次のように詳述している。「フンボルトは，カントの批判哲学から言語哲学的帰結を引き出してくる。主観性と客観性の形而上学的な対立に代わって，両者の純粋に超越論的な相関関係が登場してくる。カントにおける対象は〈現象のうちなる対象〉であるから，認識に対して外的，彼岸的なものとして対峙しているわけではなく，認識そのもののカテゴリーによって初めて〈可能とされる〉，つまり初めて規定され構成されるのであるが，──それと同じように今や言語の主観性もまた，もはや我々が対象的な存在を捉えるのを妨げる単な

Ⅱ　フンボルトの言語論

よるものではなく，厳密に経験的なものであった。しかし彼が個々の言語を単に記述し，分類することだけにとどまらず，そこから一般的本性を見出したところにすぐれた貢献が認められる。

　彼は各民族における言語の相違を「世界観」の相違として捉え，それは単に機械的な法則によって構成された実体として存在するのではなく，まさにそれが使われる場における精神の活動の中にこそ真に存在すると説いた。この点について彼はヘルダーの思想を忠実に継承している。しかし彼は，言語が人間の社会のうちにあることによってのみ獲得され得るものとして，言語と社会，または民族との関わりを重視した。さらに彼は，言語が思考に及ぼす影響についても言及した点において，ヘルダーよりも一層深く言語の本質を明らかにしたと言えよう。

　フンボルトは言語が機能する際には常にそれが対話的でなければならないと主張する。それだけでなく彼は，思考は言語による「他者」との対話を通じてのみ可能であるとも言う。なぜなら主観的なものが思考を通じてのみ客観的なものになり得るならば，感官からの直接的な刺激を，そこから引き離すことによってのみ，主観的なものが客観的なものに置き換えられ得るからである。この点について彼は次のように語っている。「言語が協力して，たとえ暗黙裡にではあれこうした置き移しがおこなわれなければ，概念形成は不可能であり，したがって，すべての真の思考は不可能である」と[*37]。こうして彼は，社会と言語との関係，すなわち人間と言語との相互依存関係を文化形成の絶対的な必要条件として理解し，言語の哲学を文化現象から考察する出発点を与えたといえよう。

　そこで次は，これまでに考察した近代の言語哲学者，ヘルダーとフンボルトの思想が，どのように現代の哲学者エルンスト・カッシーラーへと継承され，彼がそれをいかに発展させているのかを主著『シンボル形式の哲学』第一巻，『言語と神話』，および晩年の著書『人間』において展開されている彼の思想から明らかにしたい。

る障壁ではなく，感覚的印象に形式を与え，〈客観化〉するための一手段だということになる」と。Cassirer, *Philosophie der symbolischen Formen*, erster Teil, Wissenschaftliche Buchgesellschaft, Darmstadt, 1977, S.102.

　37）　Wilhelm von Humboldt, op.cit., S.195.（134 頁）

Ⅲ　カッシーラーの言語論

1　カッシーラー哲学における言語の問題

　文化の哲学者であるエルンスト・カッシーラーは，ヘルダーに始まり，フンボルトによってさらに発展させられた言語哲学の伝統に従いながらも，言語学的または生物学的な新たな発見を取り入れることによって，人間独自の認識機能としての「シンボル形式」の存在を主張する。彼にとって人間の言語とは，このシンボル形式の一つであり，またシンボルそのものとしても理解される。そこで彼は主著『シンボル形式の哲学』第一巻において，言語の問題を採り上げる。

　カッシーラーがその序言において述べているように，ヴィルヘルム・フォン・フンボルト以来，心理学的または実証主義的な手法が言語研究の世界を席巻しており，哲学的観念論は言語に「フンボルトが与えたような自律的な地位を取り戻してやることはなかった」[*38]。そのため彼は，フンボルトの言語学を再び現代の哲学的人間学の領域から考察することの必要性を主張する。さらに彼がそこにおいて主張していることは，ヘルダーとフンボルトに従って言語を一つの「自律的な精神形式」として理解することの必要性と，言語の本性が理性など他の精神の諸力と同様に，哲学的観念論の体系を通じてのみ解明し得るということである。そのため彼はフンボルトの「形式」の概念を忠実に継承しつつそれを言語に留まることなく「シンボル形式」として他の文化現象，つまり神話，芸術そして科学的思考などへも拡大することによって新たな哲学的人間学の体系の構築を試みた。

　カッシーラーの言語に関する思想の出発点は，ヘルダーの『言語起源論』が出発点としたものと同一である。つまり彼はヘルダーが主張したように，言語能力こそが人間を他の全ての動物から一線を画し，新たな次元を切り開く決定的な契機であると理解する。この点について彼は『人間』において「言語は，全体として捉えるならば，新たなる世界への入

38）Cassirer, *Philosophie der symbolischen Formen*, erster Teil, Wissenschaftliche Buchgesellschaft, darmstadt, 1977, vii.

口となる」*39 と断言する。彼はヴォルフガング・ケーラーがチンパンジーを用いて行った生物学の実験結果に基づいて，巧みに人間と他の動物とを比較する。それによると，人間言語に見られる「一般化」または「抽象化」の過程が，高度な知能をもつとされるチンパンジーの言語からは決して見出されない。このような新たな事実は，かつてヘルダーが主張したような，人間の言語が動物のそれとは全く異質なものであるという主張を改めて肯定する結果であった。そのためカッシーラーは，フンボルトが言語の構造的な分析によって明らかにした言語学的な事実や，ヘルダーの基本思想を継承することによって彼自身の人間学を構想することが可能であった。したがって彼はフンボルトの継承者であるのと同時にヘルダーの継承者でもあり，本章でこれまで18世紀の言語論を考察してきた理由はまさにこの点に存する。そこで本節では，カッシーラーがいかに先駆者たちの言語論を継承し，それを展開させたのかを明らかにしたい。

2　言語の起源と神話的形式

　言語の起源に関する問いの歴史は古く，ヘルダーの『言語起源論』よりも遥か昔，古代ギリシアの時代からこの問題は哲学者たちを魅了していた。ギリシアに現れた「ロゴス」の概念は持続性と永続性をもち，存在だけでなく言葉をも統一する絶対的な概念であった。しかしながらカッシーラーは，人間がロゴスとしての言語を獲得するよりもさらに遡って，言語形式よりもいっそう直観的な神話的形式（mythischen Form）*40 との関係からそれを明らかにしようとする。

　神話的な世界における「名称」とは，それが指し示す対象に属した実在的な一部分であって，この言葉と事象自体との癒着状態こそが神話的言語観の一般的本性であるとカッシーラーは言う。この言葉と事象の結びつきは，そこに超自然的な力，つまり魔術的な要素が加えられること

---

39) Cassirer, *An Essay on Man*, Yale University press, New Heaven, 1944, p.132.
40) ここでカッシーラーが言うところの「形式」（Form）とは，精神の機能的な側面を重視するというカッシーラー哲学における基本理念から見るならば，明らかに前述のフンボルトが「内的言語形式」と呼んだものに代表されるような意味における「形式」の概念を言語形式以外の方向へと発展させたものと言えよう。

によって，いっそう堅固なものとなる。というのは，原始的な状態における神話世界では，その対象の名称を知ることと，その対象自体を支配することとは同義であり，それによってその対象がもつ魔神的な作用を操ることができると考えられるからである。そのためカッシーラーは，こうした段階の神話形式においては，事物と名称の不可分の一致によってこそ「同じ実体性の形式，同じ因果性の形式がその二つの世界のいずれにも通用し，両者を結びつけて一つの自己完結的な全体」[*41]を形成していると説く。そのためこれらの言語は未だ抽象化された名称ではないために，それは「ロゴス」または「シンボル」として作用する記号には至っていない。

　カッシーラーが言うところの「シンボル」とは，人間を他の動物とは異なる次元へと導く意味の宇宙である。そこでカッシーラーは，ヘルダーと同様に動物言語から見出される感情表出の次元と，人間が用いる言語とを明確に区別することを要求し，前者を情動言語（emotional language）と呼び，後者を命題言語（propositional language）と呼ぶ。この二種類の異なった次元に属する言語の差異についてカッシーラーは，次のように断言する。「命題言語と情動言語との間における差異は，人間世界と動物世界の間における真の境界である」[*42]と。ここで彼が情動言語と呼んでいるものは，ヘルダーが「自然的言語」と呼んだものと同一である。ヘルダーが自然的言語と呼んだものは，分節されていない音声が感覚器官と浸透し合ったままに，応答を求める対話的行為としてではなく，むしろ単に歓喜や畏怖をそれが発せられる場全体へと向けて発せられる「叫び」であった。カッシーラーが言うところの情動言語もそれと同様であって，初期の人間すなわち原始心性においては，文明的な生活のうちに生きる人間が獲得した新たな宇宙としての命題言語ではなく，動物言語に類する情動言語を用いている。ヘルダーは人間が人間として存在したその瞬間から，理性と共に言語能力を有していたと言ったが，カッシーラーはこれをシンボル形式の観点から言語の獲得を超えて，シンボルの獲得のプロセスを問い，そこでの「神話的思考」の役割

---

41) Cassirer, *Philosophie der Symbolischen Formen*, erster Teil, Wissenschaftliche Buchgesellschaft, Darmstadt, 1977, S.56.

42) Cassirer, *An Essay on Man*, Yale University press, New Heaven, 1944, p.30.

を力説する。彼は『言語と神話』において，この問題をヘルマン・ウゼナーが行った神々の名称に関する研究を採り上げて考察する。

ウゼナーは神話における最も原始的な段階の神々を「瞬間神」（Augenblicksgötter）と呼んだ。この段階における神とは，人間が自然の中において遭遇する様々な「異象体験」から見出す個別的な神性である。それらは現れては消える名も無き刹那の心象に過ぎない。そのため人間は，これらの神の本性や作用範囲，または作用能力などをまったく知る由もない。しかしながら，これらの心象が名称を獲得するやいなや事態は一変する。そこでは名称がその神そのもの実体として現出してきて，人間の生活に直接的に関わり始める。この第二段階の神々をウゼナーは「特殊の神々」（Sondergötter）と呼ぶ[43]。人間が個別的な心象に名を与えることによってその対象を再認可能なものとし，その魔神的な能力を可視的なものにする。そのためカッシーラーは，人間の神話的思考が新たな次元に達するためには「命名」の機能を前提としていると言う。したがって言語機能の発達と，神話的思考との発達はただ同時に生じるだけではなく，互いに同じ方向へと進んでいかなければならないと説かれる。

しかしながら特殊の神々の名称が音韻変化などによる変化を被ると，さらにこの事態は急変する。それぞれ特殊の神々がもつ名称は，その神自身の存在を保証し，確立するものであったが，それは同時に名称によって機能的な限界が設けられていることをも意味する。そのため名称に起きる変化は，必然的にその存在自体にも質的な変化をもたらす。すると神々は，それまで自身を覆っていた名称という殻を脱ぎ捨て，あたかも一つの「人格」であるかのように自立的な概念をもち始める。こうして産み出される神の概念を，ウゼナーは「人格神」と呼ぶ。人格神はそれまでの特殊の神々とは異なり，一つの名称のうちに複数の本性をもっている。カッシーラーは，神話的思考がこうした人格神の獲得に至ってはじめてそれが完全なる「神話的シンボル形式」を獲得すると言う。

---

43) 本書第2章において詳述することになるが，神話形式における名称が対象の一部であって，その本質を現しているとカッシーラーが主張する状態は，この段階の神々を指している。特殊の神々は，それぞれが個別の名称を得ることによってのみ，それ自身の存在と機能的本性を獲得する。

こうしてカッシーラーは，言語の発達が神話的思考と並行して進む過程であると主張する。彼にとって人間は，その原初より完全な言語をもつ存在ではない。しかしながら彼の言語の起源に関する思想は，決して「自然発生説」を擁護するものではない。なぜなら彼が言うところのシンボル形式の根源的形態としての神話的思考自体が，人間のみに与えられた特殊能力であるから。そのため一つの表象に対して複数の「意味」が包含されるシンボルを獲得するプロセス自体が，人間のみに見出される精神的発達全体の過程なのである。

3　感覚と言語

　カッシーラーの言語論において神話的思考と共に重要な役割を果たすものは，感覚器官と言語との不可分の統一性という考え方である。『シンボル形式の哲学』第一巻において彼は，人間の精神の内における「主観」と「客観」または「自我」と「外界」といった区分の境界は，初めから外的な本性として与えられているものではないと言う。彼によると，それは言語や神話といったシンボル形式を用いて，その都度に精神が与える区分である。こうした考え方は，フンボルトが言語を世界観として捉え，音声形式のみならず世界そのものを分節する機能であると主張したものと酷似している。

　さらにカッシーラーは，自己のうちに与えられる心的内容は，そのままの形で保持されることはできず，形式としての「感覚的な表現」(sinnlicher Ausdruck) と一つになることによってはじめてその内容が理解可能なものとなると言う。この点についてカッシーラーは「内容と表現の両者は，その相互的な浸透作用によってはじめて，現にそれがあるところのものとなる」[44] と言う。すなわち，内容は常に何らかの精神的な形式に基づいて再構成されることによって，はじめてそれが確固たるものとして存在し得るのである。カッシーラーの言語論におけるこうした内容と表現との不可分の一致は，原初の言語としての情動言語においてだけではなく，高度に発達した精神的表現としての命題言語において

---

44) Cassirer, *Philosophie der symbolischen Formen*, erster Teil, Wissenschaftliche Buchgesellschaft, Darmstadt, 1977, S.125.（『シンボル形式の哲学』第一巻「言語」，生松敬三・木田元訳，岩波文庫，1989 年，211 頁）

III　カッシーラーの言語論

も同様に見出されるものであって，言語の本性的な特質とされる。

　こうして心的内容と結合した状態で行われる感覚的な表現の運動でさえも，それが人間の精神の力によって行われる限り，それは単なる感覚的生活の領域を超え出たものとなる。人間の言語，すなわち命題言語であっても，それはまったく理論的な概念のみによって支配されているのではなく，カッシーラーは人間における直観的な心的内容と表現とが密接に結びついている「精神の発達における最初の境界線」[*45] があると言う。しかしながら人間の表現運動が，単なる発話への衝動や，動物的な本能によって引き起こされるとしても，そこでは自己自身へと向かう精神の自己回帰的な作用が見出されるとカッシーラーは主張する。人間の精神には外へと志向するだけではなく，また同時に内向的な作用が見出され，それによってこうした衝動それ自体を自覚する能力が備わっている。そのためまさしく人間の精神におけるこの「反作用」（Reaktion）こそが，知的な論理的精神段階を準備するのである[*46]。

　そこでカッシーラーは，抽象化された表現形式を伴う表象行動の前段階として，身振りを用いた言語を考察する。こうした段階の言語は人間においてのみならず，高度な知能をもつ霊長類などにおいては，かなりの程度にまで人間のそれに近いものが見出される。しかしながら身振り言語に関する心理学的な理論によると，そこには二つの異なった種類の身振り言語が存在する。すなわち一方は「指し示す」（hinweisen）行為であり，もう一方は「模倣する」（nachahmen）行為である。これら二種類の身振りを用いた言語は，共に対象を「摑む運動」（Greifbewegung）に由来するとカッシーラーは主張する。高度に発達した知能をもつ者は，手を伸ばしたとしても空間的に届かない対象を摑もうと意図することは決してない。しかしながら，これは人間の子供においても見出されることであるが，彼らは遥か遠方にある対象にさえ手を伸ばし，その対象を実際に摑もうと試みる。だがそれが空間的，物理的問題によって摑むことができない対象であると悟るやいなや，そうした行為から抜けだして「指し示す」，すなわち対象を「指示する」行為へと移行する。つ

---

45)　Cassirer, op. cit., S.127.（214 頁）
46)　ここで彼が「反作用」（Reaktion）と呼ぶ衝動へと向かう精神の力動性は，明らかにヘルダーが言うところの「内省意識」の意味において用いられている。

まり彼らは，自身と対象とを物理的な直接性において関係させるのではなく，その間に中間的な空間を作りだすことに成功する。そのためこの対象からの独立は，非常にわずかな進歩のように思われても，動物的なものから特殊人間的なものへの発達における最も重要な段階の一つをなすとカッシーラーは言う。というのも，こうした対象を「摑む」行為から，その対象を「指し示す」行為への転向は人間以外の動物においては見出されないからである。そのためこのような「遠方を摑む」(Greifen in die Ferne) 行為のうちに，主観的な欲求から対象を引き離し，それを客観的な対象として表象するという精神的発達の萌芽が見出される。さらに，こうした次元に至ってはじめて主観的に対象を欲する自我をも，精神は一つの客観的な対象として把握することが可能となる。この点についてカッシーラーは次のように説く。

> 概念や純粋な「理論」の一切の進歩は，この最初の感性的直接性をどこまでも克服してゆくところにこそある。客観，つまり認識の対象はどんどん遠ざかってゆき，こうしておのれ自身を批判的に反省する知にとって，客観はついに「無限に遠い点」として，つまり知の無限の課題としてあらわれてくることにもなるのだ[*47]。

「模倣する」身振り言語へと議論を戻してみよう。一見するとこの行為は，人間の創造的な生活に相応しい形式を用いた自由な精神的活動への「敵対者」であるかのように思われる。たしかに模倣行為が意図するところのものは，対象へと向かう自我を抑圧し，その外的印象のみを可能な限り直接的に再現することにある。しかしながらカッシーラーによると，人間においては「模倣すること」から「描出すること」への精神の積極的な活動が見出される。アリストテレスにとってのミメーシス（模倣）とは，常にポイエーシス（作ること＝創作）を含む行為であり，カッシーラーはこうした考え方と同様に「模写する」(nachbilden) ことには，それに対して内的に「先行して備える」(vorbilden) 行為がなければならないと言う。そのため彼にとって「模倣」とは，単に受動的な行為な

---

47) Cassirer, op. cit., S.129.（216 頁）

のではなく，むしろそこでは精神の能動的な活動を前提とした精神の生成活動が見出される。

このように「身振りの言語」が，その起源からして「模倣すること」を本来的な意図としているとしても，そこには精神の積極的な力が働いていなければならず，カッシーラーはフンボルトの手法に従って，言語を生成的な側面から理解する。そのため感覚と言語とは，原初の段階においては不可分の統一を成しているものであるが，身振り言語から音声言語へと移行するにつれて，それはますます対象を直接的に表象することから離れていく。そしてやがて精神の内部へと向かって作用しはじめ，言語音の分節が進むのに従って，思考をも分節して定式化する力となると説かれる。

4 言語の地位

既に考察したように，原始心性における言語は魔術的な力をもったものであり，物理的に彼らの生活を左右し得るものとして理解される。言語は彼らにとって自然なものであるのと同時に，超自然的なものである。彼らは自然を支配する技術をもたないために，宗教的な儀式を用いて自然の驚異から逃れようと試みる。しかしながら，彼らの言語の魔術的な力への確信が無意味であると理解したときに，彼らは新たに文明への道，知的活動を用いて自然を超克する道を進まなければならなくなった。ところがカッシーラーによると，こうして言語に対する彼らの評価が変化した後にも，それは単なる「声の風」(flatus vocis) すなわち空気の振動としての音声に成り下がったわけではなかった。この点についてカッシーラーは次のように力説する。言語の「本質的特性は，物理的ではなく論理的特性である。物理的には言葉は無力だと断ぜられるかもしれないが，論理的には，より高い地位，いや最高の地位に登っている。ロゴスは宇宙の原理となり，人間知識の最初の原理になる」[*48]と。

最初にこうした転換が見られたのは古代ギリシアであり，ヘラクレイトスは言語（ロゴス）は人間世界の中心を成す力であり，人間を外的な限界から解き放つ形而上学的な原理として理解した。しかし彼以後の

---

48) Cassirer, *An Essay on Man*, Yale University press, New Heaven, 1944, p.111.（239頁）

ギリシアにおいては，彼が言語に与えたような崇高な地位は忘れ去られ，それは政治的な闘争や無益な仕方で「真偽」などを決する空虚な議論の道具となっていた。そのため彼らにとって，人間自身が「万物の尺度」となった。そうした状況の中で登場してきたのが，デモクリトスが主張した言語の起源を自然的なものへ求める「表出説」(interjectional theory) である。言語の音声が，動物界から見出される音声に起源をもつとするこの理論は，その後長期間にわたって強い影響を与え続け，上述のようなルソー，コンディヤックそしてヴィーコといった思想家にまで継承された。このような言語の自然発生説への批判はヘルダーによって既になされたが，カッシーラーもまたヘルダーの主張に同意して次のように断言する。すなわち「情動言語から命題言語を分離している境界線を，かつて超えた動物がいるという事実についての生物学的な証拠を我々は一切もっていない」[*49]と。カッシーラーはヘルダーとフンボルトに従って，言語が人間を他の動物から明確に区別するものとして捉えるがゆえに，言語機能を特殊な地位に据えるのである。

　カッシーラーは言語の意味と価値とは，「言語の使用の仕方に，言語の精神的な適用によって左右される」[*50]ものであると言う。そのためそれらは，形而上学的な意味においてそれ自体で実在しているものによって左右されるのではない。言語はその力動性によって評価されなければ，ヘルダーとフンボルトが力説するようにその生きた意味を保持することができないために，その本性を見誤ると彼は主張する。彼はフンボルトの定義に従って，言語を硬直した所与の構造物として理解することを拒否し，言語とは外的印象を破壊しては再生するものとして理解する。それゆえにカッシーラーは，絶えず繰り返される言語の根源的な「想像力」を重視する。言語がこうした精神の想像的な力と協働するという本質的

---

49) Cassirer, op. cit., p.123-124.
　さらにこの点について，カッシーラーは『人間』の第3章「動物的反応から人間の反応へ」においてヴォルフガング・ケーラーが行ったチンパンジーを用いた実験の結果を元にして，次のように断言している。「チンパンジーには，あらゆる人間言語の特徴をなし，人間言語に欠くことのできない一要素が欠けている。チンパンジーにおいては，客観的な関連または意味をもつような記号は何も見出されないのである」と。Cassirer, op. cit., p.29.

　50) Cassirer,《Geist》und《Leben》in der Philosophie der Gegenwart,; *Geist und Leben Schriften*, Recalm Verlag Leipzig 1993.（『現代哲学における〈精神〉と〈生命〉』金子晴勇訳，『現代ヨーロッパの人間学』知泉書館，2010 年，321 頁）

III カッシーラーの言語論

特性をもつからこそ,それは世界を一定の,安定したものとして理解することができる。この点について彼は,『現代哲学における〈精神〉と〈生命〉』において次のように主張する。

> この過程において瞬間的な衝動も,一瞬の創造も,はじめてその恒常性と安定性を受け取る。もしその発生と生成のさなかに,それに先立って造形されたもの,すでに発生しており,生成されているものに——それに創造が付着して,安定したものとなる——この創造が出会っていなかったら,それは,息が吐き出されるのに先立って,水泡に帰さねばならないであろう[*51]。

カッシーラーは言語を世界と人間との間に存在する実体的な媒体として捉えるのではなく,その二つの世界を区別する「遮断機」のようなものとして理解する。それは人間の思考を明確にする透明さと,完全に貫かれることのない堅固さを併せもった水晶のような媒体であると言う。このことはフンボルトが精神の「分節」機能が人間の知的認識における根源的機能であと主張した点と一致する。

カッシーラーの言語論においては,朦朧とした外界の印象を明確にし,安定した恒常性を与える決定的な契機となるものは「名称」である。子供が言語を習得するプロセスにおいて,言語を受動的に一語一句教わることによって学ぶということはなく,彼らが学ぶのは対象の「シンボル的な概念」であり,世界を客観的に把握する能力である。子供にとって名称とは,彼らを取り巻く混沌とした外界から,精神の客観化作用を用いて対象を切り取る行為であり,そこでは精神の能動的な機能が必要とされる。そのため対象を個別的なものとしてではなく,その対象を一つの「概念」として理解することによって「知覚と感情は,固定した中心,すなわち思考の焦点としての名称をめぐって結晶化する」[*52]とカッシーラーは論じる。

言語はそれ自体,物理的には無力なものであるが,カッシーラーの言語論においては,まさに精神の客観化の過程において決定的な役割を果

---

51) カッシーラー,前掲訳書,321頁。
52) Cassirer, *An Essay on Man*, Yale University press, New Heaven, 1944, p.132.(279頁)

たした。それは彼が言うように新世界への入口であり、自然的、動物的な次元よりも高次の次元へと人間を導く「アリアドネの糸」に他ならない。

おわりに——ヘルダー，フンボルトからカッシーラーへ

これまでヘルダーからはじまり、フンボルトを経てカッシーラーに至るドイツ言語哲学の系譜を考察してきた。この考察によって現代のカッシーラーの言語論には、先立つ二人の思想がいかに多く浸透しているかが際立ってくる。ヘルダーは『言語起源論』において、人間が必然的に言語機能をもたざるをえなかった理由を論じたが、カッシーラーはヘルダーの思想を出発点として、神話的思考が原始心性における精神の活動において、またそれがシンボル形式を獲得する契機としていかに重要な役割を演じているかを力説した。

カッシーラーにとってシンボル形式の一つとしての言語は、ここでヘーゲルの術語で表現すると、人間を単なる「即自存在」(an sich sein)から「対自存在」(für sich sein)へと導くものとして理解される。ヘルダーは人間が人間として存在したその瞬間から理性と共に言語能力が備わっていなければならなかったと主張したが、カッシーラーの言語論においては、言語が未だ完全なる力を獲得する以前の段階を原始心性から考察している点において、ヘルダーの思想を継承しながらも、当時の心理学、生物学的な新たなる発見を積極的に取り入れることによって、独自の人間学的な言語論を展開した。それは言語だけに留まることのない、文化現象全体を射程にとらえたシンボルの哲学である。

とりわけヘルダーが「代償への胚種」と呼んだものは、カッシーラーにおいては神的なものを見出す精神の機能として捉えられる。ヘルダーは「内省意識」こそが、人間が言語を獲得する最初の契機である主張したが、カッシーラーはその重要性を認めながらも、彼はむしろ「命名」の行為を重視する。というのは、上述のように「名称」が概念として精神に刻印され、それによって人間は精神の積極的な力を携えて新たな次元、動物とは異なりシンボルを操る次元へと到達すると彼は理解するか

らである。そのためカッシーラーの言語論においては，言語がいかに機能して人間の知的生活を可能にさせているのかが最大の問題になる。こうした問題意識は，精神の機能的な側面を重視するというフンボルトの手法を採用するカッシーラー独自の言語理解である。しかしながらカッシーラーは，決してヘルダーに対峙する必要はなかったのである。というのは，人間が言語を「発明」（Erfindung）したとヘルダーが言った際にも，「彼にとって言語とはけっして単につくりだされたものではなく，内部から必然的に生成したものなのである」[*53]とカッシーラーは付言しているからである。こうしたヘルダーの理解に基づいてカッシーラーは，ヘルダーに反対するのではなく，むしろそれに沿って彼の言語論を展開することが可能となった[*54]。

　ところでフンボルトは言語の普遍的な機能のうちにも，個別的な民族の精神が浸透していると主張した。フンボルトによって示された言語を文化現象として捉える手法は，カッシーラーにおいてはさらに拡大され，言語のみならず神話，芸術，科学的思考といった彼のシンボル哲学の基礎をなす文化の領域にまで適用され，それを捉える「形式」として理解されたのである。カッシーラーにとって最大の関心は，文化を形成する精神の機能であり，フンボルトの基本思想に従ってそれぞれの「形式」を，文化を形成する精神的な生成の機能として捉えた。彼は言語と神話は「同じ根から出た二つの異なった芽」であると言ったが，それらは全て一連の連続したシンボル形式であると同時に個々の形式が独自の光源となる精神の力である。こうして彼は文化を構成するシンボルの生成原理を，精神のシンボル形式の機能へと還元した。このように精神の機能的側面

---

53) Cassirer, *Philosophie der symbolischen Formen*, erster Teil, Wissenschaftliche Buchgesellschaft, Darmstadt, 1977, S.97.（165頁）

54) わが国におけるカッシーラーのヘルダー受容に関しては，森淑仁によって既に主張されている。彼は『E. カッシーラーにおけるヘルダー受容について』という論文の中で，次のように論じる。「カッシーラーの文化の哲学は，カントの認識批判を，フンボルトの言語哲学に照らして，言語的転回を機軸に文化批判へと敷衍，拡大したもので，ヘルダーはカントからフンボルトへの橋渡しの役割を演じているにすぎないと単純化してすますことは決してできない。ヘルダーによる啓蒙主義の哲学の，その後の展開のための地ならしは，さまざまな形で，例えば，ゲーテの，芸術の世界あるいは形態学を中心とする自然学の世界，そしてシェリングの哲学を通じてもまた，カッシーラーの哲学的営為とその思惟世界の構築に，陰に陽に影響を及ぼしたのである」と。森淑仁『E. カッシーラーにおけるヘルダー受容について』（『ヘルダー研究』第2号）日本ヘルダー学会，1996年，104頁。

を重視する立場は，フンボルトの思想を忠実に継承することによって確立されたのである。

　ヘルダーは「内省意識」こそが言語の萌芽であると主張したが，フンボルトはそれをさらに人間の内外へと拡大した。とりわけフンボルトによって言語は，「音声形式」，「内的言語形式」，そして「民族的精神」を中心とした精神の諸力全体によって構成されると説かれた。確かにヘルダーの『言語起源論』は，その名が示しているように言語の「起源」を問題にしたものであった。それでもヘルダーは，言語が同時に人間にとって普遍的な機能であること，そしてまさにそれが人間を人間たらしめる第一の要素であることを主張した点では，彼の問題意識は言語の「本性」の解明に他ならないと言えよう。そのためフンボルトによってヘルダーの言語論が拡大され，いっそう言語の本性への問いが推し進められたのである。それに対してカッシーラーは，フンボルトによって分析された言語形式の概念を，さらに拡大して「シンボル形式」として捉え，それを人間の文化全体へ向けて展開させたのである。そのため当然のことながらカッシーラーは，一般的に言われているようにカントの思想を基礎としているとしても，文化哲学においては同時にヘルダーとフンボルトを出発点として構築された言語論を内包しているとも言うことができる*[55]。

　さらに，これまでのカッシーラー研究において彼の言語論を考察する際にはフンボルトからの直接的な影響が強調されてきたが，彼の言語論のいっそう深い根底にはヘルダーの思想が原理的には影響していると言えよう。こうした意味において，カッシーラーは言語論においてフンボ

55）　カッシーラーは『ヴィルヘルム・フォン・フンボルトの言語哲学におけるカント的要素』において，フンボルトの言語論自体がカントの超越論によって強く影響を受けていることを指摘している。そのためカッシーラーの言語論は，フンボルトを経由してはいるものの，さらに遡ればやはりカントからの影響が大きいことを示している。そのためカッシーラーにとってはカントが『純粋理性批判』において言語を問題にしなかった点を，フンボルトの言語哲学を用いて補いつつ継承しているのである。上述の論文において彼は次のように主張する。「批判哲学の体系における言語哲学の欠如は，この体系とフンボルトの言語学的基礎付けとの間の直接的な関わりを不可能にするように思われた。そのため人は両者が互いに結びつけられているにもかかわらず，いわば隠された通路をいとも簡単に見落としたのである」と。Cassirer, Die Kantischen Elemente in Wilhelm von Humboldts Sprachphilosopie, in; *Ernst Cassirer Geist und Leben Schriften*, Reclam Leipzig, 1993, S.243.

ルトの継承者であるのと同時に，ヘルダーの後継者でもあることも忘れられてはならないであろう。

第 2 章
カッシーラーにおける神話の哲学
――シンボルの根源としての神話的思考――

―――――

はじめに――「シンボル形式の哲学」における神話的思考

　カッシーラーの哲学において,「神話」および「神話的思考」(mythisches Denken) は言語と並んで極めて重要な地位を占めている。1923 年に『シンボル形式の哲学』の第一巻を著した彼は，続く 1925 年に第二巻「神話的思考」と，小編でありながらも彼の神話論の理解において看過することができない『言語と神話』を出版した。その他では 1922 年の論文「神話的思考における概念形式」，そして彼の死後 1946 年にアメリカで出版された『国家の神話』や，またいくつかの講義録において神話に関する彼自身の思想が表明されている。こうして単純に彼の神話に関する著作を一瞥するだけでも，それが彼の生涯に渡って最も重要な問題の一つであったことを容易に窺い知ることができる。カッシーラー自身が後に述べているように，1919 年に新設されたハンブルク大学に招聘され，そこでのワールブルク文庫との出会い以前から彼は神話の問題と取り組んでおり，この頃には既に「シンボル形式の哲学」における神話論の大部分の構想ができあがっていた[*1]。

---

　1) Cassirer, *Philosophie der symbolischen Formen* zweiter Teil, Das mythische Denken,wissenschaftliche Buchgesellschaft, Darmstadt, 1977, xiii.（『シンボル形式の哲学』第二巻「神話的思考」, 木田元訳, 岩波文庫, 1991 年, 17 頁）を参照。以下邦訳での出典箇所は（　）内にて記す。
　さらに詳細なカッシーラーの生涯における神話的思考の時間的系譜に関しては, William Schultz, *Cassirer and Langer on Myth*, Garland Publishing, INC, A Member of The Taylor　&

しかしながらカッシーラーは，言語の問題においてヘルダーやフンボルトの思想を継承しつつ発展させたのとは異なり，神話または神話的思考の問題に取り組むに当たっては，そうした方法論的，また思想的な支柱をもってはいなかった。というのもこの問題を扱った哲学は，シェリング（1775-1854）が彼の哲学体系にそれを組み込んで以来，一つの一般的方向性を獲得したけれども，「哲学」が探求の対象とするものは常に確固とした「真理」を内包するものであったので，まずもって曖昧で朦朧とした神話や神話的思考と対峙し，それらを排斥することによって思索が始められたからである。そのため哲学が「存在」の概念の解明を試みる際には，神話的なものから離れていくことによってのみ，純粋に概念的に考察することが可能だとされ，哲学の探求が進んでいくにつれて神話との断絶が顕著となった。

　こうして神話は哲学体系の中で位置づけられることよりも，むしろ諸科学がそれぞれの見地から，主にそれを一つの「素材」とした考察がなされていた。そのため神話を純然たる哲学の領域へと引き入れた上で，それを「哲学的に」解明するといったような試みはなされていなかった。そこでカッシーラーは次のように主張する。「神話の起源が〈人間の本性〉という特定の基盤によってうまく説明されたとき，またこの根源的萌芽状態からの展開の過程が則る心理学的法則が明らかにされたとき，神話は〈理解〉（begreifen）されたとみなされるのである」と[2]。この言葉からも明らかなように，カッシーラーが『シンボル形式の哲学』で意図するものは，神話が人間の本性的な機能であり，またその発達過程が精神の発達過程において普遍的に見出されることの証明である。彼にとって神話は固有の自立的形式をもつものであり，また言語や科学的思考といった他の全ての「シンボル形式」は神話的思考から生じると説かれた[3]。そこでシンボル形式の源泉としての神話的思考を解明するため

Francis Group, New York & London, 2000 にて叙述されている。

　2）　Cassirer, op. cit., viii.（9頁）

　3）　この点についてカッシーラーは次のように断言する。「精神文化の基本的諸形式が神話的意識から発生したということに着目するならば，——これらの諸形式のどの一つにせよ，はじめから自立的存在や明確に限定された固有の形態をもっているわけではなく，全てはいわば偽装し，なんらかの神話的形態をまとって現れてくるからである。このように，もともと神話の精神と融合し，具体的に合体していることを指摘しえないような〈客観的精神〉（der

に彼は,「言語の起源」の問題と,「神話の起源」の問題とを比較検討する。この点について詳細に論じられている『言語と神話』は,小著でありながらも彼の神話論を理解する上では極めて重要な意味をもっている。そのため本章では,まず人間の客観的思考の根源を解明するために『言語と神話』において論じられた,言語と神話における共通の起源に関するカッシーラーの思想を考察しなければならない。

次にカッシーラーが『シンボル形式の哲学』第二巻「神話的思考」において強調して論じている「思考」および「直観」形式としての神話に関する彼の理論を考察する。彼はそこで認識における神話および神話的思考が与える影響について問題にする。彼によれば,シェリングが『神話の哲学』(1842) のなかで神話に与えた一般的方向性は,民族学的な資料に基づいてそれを詳細に検討しているけれども,そこでの神話は心的所与として記述されていた。カッシーラーはシェリングの残した功績を認めながらも,神話を原初より固定された静的な対象として捉えたシェリングの哲学においては,人間精神の創造的主観性が見落とされている点を指摘する。そのためカッシーラーの哲学においては,神話は既に出来上がった一つの文化現象としてではなく,むしろその文化自体を創造する形成力として理解される。このように神話に限らず全てのシンボル形式が,その根源からして能動的に作用する「機能」として捉える手法は,彼のシンボル哲学に特徴的であり,また彼の神話論を理解する出発点として極めて重要となる。本章では上記の二つの著作を中心としてカッシーラーが説く「シンボル形式」としての神話,そしてその源泉としての神話的思考の解明を試みたい。

I 言語と神話の起源──『言語と神話』の考察

1925年に出版された『言語と神話』は,既に第一章にて簡略に紹介したように,言語と神話の起源について論じられた著作である。本章にて再びこの著作へ言及するのは,同年に出版された『シンボル形式の哲

---

objective Geist) の領域は一つもない」と。Cassirer, op. cit., ix.（10頁）

学』第二巻で述べられている彼の神話論の多くは，この『言語と神話』で述べられた基本思想を前提として展開されているからである。そのため『シンボル形式の哲学』におけるカッシーラーの神話論を，彼の本来的な意図に従って正確に理解し，明らかにするためには，この著作での議論が予め理解されていなければならない。カッシーラーはここで扱われた問題が，自身の神話論を基礎づけるために必要不可欠であることをはっきりと自覚していたが，他の著作において同様の議論を繰り返すのではなく，『言語と神話』での議論を参照するようにと指示するに留まっている。そのためにこの著作は彼の神話論において，極めて重要な資料であると言えよう。

1　言語と神話の関係──カッシーラーの視点

カッシーラーのシンボル哲学において「神話的思考」(mythische Denken) とは，シンボル形式の最も原始的な形態であり，他の全てのシンボル形式の基底となるものとして捉えられる。そして彼の言語と神話との関係を最も明瞭かつ正確に表した言葉によれば，それらは「同じ〔神話的思考という〕根から出た二つの異なった芽」[*4]である。彼は神話的思考を言語と神話に共通の源泉として理解する。そのため科学的思考や宗教といった，言語と神話から展開したシンボル形式もまた神話的思考に根ざしているのである。こうした意味においては，カッシーラーにとって神話的思考こそまさに人間の文化を創造する根源的な力であると言えよう。しかしソクラテスが言ったように，神話についての論理的な説明を与えようとすることは，際限のない労力と時間とを要する。そのためソクラテスはそうした途方もない問題に取り組むことよりも，むしろ人間学的な「自己の探求」を優先した。それにもかかわらずカッシーラーによれば，これまで神話を合理的に解明しようとする試みは数多く存在したのであり，その際に最も重要だと思われたのが語源学的な神話解釈であった。彼はその理由に関して次のように主張する。

　　すべての神話上の人物の実体は，その名前から直接知りうることが

---

4) Cassirer, *An Essay on Man*, Yale University Press, New Heaven, 1944, p.109. (『人間』宮城音弥訳，岩波文庫，1997年，235頁)

つねに予測できるものなのだ。このように名前と実体とが相互に必然的で内在的関係をもっており、名前はそのものの本質を指示するばかりでなく、まさにその本質なのであり、現実のもののもつ潜在力はその名前のうちに含まれているという考え方——それが神話を創造する意識自体がもつ最も基本的な前提のひとつなのだ[*5]。

　この主張からも明らかなように、カッシーラーの神話の哲学における「名称」とは、常にそのものの本質を含むものとして捉えられる。そのため彼は神話を一般化して、合理的な説明を与えることが困難であるとしても、このような神話の内容を語源学的に分析する手法に対してはその有用性を見出す。
　ところで、多くの神話に共通する「自然崇拝」の起源が、言語のもつ「内在的弱点」と深く関係していると主張したマックス・ミュラーは、あらゆる神話は言語による干渉を受けていると言う。言語がもつ意味は曖昧なものであり、その特性である「類音異義性」(Paronymie) こそ、神話の源泉であり「言語が人間に落としている黒い影」であると彼は言う。さらにミュラーは、神話とは「そのもっとも高い意味で、およそ人間の精神活動のあらゆる領域において言語が思考に作用した影響力なのだ」[*6]と力説する。しかしカッシーラーは、このような言語や事物といった既存のものから神話が生じたという学説に対して否定的な立場をとる。なぜなら彼にとって言語と神話は、それぞれが異なった「シンボル形式」であり、つまりは独自の光源によって世界を照らすような、対象の「見方」として捉えられるからである。そのためそれらの「ひとつひとつが固有の世界を形成し位置づける精神的な力」[*7]であり、その「器官」であるとカッシーラーは主張する。
　そこでカッシーラーは、言語と神話とが共通の源泉をもつけれども、それぞれが異なったシンボル形式であることを示すためにヘルマン・ウ

---

5) Cassirer, Sprache und Mythos, in; *Wesen und Wirkung des Symbolbegriffs*, wissenschaftliche Buchgesellschaft, Darmstadt, 1977, S.74.（『言語と神話』岡三郎・岡富美子訳、国文社、1972年、10頁）
6) ミュラーの発言はCassirer, op. cit., S.76.（14頁）からの引用。
7) Cassirer, op. cit., S.79.（18頁）

ゼナー（1834-1905）が行った「神々の名称」に関する研究を問題にする。ウゼナーは単に神話の起源を解明することだけを目的としたのではなく，「神々の名称」の分析という独自の方法に基づいて「神話的な諸観念」の再構築を試みた。彼によると神話は世界中の様々な場所から見出されるものであり，それらは一見するとそれぞれまったく異なった形態をもって現れているように思われるが，そこには普遍的な内在的法則が存在する。すべての神話は何らかの偶然的な要因によって生じ，そしてそれが保持されつつ発展したものではなく，むしろ常に人間における一定の感情と創造的な思考能力に起因するとウゼナーは主張する。そして彼にとっては，神話と同様に言語もまた偶然の所産ではない。言語は人間の精神的発達によって，それまでは個別的であった対象または現象を，その個別性に即してではなく，むしろそれらを一つの全体として，それらの意味内容を表す能力として理解される。そのため彼は言語の意味を明確に規定する精神の「概念化」の過程が明らかにされないならばならないと言う。

　ウゼナーはこの問題に対して「神々の名称」という視点から取り組み，そこから知りえたものを全て彼の探求のために援用した。カッシーラーはこのウゼナーの学説を哲学的に考察し，彼の『言語と神話』において次のような新たな問題を提起する。すなわち，「最初の言語的ならびに宗教的な諸概念の起源に，さらに我々を近づけることのできるような別の何らかの道が，具体的な言語と宗教との歴史以外にはないだろうか。あるいはまた，そのような諸観念の生成を知ることと，それらの究極的な意味と機能とを知ることは，この点において全く同一のことではないのか」[*8]。先に引用したカッシーラーの主張では，神話的世界観における名称にはすべてその対象がもつ本性が含まれていると理解された。そのためウゼナーの研究はまさに神話の本性，つまり「究極的な意味と機能」を明らかにする鍵であるとカッシーラーは理解したのである。

2　ヘルマン・ウゼナーによる神名の三区分

　既に第1章において短く触れたが，ここで再び『言語と神話』で述べ

---

8) Cassirer, op. cit., S.86-87.（30頁）

られているカッシーラーによるウゼナーの神話論理解をより詳細に検討したい。

　（1）瞬間神　　ウゼナーは神名の研究において人間の神話的，宗教的思考様式が段階的に発達したと主張し，それを三つの段階に区分する。それらのうちで最も原始的な段階として叙述されるものが，彼が言うところの「瞬間神」（Augenblicksgötter）である。この「瞬間神」とは，ウゼナーによればまったく体系的に規定された神ではなく，例えばホメロスの『イリアス』に登場するアキレウスが，テントから出たときに突如として背筋が冷える感じを覚えたり[*9]，またモーセが神の山ホレブにミヤデンの祭司エテロの羊を連れて行った際に見た，芝が赤く燃えているにもかかわらず，その芝が燃えてなくならないというような，一つの「異象体験」から個々の人間が感得する神的なイメージの「客観化と外的投射」である。そのため瞬間神は，一切の擬人化や変態を受けていない直観的な印象のまま記述され，またそうであり続ける。そしてこれらは個々の現象から各個人が独自に見出す瞬間的な「神性」に過ぎないがゆえに，個々の名称をもたないばかりか，いわば無限に多様な性格を備えもっている。それは同一の現象を二人の異なった主体が認識するときには，その現象がまったく同一の感覚的な印象を双方の主体に与えるとは考えられないためである。こうして外界から受けとる驚嘆や恐怖といった生き生きとした感覚的な印象から，個別的に超自然的な神性を見出すことによって「瞬間神」が創造される。この瞬間神を創り出す精神の創造的主観性こそが，カッシーラーが神話的思考と呼ぶものの萌芽に他ならない。そのため彼の神話論を理解するうえで，ウゼナーが提唱したこの「瞬間神」の概念は極めて重要な意味をもっている。

　（2）特殊の神々　　人間の文化的および精神的生活が発展するにつれて，「瞬間神」にみられた個別的な超自然的な印象に対して具象的な形態が与えられはじめる。それによって作り出される神が第二段階の神々としての「特殊の神々」（Sondergötter）である。しかしながら，こ

---

9) 金子晴勇『聖なるものの現象学』世界思想社，1996年，122頁参照。

の第二段階の神々ですらも今日のキリスト教やイスラム教に代表されるような，一神教が信仰の対象とする「神」の次元には未だ達していない。ウゼナーによると，「特殊の神々」は，「その全体的な深さと拡がりを十分に満たしていないで，単なるその一部分に限定され，かなり狭く限られた部門にすぎない」[*10]。それでもなお，「瞬間神」においては多様性がその特質であったのと比べて，この段階における神々は，ある程度の一般的な性格を備えている。古代ローマ人のいわゆる「機能的な神々」（Indigitamentegötter）やオリンポスの十二神が，この次元における神々に相当する。それらは人間における具体的な個々の生活に即したかたちで，それぞれが独自の領域内での守護神として現出する[*11]。しかしながら逆説的にみれば，一つの行為に対して一つの神といったように，それぞれの神は自身が機能し得る「作用領域」をもっており，それを超えては存在し得ない。そのためウゼナーは，「特殊の神々」は未だ個別的な要素を色濃く残しているために，真に「一般的機能」を備えた神々ではないと主張する。

（3）人格神　こうした「特殊の神々」としての段階からさらに客観化と一般化が進むことによって，第三の段階としての「人格神」が生まれる。「特殊の神々」は人間の現実的な生活と密接に関係し，それぞれの行為のうちから，それに応じた神性，聖性が引き出されたものである。またそれらは「瞬間神」とは異なり，各々の神ごとに独自の名称が与えられていることが，その特徴である。そしてその神がもつ名称が変化を受けることなくそのままの形態を保持し続ける限り，その神的作用の限界は名称，つまり「語の意味」の限界と純粋に比例する。しかしながら何らかの原因によって，その名称に音韻変化などの「乱れ」が生じると事態は一変する。それらの神々は一つの行為と癒着した状態から抜け出し，新たな性格を獲得してゆく。こうした変化によって，その名称は行為の観念だけを意味する次元から抜け出し一つの「固有名詞」とな

---

10) Cassirer, op. cit., S.89.（35頁）
11) この点に関してカッシーラーは，オカトール神（Occator）という「畑をまぐわで均す」という行為の守護神を例として挙げている。この神は，ある特定の畑だけを守護する神ではなく，その地域全体の守護神として扱われる。

る。そしてそれは,「あたかも一人の人間に与えられた名称とまったく同じように,人格の概念を内包してくる」とカッシーラーは言う[*12]。こうして本来は一つの行為だけに関与する神でしかなかったものが,まったく新たな人格をもつ主体として人間に関わり始める。繰り返し述べたように,それぞれの神々に与えられた名称は,その神の本性そのものを現しており,またそれによって神的存在としての目的と意義,そして可能な作用範囲を規定している。カッシーラーが「名前はそのものの本質を指示するばかりでなく,まさにその本質なのであり,現実のもののもつ潜在力はその名前のうちに含まれている」と主張したのは,まさにこのためである。そのため名称の変化とは,その神の本性に変化が生じることと同義であり,単に量的な拡大や縮小を意味するのではなく,それは質的な変化をもたらすのである。それによって,以前の神と作用対象との絶対的な癒着関係は崩壊し,それは一つのシンボルへと集約されることによって一神教が信仰対象とする人格神が誕生する。

3 神話的概念作用と理論的概念作用

段階的に発達するという性質をもつ神話形成の過程が,より高度な次元に達するにつれて次第にその名称によって作用領域が画定され始めるというのが,ウゼナーによる「神名」の研究が明らかにしたものであった。このような主張に基づいてカッシーラーは,言語における根源的な概念作用の起源を神話的思考との関係において考察する。彼によれば神話的概念の発達過程は,言語的または理論的な概念作用と並行した発展過程を辿るからである。

ところで伝統的な論理学における概念形成の理解では,言語や思考による関与に先立って,対象の「本質」が存在すると考えられてきた。そのため,あらかじめ精神が個別的なものからその特徴を抽出して,それと類似したもの同士を集めて一つの観念を形成すると説かれる。しかしながらカッシーラーは,こうした概念形成の構造を転倒させる。つまり彼は,それによって分類される特徴や本質よりも,「言語」がそれらの本質に先立って存在するからこそ,人間がそれら事物間の類似性を「自

---

12) Cassirer, op. cit., S.90.（37 頁）

覚」することが可能になると主張する。というのも上述の「瞬間神」のような，言語的に規定される以前の対象は，無限に多様な特徴をもち得るものであり，それらが名称を与えられることによってはじめて，一つの明確な「概念」として把握され得るからである。そこでカッシーラーはこの問題をさらに根源的な領域にまで発展させ，言語が完全な体系として存在するための規則，そして「正しくこうした観念を集めて一つの全体にし，一語でもってそれを意味するように，言語を誘導ないし抑制するものとは何か」[*13]と問う。さらにそこで彼は人間における概念の作用を「神話的概念作用」と，「理論的概念作用」とに区別し，前者が抽象化されて一般化されることによって後者に至るものと理解した。そこで本項では，カッシーラーによるこれらの概念作用の理解を問題としたい。

（1）**理論的概念作用**　カッシーラーによると，理論的な概念作用とは，「判断の論理的形式に対する準備段階以外の何ものでもない」[*14]。人間がある対象を「判断」する，または概念的に認識する際には，その対象の個別性や特殊性に基づいてではなく，それが包摂される全体像によってなされる。そのためカッシーラーは，人間は理論的な概念作用を用いて，判断に至る準備段階として，個別的な対象を一つの全体にまとめあげると主張するのである。

さらには自然の事物において，完全に特徴や性質が一致するという意味において全く同一のものは存在しない。したがって個別的な事物は，厳密な意味においては，それらの「同一性」によってではなく「類似性」によって分類されるのであり，理論的な概念作用がその分類行為に寄与している。つまり全ての事物はそれぞれが属する観念の例外的な事例である。しかしながら理論的な概念作用は，それが例外的な対象でありながらも，それがどの観念に属するものであるのかを理解し，一つの「事例的現象」として，その観念全体の中へと包摂する。そのためこの形式における概念作用は，常に「推論的」な要素を含んでいると言える。あらゆる個別的な現象をまとまった全体へと収斂させることがこの概念作

---

13)　Cassirer, op. cit., S.94.（44 頁）
14)　Cassirer, op. cit., S.95.（45 頁）

用の主たる機能であり、この全体性へと向かう「意志」こそが、理論的概念形式における作用の「活力」であるとカッシーラーは主張する。さらにこの作用の「推論的」な特質は、知覚した対象を、経験に囚われることなく一般化する機能をもっている。カッシーラーによると、理論的概念作用の「推論」する力によって「個別的なものは固定した知的な〈意味〉と明確な性格とを受け入れる」[*15]。しかしながら、ここで彼が言うところの「意味」は、人間の文化的生活の発展によって、またはそれが扱われる状況に即して変貌してゆき、それらから主観的な要素が取り除かれるにつれて、それまでは個別的な経験でしかなかったものが、次第に一般化された一つの言語として、普遍的な「意味」を獲得する。

　ところで先に述べたように、カッシーラーによれば自然状態の事物にはまったく同一のものは存在しない。しかしながら彼は同時に、自然界において厳密な意味で他の事物からまったく特殊であり、かつ異質なものも存在しないと言う。そこでカッシーラーは「ゲーテの自然観」[*16]に従って、自然は「それぞれの事物それ自体としてとりあげられるが、同時に〈全存在物の類比〉（Analogon alles Existierenden）として把握され、その結果、存在が我々にとって常に個別的であると同時に、相関したものとして現れる」[*17]と主張する。そこで理論的な概念作用を用いて対象を正確に理解するために求められることは、それらを厳格に経験的な視点から「観察」することであるが、これは先に述べた「推論」の作用と矛盾するものではなく、むしろそれと相補的な役割を果たしている。というのも、「観察」するという行為のうちにも理論的概念作用による「推論」的な要素が含まれざるを得ないからである。そしてむしろ、そうした特定の視点による「推論」によってこそ、事物の本質が現れてくる地平を見出すことができる。ここで彼が言うところの「地平」こそが、この考察の最初に述べた「判断の論理的形式に対する準備段階」であり、理論的概念作用が志向する地点なのである。人間はこうした次元に至っ

---

15) Cassirer, op. cit., S.96.（46頁）
16) ゲーテは特殊な存在を普遍的特質の基盤として捉え、それを前提として普遍性が構成されるとする。そこでは単に個別的な部分を全体の内に包摂することだけを目指すのではなく、それを一つの「機構」（Organisation）として把握されなければならない。
17) Cassirer, op. cit., S.98.（49頁）

てはじめて，あらゆる個別的な対象を体系化することが可能となる。そしてそれらを体系の中で相互に関係づけることによって，はじめてそれらを一般的なものとして理解し，説明可能なものとする。この点についてカッシーラーは次のように主張する。

> 理論的思考は，直接的内容をたんに出発点としてのみ扱い，そこから様々な方向に向かって印象の全域を駆け巡ることができ，ついにはそうした印象が一つの統一的な概念作用つまり一個の閉じられた体系にすっかり適合するようになる点では，この思考は「推論的に」進んでゆく。このような体系のなかには個立した点はもはやなく，すべての構成部分は相互に関連しあい，互いに関わり，互いに解明し説明しあうのだ[*18]。

ところが，これまで考察してきた理論的な概念作用を用いて対象を認識するためには，その対象があらかじめそれぞれの本性に従って定立していることが前提とされる。そのため新たに問われなければならないことは，いかにしてその対象が定立するのかである。そこでカッシーラーは，理論的概念作用に至る前段階としての神話的概念作用の存在を主張する。というのも，まずもってその対象が現象していると自覚されるためには，既に述べたように，その対象に名称が与えられていなければならないから。カッシーラーは「現象を自覚し理解するという知的行為が開始される以前に，名付ける行為がそれに先行し，一定の密度に達していたに違いない」[*19]と言う。そのため続く考察では，理論的概念作用から遡って，さらにカッシーラーによる根源的な概念作用の理解を考察する。

　(2)　神話的概念作用　　これまでに述べてきたように理論的概念作用が個別的なものを全体に包摂することを主な目的に据えているのに対して，それよりも原始的なものとしての神話的および宗教的概念作用は，ウゼナーが言うところの「瞬間神」に代表されるように，個々の事象を

---

18) Cassirer, op. cit., S.102.（57頁）
19) Cassirer, op. cit., S.99.（52頁）

その特殊性のままに捉える作用である。

『言語と神話』においてカッシーラーが神話的概念作用を問題とする際には，同時に始原的な言語形式が問題とされる。というのは，彼にとって言語の発達は，神話的思考の発達と並行してなされるものとして理解され，さらに言語と神話的思考は共に理論的な思考様式がその目的とするものと，相反する目的をもつものとして説かれるからである。カッシーラーがウゼナーによる「神名の三区分」の研究を自身の哲学へと採用した理由は，まさにこの点に存する。「瞬間神」は一切の記号的な性質を帯びる以前の，純粋な神的イメージであるがゆえに，理論的概念作用によって全体へと結び付けられるものではない。それらが名称を与えられ，「特殊の神々」へと発展する過程において用いられるのが神話的概念作用である。名称が与えられるという言語的な発達と同時に，カッシーラーは多様な特徴を名称のもとに収斂するという神話的概念作用の働きを認める。彼によれば，「ひとたびこの神がその瞬間の恐怖ないし希望といった直接的な要件から開放されてしまえば，一個の独立した存在となり，それ以後それ自身の法則によって生きのび，形態と持続性を獲得する」[20]。本来は統一性をもたず，多様性によって特徴づけられる神的なイメージに過ぎなかった「瞬間神」が，名前を与えられることによって一般的特性を備えるのと同様に，言語もまた，単なる情動の発露に過ぎなかったものが，「人間が自ら造りだしたものとしてではなくて，それ自身の権利をもって実在し意味をもっているもの，ひとつの客観的リアリティとして人間に直面してくる」[21]とカッシーラーは主張する。すなわち言語の側面から考察すれば，それまでは純粋に主観的な「情動」による音声に過ぎなかった発話が，名称が与えられることによって客観的な性質を帯びるにつれて，それが一般的な「意味」を持ち始めるのである。このようにして名称が客観化の過程へと踏み出すやいなや，それは絶えず変貌を遂げ，最も高度な段階に達すると，現実的で直接的な与件を抽象化する能力としての「命題言語」に結実する。こうしてそれは客観的，論理的思考の媒体となる。したがって言語は神話的概念作用と同じ道を歩むのであって，原初においては全体への関係づけを目的とする

---

20) Cassirer, op. cit., S.105.（61頁）
21) Cassirer, op. cit., S.105.（61頁）

のではなく，名称という一点への「凝縮」を目的とすると説かれた。

こうして『言語と神話』においては，神話的思考の発展過程は，言語の「起源」と同時に問題とされたのである。カッシーラーの神話的思考に関する思想は，『シンボル形式の哲学』においては，その一般的な機能が主に考察の対象となったのに対して，この著作においてはその発展過程の解明が意図されている。彼が言うところの「神話的思考」をその全体像において明らかにするためには，この著作で展開されている彼の神話論もまた決して看過されてはならないと言えよう。

II 思考および直観形式としての神話

これまでの『言語と神話』の考察を前提として，次に『シンボル形式の哲学』第二巻「神話的思考」(1925年)において述べられているカッシーラーの神話形式および神話的思考に関する思想の考察に移りたい。この著作において彼は，神話を言語や芸術と並ぶ一つのシンボル形式として捉え，それが人間の文化を形成する基本的な精神の作用であると主張する。ここにおいても彼は，言語と神話とは互いに切り離すことができないものであると論じ，さらには神話が人間の認識に対して与えている影響を問題にする。ここでは主に人間の思考と，直観の形式としての神話の関係を考察することによって，彼の神話論の全貌を明らかにしたい。

1 シェリングの『神話の哲学』からの展開

カッシーラーは『シンボル形式の哲学』第二巻の序論において，シェリングの『神話の哲学』を考察する。というのは本章の始めに述べたように，カッシーラーは19世紀の初頭にシェリングが『神話の哲学』において彼の哲学体系に神話の問題を採用して以来，一つの一般的方向性を獲得したと理解するからである。しかしながらカッシーラーはシェリングの思想を，そのままの体系として用いることができるとは考えてはおらず，その全てを評価するわけではない。そのため彼はシェリングの功績を認めつつも，同時にその限界をも指摘して新たな問題意識から神話論を展開させる。そのためここでは，まずカッシーラーによるシェリ

ング理解を明らかにしておきたい。

　シェリングは彼の著書『神話の哲学』において，それまでの哲学が神話に与えていた寓意的な解釈や評価の超克を企図し，神話を一つの自律した体系として理解する。そのため彼は神話を「自己完結的な自立的世界」として記述し，それがもつ普遍的な内在的構造の法則を探求した。そこで彼は神話と歴史との間に判然とした境界をおき，神話的な要素が実在的に人間の精神へと関与していることを強調した。そのため彼にとっての神話は，人間の意識一般によって生じるものであって，意識こそが神話の「作用主体」（subjectum agens）であると断定した。こうしたシェリングの哲学に関してカッシーラーは，カントの批判哲学との関係から次のようにその価値を認める。

　　カントの場合と同様に，この問題は心理学的生成にではなく，純粋な存立と内実に関わるものである。今や神話は，認識，道徳，芸術と同じく，自己完結的な自立的「世界」（Welt）として現れ，外からの異質な価値尺度や現実性の尺度で測られてはならず，そこに内在する構造的法則性によって捉えられるべきものとなる。神話の世界を単なる間接的なものと見て，この神話世界を何か別のものを包み込む単なる外皮と見るような，そうしたやり方でそれを「理解可能な」ものにしようとする一切の試みが，今や議論の余地のない決定的な論証によって退けられるのである[*22]。

　カッシーラーによれば，シェリングの哲学が与えた最大の功績は，まさに神話を意識の問題として哲学的に考察する際の「足場」（Fuß）を与えたことである。シェリングの『神話の哲学』によって，もはや神話は単なる空想の産物ではなく，独自の様式と必然性をもつ形式として理解され，それは哲学が取り組むべき大きな問題となった。

　しかしながらこうしたシェリングの哲学体系に対してカッシーラーは，その限界をも指摘する。シェリングの哲学で問題とされたのは，神や神話的な要素における認識の理論であって，彼はそこで民俗学的な経

22）　Cassirer, *Philosophie der symbolischen Formen*, zweiter Teil, Das mythische Denken, wissenschaftliche Buchgesellschaft, Darmstadt, 1977, S.6.（26 頁）

験的事実を後ろ盾とすることによって彼自身の主張が正当なものであることを証明しようと試みた。だがその際に彼は人間における神話的思考を後天的なものとしてではなく，普遍性を備えた「生得の知識」(notitia insita) として規定した。そのため彼の神話の哲学は，神話が人間にとって所与のものとして考察が始められた。こうしてシェリングが神話そのものの本質，発展過程の解明に従事したがために，カッシーラーは人間意識における多様な「精神の活動」という点から見て，シェリングの限界を指摘する。人間精神における機能の問題を重要視するカッシーラーにとって神話または神話的思考とは，精神における働きの一つであって，世界の客観化の過程であると説かれる。そのためカッシーラーは神話が客観的な現象であり得るのは，「意識が感性的印象に受動的に囚われている状態から開放され，ある精神的原理によって形成された固有の〈世界〉の創出へと進んでいく」[*23] 限りにおいてであると言う。したがって彼の神話論においては，神話の実体的な本性を解明することではなく，むしろ神話的思考が人間の精神において，いかに能動的な働きをするのかということが問題とされる。彼にとって神話は静的な所与ではない。それは神話的思考という精神の働きから生じた一つの「シンボル形式」であり，すなわちそれは言語や芸術と並ぶ認識の形式として理解される。そのためカッシーラーは新たに，神話および神話的思考と認識との関係を，『シンボル形式の哲学』において問うのである。

2　カッシーラーによる神話的思考の基礎理解

　カッシーラーによると，論理的な思考をもって文化的な生活のうちに生きている人間ではなく，「神話的思考」が深く浸透している原始的な民族においては，神話とは彼らの歴史そのものである。さらに神話はその民族の歴史を決定するだけではなく，また彼らの運命をも決定する，絶対的な影響力をもつものとして捉えられる。そのためこの次元においては，民族の歴史的事実から神話が創りだされたのではなく，むしろ神話が歴史を創り上げるのである。こうした事態は原始心性が神話的な儀式や呪術を，自然を統制するために用いる一種の「物理的な力」として

---

23) Cassirer, op.cit., S.19.（45頁）

Ⅱ 思考および直観形式としての神話

捉えていた事実のなかに明瞭に現れている。

ところで,これまで新たに得られた学問としての天文学を用いて,バビロン神話を中心に神話の解明を試みた人たちがいた。彼らは「汎バビロニア主義者」と呼ばれたように,様々な手法を用いて神話を理解しようと試みたが,真の意味における神話の解明には至らなかった[*24]。というのも,彼らは個々の歴史的事実に基づいて神話の体系的な統一性の解明を試みたために,最終的には神話の本質的な多様性を強調するという結果となったからである。そこでカッシーラーは神話を実体的に統一されたものとして考察するのではなく,むしろそれを「精神的な形成体」へとまとめあげる「形式的統一性」(Formeinheit)を問う。つまり彼は,「神話の諸要素から一つの新たな全体,シンボル的な〈意味〉の世界を生み出すような特徴的な形式」[*25]を考察の中心に据えたのである[*26]。

そこでカッシーラーは神話とは第一に,それ自体が何らかの他の現象に依存することのない自足的な「存在」であって,それは「自然」と「霊魂」または「外的存在」と「内的存在」とをそれまでとは異なった,新たな姿として映し出す認識の「視点」であると主張する[*27]。神話は言語や芸術と同様に,独自の光源をもった「シンボル形式」であり,世界を独自の法則性に則って分節する機能である。そのため神話は,単に個別的な要素が組み合わされて構成されただけのものではなく,むしろそれは精神における認識形式の一つである。そのためカッシーラーは,神話を原初においては多様な神的意識を分節し,明確にする機能として理解する。その際に,先に考察したウゼナーの神々の名称に関する研究が,神話や神話的思考のみならず,人間の認識機能であるシンボル形式全体の構造

---

24) こうした様々な学問の敗北に際して,彼らにとって神話は普遍的な性質を帯びてはいるものの,厳密な意味での客観的統一性をもたず,それが単なる主観的な幻想に過ぎないと断ずる傾向が多くみられた。

25) Cassirer, op. cit., S.26.（57頁）

26) この点についてカッシーラーは次のように主張する。「認識において,単なる〈知覚の狂想曲〉(Rhapsodie der Wahrnehmungen)が思考の一定の形式法則によって知の体系に作りかえられるのと同様に,無限に多様な姿をもつ神話の世界が恣意的な表象や無関係な思いつきを単に寄せ集めたものではなく,一つの特徴ある形成体にまとめられるようにする,あの形式的統一性が問われてもよいはずだし,また問われねばならないのだ」と。Cassirer, op. cit., S.27-28.（58頁）

27) Cassirer, op. cit., S.26-27.（57頁）を参照。

を解明するための新たな道筋を与えたとカッシーラーは言う。この道筋によって，宗教的概念形成の過程をも明らかにする手がかりが与えられ，ウゼナーの学説はカッシーラーによって人間の認識機能全体に関わる問題へと発展させられたのである。

そのためカッシーラーは『シンボル形式の哲学』第二巻の序論において，言語と神話との関係を再び問題にして，一貫して人間に特徴的な一つの精神の作用を指摘する。それは人間が「主体」と「客体」または「主観」と「客観」との間に，中間的な世界を構築する機能である。それは原始心性においても同様に見出される精神の作用であり，人間は自身を取り巻いている環境を主観から切り離し，「対象」として客体化する。それはウゼナーが主張した段階的な神話的思考の発達に沿って，より顕著なものとして現れてきたものである。しかしながらその際に，我々は素朴な唯名論的手法に従って「表象」そのものと，表象された「対象」との関係が，単なる反省によって生じた意識の所産と見なすことは許されないとカッシーラーは言う。つまり彼にとっての言語は，対象世界を間接的に指示したり意味したりするものでも，または単に模写された現実でもない。なぜなら既に述べたように，とりわけ神話における特定の語彙や名称のうちには，対象の実在とその本質とが互いに浸透し合うように共存しているからである。しかしながら人間の精神的発達によって，対象とその意味との差異は截然と意識されるようになる。こうした客観化の過程を進むにつれて次第に表象は自立的な思考形式として，すなわち真のロゴスとしての力をもって人間の思考に関わり始める。するとこの表象はもはや，精神的な力によって特定の対象へと向けられたものとしてではなく，まさにそこで独自に存在するものとして精神のうちに立ち現れてくる[*28]。こうした前提から，カッシーラーは『シンボル形式の哲学』において，神話が「一つの自己完結的な宇宙〈コスモス〉」として，いかに人間の思考や認識に関わるのかという機能の問題を探求する。

---

28) この点について彼は，次のように論じる。「この像＝世界は，なにか他のものに向けられているものでもなければ，他のものを指し示しているのでもない。それはただ端的に〈ある〉のであり，それ自身で存立しているものなのである」と。Cassirer, op. cit., S.34.（67頁）

3 思考形式としての神話

（1） 論理的思考と神話的思考 カッシーラーは『シンボル形式の哲学』という著作の全体が，カントが言う認識における「コペルニクス的転回」の原理を採り上げ，さらにこれを拡大しようとするものにほかならないと断言する[*29]。そのため彼はカントに従って，人間の精神のうちには多様な外的および内的な「印象」を，体系的に統一された一つの「表象」へと収斂させる「対象意識のカテゴリー」が存在するという超越論哲学の手法を採用する。カッシーラーの哲学によれば，最も高度に客観化され，また抽象的な対象を構成すると思われる科学的な思考でさえも，その起源を辿るならば主観的な感覚の印象世界から発達したものである[*30]。こうした客観化の過程は前述の神話的思考のそれが示しているように，階層的な性質をもっており，その発達もまた段階的なものとなる。それゆえ「単に〈主観的〉でしかないものと〈客観的なもの〉の境界線は，はじめから不動なものとして決まっているわけではなく，経験とその理論的基礎づけが進展してゆく過程ではじめて形成される」[*31]と主張されている。こうして「表象」と「対象」とは表裏の関係でありながらも，同時に互いに切り離すことができない一つの包括的な体系となる。これは精神の客観化の過程における基礎作用であって，個々の対象は単に一つの体系内での「事例」に過ぎないと彼は言う。

しかしながら，精神がこうした過程へと進んでいくためには，対象をそれ自体として把握するのではなく，最初はそれが個々の要素へと分解された状態でなければならない。というのもカッシーラーによれば，「内容はもはや直接の感覚印象のうちでは捉えられず，理論的思考のうちで定立されるだけの究極的〈要素〉に還元され，いわばそれに解消されていなければならない」[*32]から。こうした理解はカントが『純粋理性批判』において展開した認識論の構図をそのままに継承するものであり，すべ

---

29) Cassirer, op. cit., S.39（75頁）を参照．
30) この点に関しては，空間意識について考察するならば明瞭である。人間の空間認識は，単純に感覚的素材に基づいたものではなく，知覚した空間を客観化し，経験的思考に基づいた間接的印象に依存する。科学的思考が常に一般の論理的思考を前提とする限りにおいて，これと同様の過程を経て理解され，規定されるとカッシーラーは主張する．
31) Cassirer, op. cit., S.42.（79頁）
32) Cassirer, op. cit., S.43.（81頁）

ての個別的な対象を分離する作用と，それらを統合する作用とが，悟性である科学的―数学的思考の前提とされる。分析と総合の協働作用が，特定の対象を物自体として「絶対的」にではなく，むしろそれを「相対的」な関係のうちで捉えることによって，知覚された対象としてそれを再構成する。こうして感覚与件の混沌とした印象が恒常的な意味を獲得しはじめ，それに従って知覚の中心は対象そのものから，次第にその周辺へと移りはじめる。すると人間はその対象そのものだけを知覚するのではなく，それを取り巻く環境と表象の内にそれを知覚するようになる。そして知覚された対象が新たな秩序に組み込まれるやいなや，それがまるで固有の存在であり，また原初からそうであったかのように，独自の権利をもって意識の前に立ち現れてくる。

このように客観的知覚の獲得は「精神の批判的作用」，すなわち経験的与件を分離したり選別したりする精神の「運動」に起因する。しかしながらシンボル機能の原始状態である神話的思考においては，上述の客観化された思考とは異なり，対象を表象化するために用いられる批判的な思考は見出されない。そこでは「表象」と「対象」とを峻別して分析するという行為を必要とせず，それらは互いに渾然一体なものとして理解されるのである。そのためカッシーラーによれば，神話的なものを「表象」と「対象」とが不可分に結びついて捉えるということこそ，神話的思考の特徴をなすものであり，神話的思考が属する直接的な世界の断片から，何らかの間接的な「意味」を抽出しようとすることは，神話という一つの全体的な秩序の内へと外側から何かを「投げ入れる」ことでしかないと言う[33]。この点について彼は次のように断言する。

> 神話がその基本的原型からまだ逸脱せず，その根源からまだ離反していない限り，──むしろ真の同一性の関係が存立しているのだ。「像」は「事物」を表しているのではなく，事物そのものなのである。形象は事物の代理をするというだけではなく，事物と同じ働きをするのであり，したがって直接現前している事物にとって替わるのだ。

---

33) ここでカッシーラーが言うところの「間接的な意味」とは，次の点である。すなわち中世の哲学においては神話に含まれる「意味」を解明しようと，それが隠しもつ意味を「寓意的」，「精神的」そして「神秘的」という3段階に分類したことを指している。

Ⅱ 思考および直観形式としての神話

それゆえ,「理念的なもの」というカテゴリーが欠けているということこそ神話的思考の特徴なのであり，およそ神話的思考に純粋に意味的なものが現れるときには，これを捉えるためにその意味的なものそのものを，そのまま一個の事物的なもの，存在するものに置き換えねばならないということこそが，神話的思考の特徴なのである[*34]。

こうした表象と対象との関係は，あらゆる神話において見出される「儀式」に代表される神話的な行為と，神話の体系自体との関係のうちに明瞭に現れている。カッシーラーによれば全ての呪術的祭祀は，信仰から生じた間接的な表象ではない。神話における「理論的な」表象としての信仰は，「儀式」を通じて人間のうちで直接的に生きて機能する「神性」の間接的な解釈と理解に過ぎない[*35]。そのためカッシーラーは，呪術的な祭祀は表象された神話信仰に先立つと主張し，それは信仰から生じた副産物ではなく，直接的に自然へと対峙するための実在的な力として理解されなければならない。それゆえに神話的思考においては，間接的なものや抽象的なものは存在せず，儀式は神そのものや自然へと直接的に関わっていると言われる。

(2) 対象と呪術的言語　我々がここで神話的な儀式において用いられる「言語」の役割に目を向けるなら，神話的思考とそれが関わる対象との不可分性はさらに際立ってくる。先に述べたウゼナーの神々の名称に関する研究が明らかにしたことは，人格神に至る前段階の神々の名称が，その神自身の作用限界を示すということであった。それぞれの名称は温厚や冷徹といった，個々の神々の性格を意味するのと同時に，実在的な機能の作用範囲を意味していた。そして古代エジプトの神話に代表されるような，神の名を知ることによってその神自体を支配するとい

---

34) Cassirer, op. cit., S.51.（92頁）
35) カッシーラーによると，こうした視点に立って考えるならば呪術的意識に関する模倣学説は正鵠を射ていない。なぜなら神話における祭祀は，現実を単に模倣し表出するものではなく，それを行う者の眼前には実在として現実そのものが存在しているからである。

うほどまでに、それらの名称に具象的価値を見出す神話も存在した[*36]。そのためこうした第二の段階の神話において用いられる「言語」は、それがどれほど原始的なものであるにせよ、神々の名称を恒常的に使用するためには、単なる情動の表出ではなく完全に分節された言語でなければならない。『言語と神話』においてカッシーラーは、神話的思考の発達とともに、言語の発達がなかったならば、人間はそれらを両者とも獲得することはできなかったと主張したのはまさにこの理由による。神話的思考の萌芽とともに、それが新たな次元へ到達するためには、単なる感情の表出を超えて、対象を命名する行為がなければならない。神々の名称のみならず、全ての固有名詞がもつ神秘的な性格は、対象が「その」ものであって、他のものではないということ、すなわち一つの特殊な存在として、固有の領域を「隷属」させていることがカッシーラーによって強調される。

　ところで、因果概念という人間にとって一般的な思考のカテゴリーは、一見すると神話的思考には無縁なもののように思われる。しかしながらカッシーラーによるとそれは神話的思考にも必然的に内在しているものであって、むしろ科学的思考よりもそれは顕著に作用している。当然のことながら、厳密に論理的な思考は個々の対象を全体の中における関係性において捉え、それを他の全体からは異なったものとして区別することによって、はじめてその「原因」と「結果」を問うことが可能になる。しかしながら神話的思考においては、一切のこうした区別の過程を必要としない。というのは、カッシーラーによれば科学的思考または経験的思考は原因と結果とを、ある一定の普遍妥当的な関係として据えることによって説明しようとするのに対して、神話的思考においてはその対象をただ神話体系の内に取り入れさえすれば良いからである。つまり、ほぼ全ての神話が問題とする世界創生の物語のように、神話的思考においては結果としての「世界」から、自由にその因子としての「創造主」を設定することができるのであり、そうしなければならないのである。そのため神話的思考はあらゆる空間と時間とを自由に隣接させることが許

---

36) エジプトの神話における神は、最初に名前が存在し、その名前が実体として神を後から生み出したと語られる。女神イシスは太陽神ラーを罠にかけてその名を暴いたことによって、太陽神を支配したという。

されているし，あらゆるものからあらゆるものを生じさせることができる。したがって彼らにとっての因果関係とは，未知の現象を，自らの神話体系に則した世界観によって「方向性」を与えることである。この点に関してカッシーラーは，次のように断言する。

> 概念的判断が出来事を恒常的な要素に分解し，その出来事をこれらの要素の複合と相互浸透から，またそれらの要素と同じような繰りかえしから「理解」しようとするのに対して，全体的表象そのものに固執する神話的表象作用にとっては，その出来事そのものの単純な経過の像で十分なのである。——やはり一つの規則が問題になったり，生成を制限する特定の形式的諸条件が問題になったりすることはありえない[37]。

(3) 神話的思考における「偶然性」と「必然性」　こうした因果関係に関する科学的思考と神話的思考という二つの思考形式の間における相違は，現象の「偶然性」と「必然性」について考察するならばいっそう際立って現れる。つまり科学的思考において「偶然的」な自然現象は一種の「例外的」なものとして認められるとしても，神話的思考はそこから常に何かしらの「必然的」な原因を見出さなければならない。というのは，上述した神話的思考における「因果関係」の考察からも明らかであるが，彼らにとって自然とは，常に畏怖すべき対象であって，それが示す表象は常に何らかの実体的な意味をもつものとして捉えられる。そのため自然の表象において偶然的なものは何一つ存在してはならず，むしろ結果として与えられた表象から，必然的な原因を設定することによってのみ自然と彼ら自身とを関係づけることが可能になる。それゆえ神話的思考は，科学的思考よりも厳格に一つの結果に対して一つの原因が規定されなければならず，そうすることによってはじめて神話的思考は一つの完全な体系として機能し得るのである[38]。

---

37) Cassirer, op. cit., S.62.（106頁）
38) カッシーラーはこうした神話的思考に特徴的な因果概念は，彼らの「死」の概念のうちに明瞭に現れている。この点について彼は次のように論じる。「我々が科学的な世界説明の立場から〈偶然〉(Zufall) という言い方をするところでも，神話的意識はあくまで〈原因〉

このように因果概念は科学的思考だけではなく，神話的思考からも見出されるが，両者の相違は「概念そのものではなく，因果的説明の特殊な形式」[*39]の相違であるとカッシーラーは主張する。両者の相違は対象認識の出発点にある。すなわち，科学的思考が偶然的，または例外的対象を知覚すると，それは因果概念を越えて，合目的性のカテゴリーへと進み，そこで新たな分析がなされる。しかし神話的思考においては，既に対象それ自体が何らかの目的をもったものとして直観的，直接的に知覚される。そのためそこでは個々の事象が，それぞれ独自の権利をもった光源として存在し，それに対して自由な意味づけが許容される。それゆえカッシーラーは神話的思考においては，全体が部分から構成されるという科学的思考における一般的な概念も妥当しないと説く。なぜなら神話を構成する部分は，それ自体が一つの全体なのであり，自己完結したものとして捉えられるからである。それに対して科学的思考は直観的な知覚によって構成されるのではなく，対象を関係性において捉えようとする作用であって，対象を抽象化することによってそれを概念的に認識するのである。

4　直観形式としての神話

「空間」と「時間」そしてそれらの後に現れてくる「数」とは，人間の思考における基礎的な直観形式である。理論的な思考のもとでは，これらの形式は外部から人間へと与えられる諸々の印象を，因果法則などに従って一つの秩序だった体系へと再構成する「根拠律」（Satz vom Grunde）の媒体として作用している。そのため，論理的な思考が発達すればするほどに，それらの直接性は後退してゆく。そこでは直接的に対象へと関わるのではなく，むしろ根拠律に基づいて，対象を規定する普遍的な「秩序形式」（Ordnungsformen）として作用している。

　神話的思考においてもまた，これらの形式は対象を特定の秩序のうち

（Ursache）を要求し，それぞれの個別的事例にそうした原因を設定するのである。こうして，たとえば自然民族の思考にとっては，その土地を襲う不幸，ある人が招く災害，それに病気や死も決して〈偶然的〉な出来事ではなく，彼らは常にその真の原因としての呪術的な作用に遡ろうとする。特に死は決して〈おのずから〉（von selbst）やってくるものではなく，必ず外から呪力の影響によってもたらされるものなのである」と。Cassirer, op. cit., S.63.（107頁）

39）　Cassirer, op. cit., S.63.（107頁）

に規定するという同様の作用が見出される。だがそれらは理論的な思考よりも，いっそう精神の奥深くへと浸透しており，カッシーラーが「神話的統覚」(mythische Apperzeption)と呼ぶ，神話的思考を構成する根底部分にまで根を張っている[*40]。彼によると人間はこの神話的統覚によって，神話を形成する様々な印象を一つの世界観としての神話へ収斂させている。ここで彼が問題とすることは，こうした神話を構成している統覚が実際に，「空間形式」，「時間形式」および「数形式」という三つの段階として作用する機能である。そのため彼の神話論を理解する上では，神話と人間の精神におけるこれらの形式との関わりを明らかにしなければならない。

（1）神話的空間直観　　人間が空間を知覚する方法は，感性的な知覚と，幾何学的な知覚とに大別される。前者は人間に対して直接的に与えられる実体的な空間であるのに対して，後者は自立的な内容をもたず，他のものとの関係性においてのみ規定され得る純粋に関数的な空間である。当然のことながら，こうした区分から見るならば，神話的思考が関わる空間直観は幾何学的空間ではなく，むしろ現実の具象的な空間に関わるという点で，感性的な空間知覚に接近しているように思われる。しかしながらカッシーラーによると，神話的思考における空間直観は，それら両者の中間に位置している。上述のように一方でそれは現実の感性的な空間把握ではあるが，もう一方でそれが果たす役割は，幾何学的なそれとは方法論的に異なっているとしても，図式的に対象を把握するために用いる一つの「形式」という観点からは，同じ方向へと向けられている。こうした神話的思考と，幾何学的思考の双方がもつ図式化の作用についてカッシーラーは次のように説く。

　　幾何学的空間もまた，これが適用され，これを媒介とすることによって，極めて多種多様な，一見すると全く比較しようもない諸要素が相互に結び付けられる一つの図式（Schema）として働いている。「客観的」な認識の進歩は，本質的に言って，直接的感覚が示す単なる

---

40) Cassirer, op. cit., S.103.（169頁）を参照。

感性的差異の全てが，最終的には純粋な量的・空間的な差異に帰着し，この差異によって完全に表示されるということによって果たされるのであるが，それと同じように，神話的世界観もまたそのような表示の仕方，つまりそれ自体では非空間的なものを空間に「写しとる」(Abbildung) ことを知っているのである[*41]。

このようにカッシーラーの神話論においては，神話的思考における空間直観は，一見すると互いに全く共通項をもたないかのように思われる諸々の対象を，幾何学的空間と同様に，「図式化」することによって，それぞれを関係づけていると説かれる。ところが幾何学的な思考が，対象を相互に関係付けることによって初めて，それぞれが確たる意味を保障し合うのとは異なり，神話的思考においては，それぞれが原初より根源的な自己同一性を有している。カッシーラーはこうした相違を，前者は関数的空間 (Funktionsraum) であり，後者は構造的空間 (Strukturraum) と特徴づける[*42]。神話的空間を，どれほど細かく分解しようとも，それぞれの部分の断片から全体が見出されるのであって，個々の要素がもつ意味や意義が損なわれることはない。なぜなら神話的思考における宇宙全体は，それを構成する個々の要素へと分解することができたとしても，それらが全体の内に秩序づけられることによって，意味や価値が規定されているのではなく，むしろそれらは独自に完全な意味に満たされている。そのため，カッシーラーが言うところの「構造的空間」とは，単に部分が集まって全体を成すものとしてではなく，それぞれが完全に独自性を主張し得る要素の全体として理解しなければならない。そのため神話的な空間では，それを構成する全ての要素を貫いて流れる共通の源泉，すなわち根源的同一性が見出される。たとえば，神話的思考が構築した最も高度な大系としての「占星術」では，全ての人間の運命は，彼が誕生時に与えられる星座のうちにその全てが含まれている。そこからは彼の誕生から死に至るまでの全ての内容を知り得るのであって，どの部分を取り出してみても，そこには彼の生涯の根底に流れる神話体系の統一性が見出されるのである。こうした事例からも明らかなように，カッシー

---

41) Cassirer, op. cit., S.106-107.（174 頁）
42) Cassirer, op. cit., S.110.（181 頁）を参照。

ラーが主張する神話的思考の空間認識における，図式化作用の存在は明らかなように思われる。

　このような基礎的な空間形式の相違を明らかにすることから出発して，次にカッシーラーが問うことは，神話的思考における空間設定を導く動機はいったい何かという問いである。彼によると，それは神話における「価値づけ」の動機と一致する。というのは，神話においては「聖」なる価値をもつものと，「俗」なる価値をもつものとは，最も厳格に区別されなければならないからである。その神話における聖なるものは，聖ならざるものと混同されてはならず，それは空間的に分離されることによってそれぞれ異なった価値が付与される。そのためカッシーラーは次のように言う。「神話的―宗教的な根本感情は，空間上の〈敷居〉（Schwelle）という事実に結びついている。ほとんどいたるところに，同じかたち，ないし極めて似たかたちで，敷居崇拝とその聖性に対する恐れが表明されている」[*43]と。そのため神話的世界観において，ある対象に質的な変化をもたらすためには，空間的分離によってなされるのであり，それは聖なるものを捉える根本感情に根ざしているとカッシーラーは説明する。こうした主張は「敷居」や「畳の縁」を踏むことが無作法であると言われるわが国の伝統ともまったく一致するところであり，容易に理解されるであろう。敷居とは空間と空間を隔てる境界であり，異なる空間へと踏み込む際には，それに相応な気構えが要求されるのである。

　(2)　神話的時間　　神話的思考における時間とは「精神的正当化の最初の根源的形式」であるとカッシーラーは言う[*44]。彼によると特定の対象が具象的な「聖性」を得るのは，その起源が解明されたときであり，空間的に世俗的なものから分離されたときにではない。なぜなら「神」が成立するのは，何らかの形象がそれに与えられることによってではなく，それが独自の「歴史」と「物語」をもった時に初めて，それが「神」となるからである。そのため「聖なるもの」と「聖ならざるもの」との空間的な分離がなされた後に，時間の形式によってその起源が規定され

---

43)　Cassirer, op. cit., S.127.（206頁）
44)　Cassirer, op. cit., S.130.（211頁）を参照。

たときに初めて信仰の対象となる神話が始まるのである。この点についてカッシーラーは次のように主張する。

> すでに空間的分離作用や境界設定作用のうちに現れていたこの普遍性の内部で，今度は真の特殊化，つまりは神話的世界の真正な分節化が起こるのだが，それはこの世界に，時間という形式によっていわば奥行の次元（Tiefendimension）が開かれることによるのである。神話的存在の真の性格があらわになるのは，それが起源（Ursprung）の存在として登場してくるときにである[*45]。

　こうしてカッシーラーによると，時間的に遡及してある特定の出来事にその対象の起源を結びつけることによって，それは「聖別」されると説かれる。そしてさらに彼によれば，このような神話的な時間形式が，理論的な思考が関わる「歴史的な時間形式」と区別されるのは，それが結び付けられた特定の時間が，「絶対的な過去」として人間に対峙するからである。神話的思考にとっては神が誕生したという過去が既に，それ以上に何ら疑いの余地がないほどにその出来事と過去の必然性を証明するものとなっているのである。したがってそこでは歴史的な時間認識のように，無限大に遡ることができる時間軸だけが存在するわけではなく，現実の時間軸とは異なった特殊で絶対的な時間形式が生じている。しかしながら神話的思考における時間形式が，まったく主観的な要素に支配されているわけではない。それは一方では主観的な区別によって生じた時間の認識であるが，他方でそれは現実に現前する事象的な過程としても把握されるからである。そのためカッシーラーがここで言うところの神話的な時間形式は，主観と客観との中間領域において構築される認識形式であると言えよう。この次元における時間は，歴史に先立つ時間形式であるために，持続ではなく瞬間の認識であり，また特定の出来事の「始まり」が同時に「終わり」であるといったような，経験的な世界観から見れば「無時間的な」意識によって特徴づけられるとカッシーラーは主張する。

45）Cassirer, op. cit., S.129-130.（211頁）

(3) 神話的数　　神話的思考における空間直観および時間直観が「聖性」を付与する作用であったのに対して，神話的な「数」とは「宗教特有な意味の媒体」であるとカッシーラーは言う。理論的認識における数は，一般的な「結合手段」（Bindemittel）として働き，異質な対象であろうとも，それ自身の概念のもとにそれらを包摂する機能をもつ。しかしながら神話的思考における数は，空間や時間と同様に，それ自体が関係性において捉えられるものとしてではなく，むしろカッシーラーによれば「ある直接に現前するもの，直接効力を発揮するものというあり方で，つまり独自の属性と力とを備えた一個の神話的対象として現れる」*46。

　神話的思考における数は上述のように，宗教的な「意味」を対象に付与する媒体であるが，これが実際に対象を神話的な要素へと包含するためには，神話的な空間直観と時間直観が前提とされる。というのも「聖なる数」というものが確証されるためには，それが既に実在的に世俗的なものから分離されていなければならず，数が関わる対象は神話的思考の空間と時間の作用を受けた後の状態でなければならないからである*47。たとえばカッシーラーは，空間的な方向を指し示す「東」「西」「南」「北」という四つの区分によって，神話的な世界観では四という数字が「聖なる数」と捉えられる事例を挙げる。そこでは方角の四分割による宇宙の基本形式と，四肢をもつ存在としての人間が同一視される。そのため神話的思考において四という数字は，特殊な存在と普遍的な形式とを直接的に一致させる聖なる数字として理解されるのである。そしてカッシーラーによれば，こうして聖性を与えられた「四」が崇拝の対象となった形象が「十字形」であり，これこそが原初の宗教的シンボルの一つである。この点について彼は次のように力説する。

---

46) Cassirer, op. cit., S.172.（276頁）
　そのため彼は神話的思考における数は，「本質と力とを分け与えるある根源的な〈存在者〉（Entität）として現れる」と言う。
47) この点についてカッシーラーは次のように論じる。「もし我々が，個々の〈聖数〉（heilige Zahl）に付着している感情の価値をその起源にまで遡って追求し，その真の根源を露呈しようとしてみると，ほとんど常に，それが神話的空間感情，神話的時間感情，神話的自我感情の独自性に基づいていることが明らかになる」と。Cassirer, op. cit., S.177.（282頁）

十字形の最古の形である卍の形から，十字の直観のうちにキリスト教の教義の全内容を引き入れた中世の思弁に至るまで，ここでは宗教的思考に共通な基本的方向を跡づけることができる。中世に十字の四つの先端を天と地の四つの方位と見なし，東西南北をキリスト教的救済史の特定の段階に結びつけたのは，明確な宇宙的─宗教的な根源的動機の復活だったのである[*48]。

このようにカッシーラーは，神話的思考における聖なる数の概念は，現代におけるキリスト教信仰においても，その痕跡を辿ることが可能であると主張する。そのため神話的な数においても，前述の時間形式と同様に理論的な思考がもつ形式との類似性が見出される。つまり理論的な認識における数の本来的な機能が，異質なもの同士を結合させることであったのと同様に，神話的思考における数形式もまた，空間─時間的に，または内容的に隔たっているように思われる対象を結びつけ，そこから新たに一つの実在的に統一した神話を構築するという意味においては同様の機能を果たすとカッシーラーは説いている。

おわりに

これまで我々はカッシーラーが『シンボル形式の哲学』第二巻と『言語と神話』において主張した神話的思考に関する彼の思想の考察を行ってきた。彼は様々な学問の分野から与えられた神話に関する経験的事実を，哲学的人間学の立場から再検討することによって自身の「シンボル形式の哲学」の体系へと組み入れた。確かに自然科学としての神話学という観点からカッシーラーによるこれらの著作を検討するならば，そこで論述されている経験的内容の不十分さが感じられるかもしれない。しかしながら彼が目指したものは，新たな事実の提出ではなく，神話的思考が人間の精神のうちにおいて働く機能の包括的な解明であった。そのため彼の神話論においては，経験的事実は彼の主張の個別的な事例に過

---

48) Cassirer, op. cit., S.178.（284 頁）

ぎないのであり，彼の本来的な意図が見誤られてはならない。

　神話的思考は言語や科学的思考といった理論的な思考に属するシンボル形式とは異なり，人間の直観に深く根ざした認識機能である。そのためカッシーラーはカントが『純粋理性批判』において主張した「構成」の理論を，客観的な思考に至る前段階から基礎づけようと試みた。彼はシェリングの『神話の哲学』が神話を心的所与として記述したのとは異なり，それの機能的な普遍性を探求するという手法でシェリングの超克を試みた。『シンボル形式の哲学』において，神話的思考がいかに人間にとって本性的な機能であるかを明らかにした点にこそ，彼の神話論がもつ意義と功績があるように思われる。

　カッシーラーにとって神話的思考の問題が重要な意義をもっていたのは，シンボル形式としての言語や科学的思考がいかに成立して機能するに至ったのかという問題が，神話的思考の起源とその機能とを解明することと同義であったからである。彼が叙述した神話的思考は，言語や科学的思考など他のシンボル形式と断絶した領域に属するものではない。神話的思考においては，それが関わる領域において果たす機能や目的が，理論的認識におけるそれらと異なっていようとも，彼はそこに人間の精神における根源的な客観的形態化作用の萌芽を見出している。そのため彼にとって神話的思考は単に前論理的な次元に属す原始的な思考形式なのではなく，むしろそれは人間が文化を構成する力の根源を成すものなのである。こうした意味においては，カッシーラーの神話論は彼の「シンボルの哲学」における全考察の出発点となるべき研究として理解されなければならないであろう。

第 3 章
シンボル的直観と再現前化作用
―― 『シンボル形式の哲学』第三巻の考察 ――

はじめに――本章の目的と問題点

　カッシーラーは『シンボル形式の哲学』第三巻「認識の現象学」(1929)において，二つに大別される問題を採り上げる。その一方は人間の認識構造を直観の領域から基礎づけるものであり，そして他方はその上に構築される科学的世界概念に根ざした「科学的思考」である。本章では前者，すなわち直観的な認識に関するカッシーラーの思想を問題にする。彼はそれまでの『シンボル形式の哲学』第一巻「言語」および第二巻「神話的思考」において展開した人間に固有な認識機能としての「シンボル形式」を，根底からその構造を解明するために，新たに独自な認識理論として「シンボル〔による意味〕の含蓄」(symbolische Prägnanz)[*1]を提唱する。彼はカントが『純粋理性批判』で問題にした認識の可能性の問

---

　1) これまでの邦訳書『シンボル形式の哲学』第三巻「認識の現象学」(上)，木田元・村岡晋一訳，岩波文庫，1994年では，「シンボルの含蓄」(symbolische Prägnanz)は，「シンボルの受胎」と訳されていた。しかし，カッシーラーが主張する「Prägnanz」の概念に，日本語で言うところの「受胎」から連想されるような，外的なものから内的なものへの転移といった，力動的な意味は含まれていない。むしろそれは，人為的な記号付与作用に関わる以前から，換言すれば人間の精神が対象へと向かう以前から，対象それ自体に意味が含まれているものとして理解されている。そのため本稿では，「Prägnanz」をこれまでの「受胎」ではなく，「含蓄」と訳して用いることとした。
　加えて，『象徴形式の哲学』第一巻「言語」生松敬三他訳，竹内書店，1972年の冒頭部で挙げられている，『シンボル形式の哲学』全三巻の目次においては，「symbolische Prägnanz」は「象徴的含蓄」と訳されている。

いを,「シンボル形式」という観点から再び採り上げ,知覚における「意味の先験性」を主張する。この「シンボルの含蓄」という概念は,カッシーラー自身が「それなくしては我々にとって〈客観〉も〈主観〉も,〈対象〉の統一も〈自己〉の統一も成り立たないような,ある自立的かつ自律的な規定」[*2]と言うように,人間の認識全体を可能にする根源的な機能である。そのためそれは人間の認識機能を主要な問題とする『シンボル形式の哲学』全体を基礎づけるもっとも重要な思想であり,そしてカッシーラーが主張するこの独自な概念の解明が本章の主な意図になるのだが,それを正確に理解するためには同時に精神における「再現前化作用」（Repräsentation）が問題にされなければならない。というのは,『シンボル形式の哲学』が主張するところによれば,知覚において現前（Präsentation）する直観的,感覚的印象は,精神の基礎的作用である再現前化（Repräsentation）を伴って成立するからである。そしてこうした現前と再現前との関係は,「シンボルの含蓄」を前提することによってはじめて成立し,またその関係性が証明される。そのため「シンボルの含蓄」と「再現前化作用」は,カッシーラーが主張する人間における認識の基礎構造を理解する上で極めて重要な意義をもつにもかかわらず,今日まで詳細に立ち入った議論の対象とされてこなかった[*3]。そこで本章では,彼のシンボル哲学の基礎づけとしての「シンボルの含蓄」と,それに伴って作用する精神の「再現前化作用」との関係の解明を試みる。この考察によって,はじめてカッシーラーが意味する「シンボル

---

2) Cassirer, *Philosophie der symbolischen Formen*, erster Teil, Wissenschaftliche Buchgesellschaft, Darmstadt, 1977, S.274-287.（『シンボル形式の哲学』第三巻「認識の現象学」（上）,木田元・村岡晋一訳,岩波文庫,1994 年,457 頁）。以下,邦訳での出典箇所は（ ）内にて記す。なお引用に際して Ralph Manheim による英訳書 *The Philosophy of Symbolic Forms*, Yale University Press を参照した。

3) だがわが国の研究者である深澤助雄は『シンボル形式の哲学』第三巻における「Repräsentation」の概念に関して,既に次のようにその重要性を説いている。「〈Repräsentation〉は〈Darstellung〉と重なる側面よりも,〈シンボル形式〉の構造全体のモデル特性を示すものとして,よりふさわしい役柄を獲得したとみなしうるのである。つまり,表示機能 Darstellunfsfunktion を持つものとしての言語,同じことであるが,言語の指示作用 Hinweisen という特性につながる代表作用・代理能力にあたる Repräsentation よりも,〈re-present 再現前〉」という第一義を活かしてこれをシンボル形式の原型を説明するのによりふさわしい語として格上げしたと言ってよい」と。深澤助雄「シンボルの受胎」（『世界の視点——知のトポス』第五号）,新潟大学人文学部哲学・人間学研究会,2010 年,162-163 頁。

形式」を単なる文化の表れとしてだけではなくて，文化を生み出す精神の根源的な創造力として明らかにする道が開かれるように思われる。

そこでこれらの思想と関連して，次の三点が考察の出発点としてあらかじめ理解されていなければならない。

（1）カッシーラーは『シンボル形式の哲学』第一巻「言語」（1923年）において，人間のシンボル機能を「自然〔本性〕的シンボル機能」（natürliche Symbolik）と「人為的シンボル機能」（künstliche Symbolik）とに区別した。

（2）既に述べたように『シンボル形式の哲学』の最初の二巻において，主に中心的な問題として扱われたものは言語と神話であって，そこでは上述の区分で言うところの「人為的シンボル機能」が考察された。その際，この機能が文化の領域において「自然〔本性〕的シンボル機能」と関係しながら，どのように発達してきたのかという問題は解明されず，先送りにされてきた。

（3）しかしながらカッシーラー自身は，「シンボル形式の哲学」の構想において「自然〔本性〕的シンボル機能」を考察することの重要性を明瞭に認識していた。彼はこの点について次のように述べている。

> もし我々が人為的なシンボル体系——言語，芸術，そして神話において意識が創り出す「恣意的な」記号——を理解しようとするならば，我々は第一に「自然的な」シンボル機能，すなわち，既に意識の個々の契機や断片のうちに必然的に含まれているか，または少なくとも素質として備えなれている意識全体を表示するあの働きに立ち戻らなければならない[*4]。

そこで彼は「自然〔本性〕的シンボル機能」が，どのように確たる意味を保持し，シンボルとして人間の認識に関わっているのかを明らかにするために，「シンボルの含蓄」という概念を導入した。この理論はカッシーラー哲学の研究者であるクロイスも述べているように，認識の問題

---

4) Cassirer, *Philosophie der symbolischen Forme*, erster Teil, Wissenschaftliche Buchgesellschaft, Darmstadt, 1977, S.41.（『シンボル形式の哲学』第一巻「言語」，生松敬三・木田元訳，岩波文庫，1989年，79頁）

においてのみならず，彼のシンボル哲学全体の基礎づけとしても極めて重要な意味をもっている[*5]。本章では上述のカッシーラーの著作に即して，彼が言うところの「自然〔本性〕的シンボル機能」の解明を試みたい。

I　シンボルの含蓄と知覚世界の構築

　カッシーラーによれば，人間の知覚世界は他の動物とは異なり，単なる感覚体験の蓄積によって構築されるものではなく，そこでは現前している感覚与件と，その対象へと向かう意識の「志向性」，そして精神の「再現前化」の機能を前提としている。人間の知覚には最初感覚を通して未分化で直接的な印象が与えられているが，それを保持するためには，精神の表出機能によって再現前化（代表化）されることによって記憶される。こうして初めて印象（Eindruck）が表象（Vorstellung）または心象（Bild）としてその個別性と特殊性を損なうことなしに普遍的な形式を保持することが可能となる。そのためカッシーラーの認識論においては，こうした「現前」と「再現前化」の関係性，またはそれによってなされる「表示」（Darstellung）の機能が重要な役割を果たしていると説かれる。

1　再現前化とシンボルの含蓄
　この再現前化のプロセスには印象の全体を一つに圧縮して感覚的印象とは相違した，非感性的なシンボルにまで至らせる機能が認められる。そこでは感覚与件と精神の創造的な表出機能とが結合している。この点について彼は次のように言う，「一つの全体的現象をうまくその諸契機の一つにいわば圧縮し，シンボルにまで濃縮することによって，その全体的現象をこの個別的契機のうちに，また個別的契機のもとに含蓄されたものとして〈保持する〉ことができたときにはじめて，我々はこの現

5）　アメリカにおけるカッシーラー哲学の研究者であるJ. M. クロイスは，自身の著作で「シンボル〔による意味〕の含蓄」の理論に関して，次のように述べている。「この学説は〈シンボル形式の哲学〉に確かな，そして完全なる基盤を与えている。これを考察することによって，形而上学に関するカッシーラーの構想を理解する道が開かれる」と。J. M. Krois, *Cassirer —Symbolic Forms and History—*, Yale University Press, New Heaven, 1987, p.52.

象を時間的生成の流れから救い出したことになる」*6 と。

　ヘルダーとの比較　この点についてカッシーラーは，ヘルダーの主張した「反省」（Reflexion）の作用をいっそう発展させた。ヘルダーは意識が対象を「注視」（Aufmerksamkeit）するという機能の中に言語を生み出す精神の最初の萌芽を見出した。しかしカッシーラーは，こうした「注視」が行われる以前にまで遡って，いっそう正確な出発点を見出す。というのは，ヘルダーの説く「注視」が行われるためには，意識が注視する対象が既に措定されていなければならないからである。この点について彼は次のように論じる。

> この場合，与えられている未分化な現象の全体から特定の要素を取りだし，その都度特殊な「注視」の作用によって，それに意識が向けられるといったことでは十分ではない。むしろ決定的なのは，この全体から一つの契機が抽象によって引き出されるだけでなく，それが同時に全体の代表（Vertreter）または「代理」（Repräsentant）とみなされることである*7。

　人間が「反省」を行う際に必要とされるのが，精神の刻印としての「徴表」（Merkmal）であり，それが明確に定立されるためには，心的契機が必然的に精神の代表——再現前化機能（Repräsentation）と結び付けられなければならない。そのためカッシーラーにおいては，この機能による作用を受けることによって初めて個別的に現前する印象が，持続性をもった現象として注視が可能となるのであり，文字通りの意味での「再認」（Rekognition）が可能になると説かれる。そのためカッシーラーが言うところの「代表機能」は，ヘルダーが言う「反省」の機能を包含して，それを拡大した概念であると言えよう。

　「シンボル〔による意味〕の含蓄」　そこでさらにカッシーラーは，ヘルダーの言語哲学を継承しながらも，それをより確かなものとするために，知覚と意味の統一した現象の状態を示す「シンボル〔による意味〕

---

6) Cassirer, *Philosophie der symbolischen Formen*, dritter Teil, Wissenschaftliche Buchgesellschaft, Darmstadt, 1977, S.133.（226頁）
7) Cassirer, op. cit., S.133.（225頁）

の含蓄」という概念を導入する*8。彼はそれを次のように定義する。

> 感覚経験としての知覚が，同時に直接的にそして具体的に表象する特定の非直観的意味を含んでいる「在り方」（Art）のことだと理解していただきたい。ここで問題になっているのは，まず単なる「知覚的」（perzeptiv）な所与があって，それに後から何らかの「統覚的」（apperzeptiv）な作用が接木され，この作用によってそれが解釈されたり判断されたり変化されたりすると言った事態ではない。むしろこの知覚そのものが，それ自身の内在的な構造によってある種の精神的な「分節」（Artikulation）を手に入れるのであり，——そのまったき現実性のうちにある知覚，つまりその全体性と生動性のうちにある知覚は，同時に意味の「うち」にも生きているのだ。知覚は後になって初めてこの意味の領野に受け入れられるのではなく，いわばはじめからこの領野に生み落とされているように思われる。「含蓄」（Prägnanz）という表現も，ここにいま与えられている個別的な知覚現象がある特徴的な意味の全体に理念的に織りあわされ，関係付けられているというこの事態を名指そうとしているのである*9。

ここで語られている「シンボルの含蓄」という概念は，人間と知覚対象または現象との基礎的な関係を示しており，それぞれの個別的な対象がもつ「意味」とは，人間によって後から恣意的に付与されたものではないというところに重要な特徴が見出される。カッシーラーは「認識の現象学」と題した『シンボル形式の哲学』第三巻で，人間の知覚世界が構築されるプロセス，すなわち認識を成立させる精神の内なる形式の考察だけに留まるのではなく，それらが関わる対象としての感覚的印象の

---

8) この点についてフロイデンタルは，次のように言う。「感覚的な質料をもたない〈感覚〉はなく，そしてまったく意味をもたない感覚知覚もあり得ない。こうした知覚と意味の統一性を，カッシーラーは〈シンボル〔による意味の〕含蓄〉と名づけたのである」と。Freudenthal, The Missing Core of Cassirer's Philosophy: Homo Faber in Thin Air, in; *Symbolic Forms and Cultural Studies*, Ernst Cassirer's Theory of Culture, ed. by Hamlin and Krois, Yale University Press, 2005, p.210.

9) Cassirer, op. cit., S.235.（395–396頁）

側にも言及することによって，いっそう明確に人間における認識の構造を明らかにする。ここではもはや，知覚と印象の一方がもう一方から生じるといった関係ではなく，彼はそれら両者にいわば「対等な」関係を見出す。彼によれば個々の感性的な印象は，それ自体の内に普遍的な「意味」を備えており，それが意識に対して直接的に提示されるからこそ，我々がそれらの個別性に留まることなく，特定の一般的表象として理解することが可能となる。このような認識と感覚知覚の対象との関係，または人間と自然的シンボル機能との関係の上に，彼の『シンボル形式の哲学』の体系が成立するのである。

ではこの「シンボルの含蓄」という機能はどのようにして把握され得るのであろうか。カッシーラーは感覚主義の心理学が，「感覚の結合から知覚は成立する」と説いたのに対して，カントとフッサールの反論を挙げる。しかしカントの「統覚」の機能や，フッサールの志向性の現象学では「シンボルの含蓄」という機能は説明できないと，それらをも批判する。

(1) カントの超越論的統覚　カントはすべての表象が悟性の作用によって結合され，知識を形成するためには，表象を結合する悟性に根源的な「統覚」がなければならないと主張した。そのためそこでは，対象の心象（Bild）を得るためには印象（Eindruck）に対する受容性のほかに総合の機能が求められている。印象は感性によって与えられるが，心象は精神の自発的な作用によって構成される（構成説）。この作用は悟性であって，そこには統覚の働きが認められる。カッシーラーによると，こうした主観的な観念論の特質は「何らかの〈統覚的〉な作用が接木される」と想定するところに認められる[10]。

そしてカントの哲学においては，対象または現象に含まれている「意味」の問題がまったく度外視された。そのためカッシーラーは「批判的・現象学的問題が存在の問題に，つまり純粋に機能的な考察が，ある実体

---

10) カントはそれまでの感覚論的な認識論とは異なり，人間の知覚が単に印象を受容するだけではなく，それらを統合して一つの心象を作り上げる機能としての純粋悟性概念の存在を主張した。そしてさらにそれは，知覚へと付け加えられるものではなく，むしろ知覚の構成要素として理解された。

的な考察にすり替えられてしまった」*11 と主張する。カッシーラーはこうした対象における意味の欠如を回避するために，新たに「シンボルの含蓄」という概念を用いて，現前する印象が同時に再現前され，またそこには普遍的な「意味」が含蓄されているという構図によって，認識の問題全体に新たなる転換を与えると共に，カント哲学における問題点を克服した。

(2) フッサールの現象学　フッサールの現象学においては，意識の志向性は感覚作用という最初の知覚段階ではそれが受動的であると説かれた。そのため「現象学」は現象を二つの層に分け，これを「素材的な層」(hyletische Schicht)と「思惟的な層」(noetische Schicht)とに区分し，素材それ自体は意味をもたず，意味付与の機能によって意味が与えられれば後者となる。それゆえ思惟（Noesis）が質料（hyle）に認識されたもの（Noema）つまり意味を与えることによって認識は成立すると説かれる。だがカッシーラーは，こうした現象における知覚の区分の妥当性を疑い，全く意味をもっていない素材というものが果たしてあり得るのであろうかと問う。

(3) カッシーラーの批判　彼によると質料と形式の区別は意識の分析には不可欠でも，それを現象の領域に持ち込むことは許されない。現象においては，形式のない質料はなく，また質料のない形式もない。両者はともに渾然一体な意識の全体を構成している。そのため表象機能の特質である形式と質料との相関性はあくまでも主張されるべきである。カッシーラーの哲学において，意識に与えられる内容は単に現前する（präsent）だけではなく，同時に再現前的（repräsentativ）である。そのため現象学が言うところの「素材」または質料は，現象として既に再現前化されており，そこには非直観的な「意味」の含蓄が認められる。カッシーラーは知覚を成立させるこうした質料と形式の相互規定を，「シンボルが意味を孕む」という言葉で表現したのであり*12，こうした認識

---

11) Cassirer, op. cit., S.227.（382頁）
12) 深澤助雄は「Prägnanz」というカッシーラーの術語を「娠む」または「孕む」という二つの訳語から考察し，次のように論じている。「娠むということには二つのことが考え

における精神の活動を指して，先の引用文では「知覚そのものが，それ自身の内在的な構造によってある種の精神的な分節を手に入れる」と説かれていたのである。

2 知覚世界の構築

こうした人間の知覚における基礎構造の思想を前提として，次にカッシーラーが主張する人間による「知覚世界」（Wahrnehmungswelt）の構築過程の考察から知覚の機能をさらに明らかにしたい。

人間における全ての知覚は，フッサールが主張したように，「志向的」な側面を含んでおり，与えられる感覚的な印象を，ただ受動的にそれを「模写」として映し出しているのではない。だがカッシーラーによるとむしろ感覚知覚においては，「〈表示するもの〉（Darstellende）から〈表示されるもの〉（Dargestellte）へ赴き，そして再び〈表示されるもの〉から〈表示するもの〉へと立ち戻ると言ったように，この両者間を往復する」[*13]ことによって，それは成立する。たとえば我々がある「色」を認識する際には，それが属する場に応じて異なった意味または「価値」をもつ。というのも，一方で単なる感覚印象としての「色」は，特定の光学的性質を備えた物理的な光の構造体であるが，他方でそれは自身の色を通して，それ自身がもつ感性的な特徴を超えた「意味」を我々に提示するのである。「色」の現前としての光の構造体は，同時にそれが属する秩序に従って再現前させられることによって，非直観的な「意味」を含んでいるのである。人間はそうした現前と再現前としての知覚印象全体の中にあらかじめ含まれていた意味を抽出することによって対象を認識するのである。これがカッシーラーの主張する現前と再現前，そしてシンボルによる意味の含蓄という三者の構図である。ここで重要なこ

られる。一つは，動物の親が子供をお腹にはらんでいるという場合である。このとき，親は体型から見れば言うまでもなくおなかの子よりは大きい。しかしもう一方孕む・孕まれる関係に於いては，こういう表現がある。彼はまだ小さい，しかし彼には大きい可能性がある。……云々。大きな可能性は小さなものの中に娠まれているわけである。全体が凝縮された結果小さくなったものがそれにもかかわらず大きなものを娠みうるというのはこうした〈可能性〉のようなものが考えられるからである。現実に展開されているものは大きい。しかし可能性は縮限されていることによって大きい，ここには一見パラドキシカルに見えながら，実はきわめて正当な論理がある」と。深澤助雄，前掲書，180 頁。

13) Cassirer, op. cit., S.236.（396 頁）

とは，もしもそうしたシンボル的な意味の含蓄がないとすれば，人間は完全に「無」なるものから，ある主観的な意味を生成し，一方的に対象に付与していることとなり，全ての人間に普遍的な特質を備えた一定の知覚世界を作り上げることはできない。またこうした知覚対象と精神的作用との不可分性を考慮に入れないのであれば，認識の本質を解明することもできないとカッシーラーは主張する。

そこには次のような優れた認識論的な洞察が認められる。

（1）彼によると，以前にも触れたように人間の意識に与えられる全ての感性的与件は，それが即自的に現前（präsent）していることはなく，そこには常に精神の再現前化の作用を伴っている。人間の知覚において対象の側から精神へと一方的に感覚的所与として与えられることによってそれが内的経験となるのではなく，むしろこうした現前と再現前化との不可分の協働によって初めてそれが可能となるとカッシーラーは主張する[*14]。

（2）しかしながら，こうした現前する感覚与件と再現前化の作用とは，常に固定された形態において留まっているものではなく，それぞれが全く無関係に変化することを許容している。なぜなら感性的与件が，ある意味から，もう一方の意味へと移ることによって，シンボルが固定された意味に縛り付けられることがないという役割を果たすことができるからである。もしもこうした意味の間における「転化」（Umschlagen）が起こらずに，常に一つの意味内容に囚われているのだとしたならば，それは既にシンボルとしての機能を失っており，人間精神の創造的側面を否定せざるをえないであろう[*15]。このようにして感覚に与えられた印

---

14) この点について彼は次のように断言する。「全ての現前的なものは，再現前化の方向で機能し，すべての再現前化は，意識に現前しているものに結びつくことを要求する。魂を吹き込み〈精神を吹き込む〉作用の全てが依拠しているものは，この相互作用なのであって，けっして〈形式〉だけでも，〔意識の主観的作用としての〕〈ノエシス的契機〉だけにでもないのである」と。Cassirer, op. cit., S.232.（390頁）

15) こうした感覚与件内容の「転化」についてカッシーラーは，視覚的与件としての「線」を例に挙げている。彼によると人間が一本の「線」を知覚する際には，それを純粋に表情的な意味として理解することが可能なだけではなく，それが数学や幾何学の領域から認識することによって，それがもつ内的な意味を完全に度外視し，グラフなどで見るように，それを単なる数学的な「外皮」として捉えることも可能である。さらにはそれを，神的な標識として，「聖」と「俗」との間に判然とした境界を作り出すものとして捉えることや，芸術においてはそれを一切の個別的な意味を超えたものとして，美的な認識だけに開示されうるような意味

象は，再現前化の作用，つまり創造性と判断の機能とに結びつくことによって，固定したものとしてではなく多様なシンボルとして人間に関わっている*16。

そのため人間の知覚世界の構築は，意識へと与えられる個々の印象が「多彩で豊かな意味機能で満たされることによって果たされるのであり」*17，意味機能の相互性によって内的「経験」の世界が構築されるのだと彼は主張する。

II　直観と表出機能

人間だけではなく他の動物もまたそれぞれの種族に応じて何らかの方法による表出の機能をもっている。しかし人間と動物の間における表出機能の差異は，単なる量的な拡大ではなく完全な質的な相違である。原初的な表出機能から，より高次の宇宙としての「文化」の領域へと踏み出す人間には，これを可能とさせる「客観的形態化作用」（objektiven Gestaltungen）が認められる。たとえば神話の世界を取ってみても，それは未だ直観的な表情機能（Ausdrucksfunktion）によって貫かれており，それが発達していっそう豊かな姿になるにつれて，「現実は自己完結的な一つの〈宇宙〉（Kosmos）となる」*18。つまり神話は現実を個別的な特性や性格の単なる総体としてではなく，諸形態からなる一つの全体とみなしているということが分かる。このような神話的な意識において，最も原始的な形態のものを指してウゼナーは「瞬間神」（Augenblicksgötter）と呼んだ。それは現れては消える，一切の恒常性と普遍性をもたない個

をも含蓄することができる。
　16）　ここで挙げられている視覚的素材としての「線」の第一の捉え方，すなわちそれを純粋な表情意味において捉える方法について，カッシーラーは次のように論じる。
　「空間内での線の上下は，ある内面の働きを，ある力動的な高揚と沈静を，ある心的存在と心的生活をおのれのうちに含んでいる。しかもその際に，我々は単におのれ自身の内的状態を，主観的・恣意的な仕方でこの空間形態に持ち込んで感じ取っているのではなく，むしろこの空間形態そのものが，それが命をもつ全体として，つまり自立した生の現れとして我々に与えられるのである」と。Cassirer, op. cit., S.232-233（391頁）．
　17）　Cassirer, op. cit., S.222.（374頁）
　18）　Cassirer, op. cit., S.125.（215頁）

別的な現象の神化である。「瞬間神」が自己同一的な神的存在となり得るには，神話的思考のみならず，言語の発達を待たなければならない。なぜなら現象の「再発見と再認識の可能性を初めて与えてくれるのが言語」[*19]であるから。個別的な契機が，移ろいゆく不確かな存在であることをやめて，静止することによって普遍的なものへと昇華されるためには，それ自身の領域から超え出ることによって「表示」（Darstellung）として再現前化されていなければならない。

さらに，こうした神話における人間の表示機能は，カッシーラーによると二つの異なった方向へと展開し，互いに対極性を保っている。すなわち，一方で表示は神話をその生きた直接性において捉え現前化し，もう一方では再現前化として機能する[*20]。したがって人間は与えられた対象を，その直接性によって個別的な与件として認識するだけではなく，そこには「シンボルの含蓄」によって普遍性を備えた意味をも同時に認識する。そのため神話のみならず，対象一般においても同様に直観による認識と並行して再現前化の機能が働いている[*21]。

当然のことながら，このような「表出機能」の存在は，言語の使用において最も顕著に現れている。しかし全ての言語が，こうした形式のもとに収束して表示されているわけではない。というのも，原始心性における言語，またはいわゆる「動物言語」を，文化的人間が用いている分節された言語と同じ次元において扱うことはできないからである[*22]。原

---

19) Cassirer, op. cit., S.126.（217頁）
20) ここでカッシーラーが主張している「表示」の二極性における前者について，彼は表示とは与件の単なる摸造ではなく，むしろそれは表示されることによって始めて個別的なものの領域を脱却し，普遍性への一歩を踏み出すのであり，表示されたものの中で機能する神性は，神そのものに他ならないと主張する。そのため，彼にとって表示は一方で認識の直接的な要素を含むものとして理解される。
21) この点について彼は次のように主張する。「今や我々は，形象の具体的な個別性を通してこの総体的な力を透かし見ることになる。この力は，たとえどれほど無数の形式に身を隠そうとも，やはりそうした形式のいずれにおいても自己同一性を保持し続ける。すなわち，この力はそうしたすべての形式のうちで間接的に捉えられ，それによって〈再現前化される〉（repräsentieren）ような，ある確固たる〈本性〉と存在性とを有しているのである」と。Cassirer, op. cit., S.127.（218頁）
22) カッシーラーは晩年の著書『人間』（*An Essay on Man*, 1944）において，前者の言語を指して「情動言語」（emotional language），後者を指して「命題言語」（propositional language）と呼び，明確に区別する。この人間の言語と動物の言語との区別は，既にヘルダーの『言語起源論』（*Abhandlung über den Ursprung der Sprache*, 1772）において主張されており，

Ⅱ 直観と表出機能

初状態の言語においては，論理的または抽象的な要素よりも，表情的な側面が強調される。そのためそれらは情動的な領域に深く浸透した感情の「告知」をその主な目的とする[23]。また，ヴォルフガング・ケーラーがチンパンジーを用いて行った実験の結果は，こうした言語における区分を明瞭に示しており，彼らが用いる言語が人間の言語とは異質なものであることが指摘されている[24]。

しかしながら人間が用いている言語でさえも，動物言語が属する領域，すなわち表情と情動の領域から完全に隔絶したものではない。なぜなら最高度に客観化された言語の内にも，動物言語がもつ表情的な性格は必然的に含まれざるを得ないからである。言語の音声は，それが語られる音調によって，それがもつ意味は変貌し得るし，むしろそれがもつ表情的な側面によってこそ，表示の意味が確定され，目的を達成することも稀ではない。そのため，人間が操る言語においては論理的な性格が，感性的な側面と結びつくことによって，それぞれが互いを規定し合っている。そのためカッシーラーは，言語は生命であると同時に精神でもあるもの，すなわちそれを「ロゴスの身体化」（Verkörperung des Logos）として理解する[25]。

このように，人間の言語は切り離すことができない二面性をもってい

ヘルダーの言語論を継承している。こうした言語の区分については，第6章において詳述する。

23) そのためそれは，「〈客観的〉現実のなんらかの個別的性質を〈表す〉（bezeichnen）のではなく，むしろ話し手の内的状態の単なる発露であり，その力動的な緊張の直接的な放電」に過ぎない。Cassirer, op. cit., S.127.（218-219頁）

24) いわゆる「高等動物」と呼ばれるチンパンジーが用いる言語が，それぞれ意味をもつ音声であるとしても，それは対象を指示するものでは決してなく，自己の欲求のみを表している。そのためそれらは，常に人間の言語で言うところの「間投詞」の類に属するものである。そのため類人猿のみならず，いわば全ての動物言語は，そこからどれほど豊かな表情性と表現性が見出されたとしても，それらが対象を指示する標識または記号となることは決してない。こうしたケーラーの研究成果を基にしてカッシーラーは，『人間』において次のように断言する。「チンパンジーには，あらゆる人間言語の特徴をなし，人間言語に欠くことのできない一要素が欠けている。チンパンジーにおいては，客観的関連または意味をもつような記号は何も見出されないのである」と。Cassirer, *An Essay on Man.*, Yale University Press, New Heaven, 1944, p.29.（『人間』宮城音弥訳，岩波文庫，1997年，72頁）

25) この点に関してカッシーラーは次のように論じる。「言語の生命が単に感性的なものであったためしは一度もないし，だからといってそれは純粋に精神的なものでもありえない。それは常に身体であると同時に心でもあるようなものとして，つまりロゴスの身体化（Verkörperung des Logos）としてしか捉えられないのである」と。Cassirer, op. cit., S.129.（221頁）

る。しかしながら，カッシーラーによるとそうした両方の様相の間には機能的な相違が存在する。すなわち，一方で感性的な感覚の領域においては，彼を取り巻く環境から与えられる外的な刺激をその直接性において捉えて現前化することによって，その環境へと適応している。もう一方で論理的な思考の領域においては，意識に与えられるものを再現前化することによって，つまりその対象と自身とに距離を置くことによって，それを「対象」として認識する。そのため人間は他の動物とは異なり，対象を単に「即自的」(an sich)に，つまりそのままで捉えるだけではなく，「対自的」(für sich)に，つまり自覚的にも捉えるのである。

そしてさらに，カッシーラーによると，情動的な言語から人間の言語に到達するためには精神の諸力が一定の水準にまで発達することを待たなければならない。というのは，人間の子供において見られる最初の言語は，いかなる例外もなくその子供の情動のみを意味しているばかりでなく，分節された言語を用い始めてもなお，彼らの応答は対象を「指示する」(Hinweisen)ことよりも，欲求や拒否を意味しているからである。このような情動表出の次元から人間独自の次元への移行を，盲目で聾唖であったヘレン・ケラーの事例が明瞭に，かつ印象的に示している。ヘレンの事例が我々に与えたものは，単なる個人心理学的な領域を遥かに超えており，カッシーラーによるとそれは主観的な表情世界から，人間のみに与えられた客観的な表象世界への門出の瞬間を明示している[*26]。さらにヘレンの事例は，人間だけに与えられた特殊な表示機能が，何らかの特定の感覚印象のみに依存するのではないということをも同時に示している。というのは，認識の起源が感覚にあるとする感覚論の主張が正しいとすれば，盲目で聾唖であったヘレンが健常者と同等の知的水準に達することができた事実を説明できないからである。そのためカッ

---

26) ヘレンの教師であったサリヴァン先生によると，ヘレンがある時に，その日の朝に顔を洗った「水」とポンプから流れ出る「水」とが同じ「水」(water)という語によって表象されること，そして同時に全ての事物が各々異なった名称をもっているということを学んだと言う。顔を洗う「水」とポンプから流れ出る「水」は，用途や温度など，異なった様相を示しているにもかかわらず，それらが同じ「水」という同一のシンボルによって象徴されるということを，彼女はこの時に初めて学ぶんだ。サリヴァン先生はこの瞬間に，「彼女の顔に新たなる光明が現れてきた」と述べている。Cassirer, *An Essay on Man*, p.33-34. (79-81頁) 参照。

シーラーは，こうした表示機能は個別的なものとしてではなく，むしろ人間にとって普遍的な機能として理解されなければならないと言う。人間においては感覚印象を，現前されたその直接性においてのみ認識するのではなく，それを再現前されたものとして理解するときにはじめて，他の動物を超えた存在としての次元に達する。そのためカッシーラーによれば，「なんらかの個別的な感覚印象がシンボル的に使用され，シンボルとして理解される瞬間こそ，いわば新たなる世界の夜明けなのである」[*27]。

III　反省と表出機能

　言語哲学の古典ともなったヘルダーの『言語起源論』(1772年)は，有名となった概念「欠陥動物」を用いて人間を規定した。彼は言語の起源を解明する試みにおいて，言語が人間を他の動物から区別する絶対的契機であるとするならば，人間と他の動物との相違点をさらに細かく探求するという手法以外に，その解明に至る道はないと断じた。そこで彼は人間が他の動物と比べて本能と衝動の領域において劣っているために，母なる自然から，その欠陥の「代償となる胚種」(Keim zum Ersatze) が授けられたと論じた[*28]。人間はこれによって，単に本能的な衝動に従うだけではなく，それを超越することによって自己を一つの対象として捉え得る意識の「自由」を獲得した。ヘルダーによれば，こうした「自由」の獲得が，人間を他の動物とは異なった次元，すなわち理性的言語を用いる存在へと導く契機となったのである。

　ところでヘルダーは，人間が外界から与えられる印象を，その直接性において捉えて認識するのではなく，その直観内容を規定し，それを一つの像として作りあげる精神の力を「反省」(Reflexion) または「内省意識」(Besonnenheit) と呼んだ。ヘルダーはこのような「内省意識が

---

27)　Cassirer, op. cit., S.131. (223頁)
28)　Abhandlung über den Ursprung der Sprache, in; *JOH.GOTTER.HERDER'S Sprachphilosophie Ausgewählte Schriften*, Felix Meiner Verlag, 1964, S.19. (『言語起源論』木村直司訳，大修館書店，1972年，32頁) 参照。

特徴として人間に固有であり，かれの種族にとって本質的である」[*29]と主張し，最も原初的でありながらも人間のみに固有なこの意識の中に，人間言語の起源を見出した。このような反省の意識は，認識した「対象」から，それが他と区別される「徴表」（Merkmal）を抽出し，真偽の判断を下す。これこそ「魂の言葉」であり，これが意識に入り込むことによって，人間的な内省の最初の徴表となった。カッシーラーはこの「魂の言葉」をいっそう明確にするために，既述の「シンボルの含蓄」を問題にしたのであった。実際，この徴表には対象の代理をする機能（Repräsentation）があって，対象の個別性または特殊性を損なうことなしにその代理の役割を果たしているために，この機能には普遍的な形式としての意味の含蓄が認められる。このようにして対象そのものを直接的に扱うことによってではなく，対象から抽出される徴表を扱うことによって，すなわち対象との間接的な関わりによって，流動的で完全に個別的であった対象が，はじめてシンボルとしての持続性と普遍性を保持することが可能となる。

　こうして人間は物理的で直接的な世界に生きるのではなく，客観的なシンボルの世界に生き，文化の世界に存在することになる[*30]。このようにカッシーラーの哲学において人間精神の反省または再認の機能は，ヘルダーが用いた「内的反省」を超えて拡大され，人間の内側だけにではなく，同様に外側へも向かう機能として理解された。それは単に印象を言語へと鋳直すことによって一つの印象を分節するだけではなく，直観世界そのものを分節する精神の根源的な力となった。こうした精神の反省する機能について，彼は次のような結論に達する。

　　「反省」という根本能力は，その作用の各々において，「内面」と「外面」の両方向へと同時に作用する。すなわちこの能力は，一方では音声の分節化あるいは言語運動の分節化や律動化となって現れ，他

---

29) Herder, op. cit., S.23.（41頁）
30) この点についてカッシーラーは次のように説く。「体験的現在の単純な，いわば点状の〈ここ〉と〈いま〉のうちに，ある別のもの，つまり〈ここにはない〉や〈いまはない〉を再発見する（wiederfinden）ことが可能になる」と。Cassirer, op. cit., S.133.（226頁）。そのためこうした人間の「再発見」する行為によって，表れては消える一時的，または個別的な対象が恒常的な意味をもち，さらには彼の直観的世界もが分節されるのである。

Ⅲ　反省と表出機能

方では表象世界の絶えず精密化してゆく差異化と対照化となって現れてくる。一方の過程が絶えず他方の過程に働きかけ，まさにこの生き生きとした動的相互関係からこそ，次第に意識のある新たな均衡が生じてきて，一つの安定した「世界像」(Weltbild) が形成されるのである[*31]。

このようにしてカッシーラーによると反省の機能は，内面と外面の両方向へと作用してゆき，言語のみならず，直観世界そのものをも同時に分節的に規定する力となる[*32]。さらにこの働きは，対象をそれがもつ性質によって統一するだけではなく，それが含有し定立されている諸特徴を一つの全体へとまとめあげ，「いっそう高次な形成体」すなわちシンボルへと統合する。こうした人間における知覚の初期過程において，決定的な役割を果たすものが言語であり，「反省」はそれを創造する精神の基礎的な機能として捉えられた[*33]。

そのためカッシーラーの哲学において「反省」とは，ヘルダーがそれに与えたよりも，いっそう精神の奥底に備わった根本的契機として理解されており，直観的または対象的世界を規定している。それゆえに彼は次のように説く。「精神が直観的世界像の創造と同様に言語の創造へ，現実についての対象的直観と同様にその〈論証的な〉(diskursiv) 理解へと高まり得るのも，結局は同じ一つの基本的な働き〔すなわち反省の

---

31) Cassirer, op. cit., S.134.（227 頁）

32) こうした精神の両方向への志向によって，対象に現れた徴表を認識することができるのである。つまりこうした精神の働きによって，人間の言語のみに特有な，対象を表象として捉える領域に，すなわち客観的な思考への萌芽が見出される。カッシーラーの主張によれば，人間の概念を形成する作用はこうした精神の内外へと向かう力によるものであって，たとえそれが完全に感性的なものであれ，そこには受動的な知覚のみならず，能動的な「反省」の作用が働いている。

33) ヘルダーが言うところの反省の作用は，感覚によって捉えた印象につけ加えられるものではなく，内的な経験となるその瞬間に対象を他の印象と区別する作用として捉えられるために，完全に内的にのみ作用する機能として理解された。そのためヘルダーにとって知覚とは，印象を特定することによって，さらには命名の機能をもって，ある一つの「表象」へと作り上げる活動として理解される。（『シンボル形式の哲学』第一巻参照）しかしカッシーラーは，上述のように内省の作用が外的にも働いていることを主張することによって，人間の精神と対象とのより確実な関係性，すなわち共に「反省」の作用によって規定されているという両者間における共通の根を見出した。

力〕による」*34 のであると。

Ⅳ 空間と時間の再現前化作用

1 空間と時間の三類型

　全ての有機的生命体は，当然のことではあるが空間と時間によって与えられる制限を超越して生きることはできない。しかし，これらによる支配は全ての生命に同等，同質に与えられているものではない。それは，たとえば人間においてもそれは精神的発達の段階に応じて異なった様相を示すのである。空間と時間による支配は，論理的な思考の下で生きる者に対してよりも，神話的思考の下で生きる者に対しての方が，いっそう鮮明にそして劇的に作用する。なぜならカッシーラーによると，神話的思考における空間と時間は，単に観念的で，非自然的概念ではなく，彼ら自身の生活のみならず，神々をも支配し得る絶対的で物理的な「力」として理解されるからである。それに対して論理的な思考をもつ人間にとっての空間と時間は，他の有機的生命を取り巻いているものとは，質的に異なった仕方で関わっている。さらにそれだけではなく，自然の世界においても同様にその知能の程度に応じて，階層的な相違が生じるとカッシーラーは主張する。そこで彼は『人間』において，所謂「下等生物」がもつ空間と時間を「有機的な空間および時間」，高等動物がもつそれらを「知覚的な空間と時間」，そして論理的思考をもつ人間からのみ見出されるものを「シンボル的な空間と時間」または「抽象的な空間と時間」の三段階に区分した。『シンボル形式の哲学』において展開されている空間と時間の議論を考察する前に，まずこの三類型の区分を明確にしておく必要がある。

　（1）「有機的な空間と時間」　この次元に生きる生物は，一切の観念的な空間や時間を有していない。そしてそれらは，何らかの経験によって空間と時間を把握するのではなく，種に固有な本能的衝動のみに従っ

---

34)　Cassirer, op. cit., S.136.（226 頁）

て，先験的にそれらを認識する。そのためこれらの生物は完全にその空間と時間に順応しており，僅かな外的な刺激によって自らを環境に適応させることができる。

(2)「知覚的な空間と時間」　これは類人猿に代表されるような，高度な知能をもった動物において見出される空間と時間の認識であり，上述の「有機的な空間と時間」とは異なり，視覚，聴覚，嗅覚，触覚など複数の感覚的な印象を含んでいる。たとえばケーラーの実験においては，チンパンジーがある程度の未来を予測して行動を計画し得るということが明らかになっており，空間と時間を実際的な活動に即して把握する。

(3)「シンボル的空間と時間」　この第三の次元における空間と時間が，人間のみに与えられたものであり，ヘルダーが主張したように本能的衝動において他の生物よりも劣る人間は，空間と時間をその直接性においてのみ捉えるのではなく，複雑な思考を経て一つの観念としてそれらを認識する。カッシーラーによれば，こうした人間独自の観念としての空間と時間は，我々の理論的知識の領域においてのみならず，人間自身をも文化全体を切り開く道へと方向づけたのである。
　こうした三類型に基づき，ここではカッシーラーが言うところの人間に固有な空間，時間知覚としての「シンボル的空間と時間」を考察したい。

2　対象と空間直観

　これまでの考察から，カッシーラーの哲学における人間の対象世界の構築は，流動的な現前としての感覚印象が再現前化されることによって実現されることが明らかとなった。こうした知覚のプロセスにおいて，一つの重要な契機としてそれに必然的に含まれているものが空間直観である。カッシーラーによれば，現象の知覚と空間の知覚は精神において同時に行われるべきものであり，ある現象が個別的な特徴または属性を獲得するためには，その属性的統一と並行して空間的統一が遂行されなければならない。この点について彼は次のように論じる。

　　物がまさしくこの一つの物であり，この一つの物としてありつづけ

るということ，これが我々に明らかになるのは，なんと言っても我々が直観空間の全体のうちにその「場所」を指定することによってなのである。我々は事物にその都度特定の位置を認め，――そして，これらの物の位置の総体そのものを再び一つの直観的全体にまとめあげ，これが対象の運動を法則的に規定された恒常的変化として我々に表示してくれるのである。そして，こうすることによって物がその都度，空間内の固定的な一点に結び付けられ，その位置が「現実の」空間内に，他の全ての対象の位置と相関的に規定されて現れてくるのと同様に，我々は物にその空間的な「大きさ」や「形態」をもその客観的規定として付与する[*35]。

こうしてカッシーラーの空間に関する問題設定は，それを単に自然科学的な問いとして設定するのではなくて，人間の精神的な過程において，どのような方法で他の精神諸力との協働から空間直観が獲得されるのかに力点がおかれる。そこでカッシーラーは，空間を一つの経験的直観または経験的な対象世界の「形式」と捉える。彼によれば，空間とは何か間接的な記号によって表示することができる対象ではなく，「表示作用の固有な様式」である。さらに空間は，精神に発達の方向性を与えるものであり，そうした方向性に従って，現実を客観化する過程が引き起こされるとカッシーラーは主張する。

しかし，ここでもまた人間における一般的な空間意識の方向性は，言語と神話的思考では異なった方向へと進んでいく。というのは，一方で神話における空間意識は，空間から表情的意味を見出すのであり，遠近，高低，左右と言った空間的な対比は，単なる物理的連関における相違としてではなく，人間とそれを取り巻く自然との地位を規定する呪術的な環として理解されるからである。

そして他方で言語においては，こうした神話的思考が属する空間直観の領域から完全に隔絶したものではないにしても，神話において見出される表情―空間（Ausdruck - Raum）という関係から，表示―空間（Darstellung - Raum）という関係への転回が見出される[*36]。カッシー

---

35) Cassirer, op. cit., S.165-166.（281 頁）
36) Cassirer, op. cit., S.177.（298 頁）参照。

ラーによれば，言語の発達と共に新たな「空間的秩序」が現れ，そこでは「思考様式の革命」(Revolution der Denkart) としての図式的空間把握が可能となる。論理的な思考をもつ人間のみに固有な空間把握は，こうした言語またはシンボルの機能によって，単なる外的に現前する印象から与えられるのではなく，そこに再現前化の作用が協働することによって，流動的な印象の断片が一つの「表示」として再構成される。このような人間独自の空間構造についてカッシーラーは，次のように結論づける。「表示の二つの根本契機――表示するものと表示されるもの，〈表出するもの〉と〈表出されるもの〉――が区別されるということのうちにこそ，それが成長し完全に展開されることによって空間の世界が純粋直観の一つの世界として出現してくることが可能になる，その萌芽が含まれている」[37] と。

3 時間直観と再現前化作用

あらゆる現象は時間によって規定されることによって初めて，それぞれが有機的な連関をもつ持続的な現象となることができる。カントは『純粋理性批判』において，対象一般を規定する相関的な役割を果たすものが「時間」であるとし，そこでの悟性と感性の連関を超越論的図式として基礎づけた。さらにカントは，このような時間の図式を明らかにしたり，それを操作したりすることの困難さをも主張する。というのは，我々が「時間」という直接的な所与を，反省の領域，または自然科学の領域において解明しようと試みる場合には，必然的に言語や記号を用いて空間的な構図へと変換することによってのみ可能であると思われるからである。こうした意味においては，カッシーラーによると言語よりも神話的な世界のほうが，時間そのものの本質を把握することにいっそう長けている。「神話は時間の根源的形式のうちに留まり得るように思われる。というのも，神話は世界を硬直した存在としてではなく，むしろ不断の生起として捉えるからであり，出来上がった形態としてではなく，常に更新される変容として捉えるから」[38] と彼は主張する。

このように，論理的な思考をもつ人間における時間直観は，上述のよ

---

37) Cassirer, op. cit., S.188.（311頁）
38) Cassirer, op. cit., S.191.（321頁）

うにそれを「空間化」することによってのみ，考察可能な対象であるかのように思われた。時間を一つの存在として捉え，それを「現在」，「過去」，「未来」とに区分することによって，時間の存在様態を一つの静止した点としては捉えることはできない。そこでカッシーラーはアウグスティヌスの主張に従って，人間における時間意識の働きを重視し，現象している現実についての，人間の意識を考察する。カッシーラーによると，現在，過去，未来という時間に関する表現上の区別は存在するけれども，それによって三つの時間が存在すると言った事態ではない。むしろ，「現在」が三つの異なった関係を含んでおり，意識においては「現在」についての三つの異なった志向のみが見出される。そしてさらに，こうした現在についての異なった意識が起こり得るのは，精神の「再現前化」の作用によるとカッシーラーは主張する。この点について彼は次のように主張する。

　　現在ないし今は，再現前化の働きによってのみ，つまり，現在ないし今が含んでいる過去と未来への指示によってのみ現在としての性格を受け取るのである。したがってここでは，「再現前化作用」（Repräsentation）は「現前作用」（Präsentation）に付け加わってくるのではなく，それこそが「現前」（Präsenz）そのものの内実と核心を成している[*39]。

　こうした精神の再現前化の作用によって，現在は現前するものとして知覚され得るのであるが，彼の主張によれば過去と未来とは，現在の中に「存続する」ことによって存在しているものではない。むしろ過去と未来は，記憶と想起という人間精神の二つの異なった方向への志向が分岐することによる力動的関係において捉えられなければならない。そこでカッシーラーは，時間とは現実には未だ起きていない未来と，または既に過ぎ去っていて存在しない過去とが，現在へと結びつく契機であり，そこでは人間独自の時間直観の契機としての「シンボル直観」の働きが認められる。人間はこのシンボル直観によって現前するものを現にそ

---

39) Cassirer, op. cit., S.198-199.（332–333 頁）

こに存在ものと知覚することができるし、また記憶としての過去の過ぎ去った出来事を再構成することが可能であるとカッシーラーは論じる。そのため人間が時間を直観すること、すなわち「現在」または「今」を認識するためには、ただ現前すると思われる時間の内に、再現前化作用が働いてなければならない。そして時間をシンボル直観によって認識することによって、他の動物に見られるような感受と反応との単純な行動連鎖を超越し、「現在」だけに縛られることのない世界に生きるのである*40。

おわりに

　これまでの考察によって我々は、カッシーラーの「シンボル形式の哲学」における、自然的シンボル機能、すなわち対象に含蓄されている意味機能と、それを再構成する精神の再現前化作用との重要性を解明すべく試みてきた。彼はヘルダーの思想を継承しながらも、言語をシンボルとして捉えることにより、対象と精神との緊張関係、およびそれらの協働による認識を主張した。フッサールは体験を二層に分け、一方を意味が与えられる以前の純粋に感覚的なものと、またもう一方を志向性のもとにある体験のものとに区別した。しかしカッシーラーは、こうした見方を二元論であるとして退ける。こうした人間の精神を人為的に区分した考察の手法を採用するのであれば、「形式なき質料」や「質料なき形式」などと言った考えをも認めなければならないであろう。それに対してカッシーラーは、真に現象学的な視点を目指し、現象をそのものとして考察すること、したがってそれを全体的経験として捉えなければならないと主張する。そのため現象全体から我々が見出し得るものは、そこ

---

40)　この点についてカッシーラーは次のように説く。「これまでは反応の硬直した連鎖でしかなかったものが、いまや流動的で動的でありながら、やはり中心へ向かって収束し、自己完結的な系列、つまりそのすべての項が全体への考慮によってのみ規定されているような系列に組み替えられるのである。〈前方を見透かし、後方を振り返る〉こうした能力のうちにこそ、人間〈理性〉の真の使命と根本機能とが存する」と。Cassirer, op. cit., S.213-214.（354頁）

で相互に作用している「機能」だけである。それら相互に作用し合っているものを区別して、個別的なものとして捉えるならば、それは現象の一側面のみを考察することに他ならない。こうした内的連関の機能を見出し規定する手法は、全ての現象を一つの有機的な宇宙として理解するカッシーラー特有の方法であり、認識論においてもその姿勢は堅持された。

またカッシーラーは、カントが『純粋理性批判』において展開した認識に関する思想を認めつつも、言語または対象がもつ「意味」が無視されていることの問題を超克した。こうしてカント、ヘルダー、そしてフッサールといった、彼以前の哲学において展開されていた認識の問題を批判的に検討することによって、カッシーラー独自の理論としての「シンボル〔による意味の〕含蓄」を基礎とした認識論を展開した。

そのため彼が探求し続けたものは現象の構造でも発生でもなく、カントとドイツ観念論の系譜に従いつつ、そこで働く精神の機能であった[41]。彼が『シンボル形式の哲学』第一巻および第二巻で主に扱った対象は「言語」と「神話的思考」であり、それらが人間文化の創造にいかに影響を与え、規定しているのかという問題が、シンボル哲学の基礎づけよりも先んじて論じられた。それゆえに「シンボル形式の哲学」の体系を理解するうえで、第三巻「認識の現象学」がもつ意義、さらに詳しく言うならば、客観的思考に至る前段階としての自然的シンボル機能の考察がもつ意義は極めて重要であると言えよう。そうした意味においてここで提唱された「シンボル〔による意味〕の含蓄」の概念は、これによりカッシーラーのシンボル哲学に、いっそう磐石な基礎を敷き、そこから展開する文化哲学に確固たる地位を与えたのである。

---

41) このように精神の機能的な側面から考察するという手法は、ヘルダーと同じくカントの弟子であったヴィルヘルム・フォン・フンボルトの手法を継承している。フンボルトの最も有名な言葉、「言語はエルゴン〈所産〉ではなく、エネルゲイア〈能産〉である」は、「シンボル形式の哲学」の出発点における基軸であると言っても過言ではないように思われる。

第4章
シンボル形式としての科学的思考
──概念と記号の関係からの考察──

はじめに──カッシーラー哲学における科学的思考

　人間は科学的思考を発達させることによって，神話的思考から離反する。科学が果たすべき最も重要な一般的な機能とは，神話的な世界観に見られるような，直観的で普遍的構造をもたない世界観に，特定の指針を示すことによって安定した均衡をもたらすことである。それは人間の知覚および思考を規定し，その絶対的な力をもって理論的世界を構築する。カッシーラーは「科学とは，人間の精神的発達における最後の段階であり，人間文化の最高にして，最も特徴的な成果とみなすことができる」[1]と言う。これまでの考察において明らかになったように，人間の思考やシンボルそのものでもある言語においても，そこには「命題言語」のような「人間のみに与えられた領域に属する要素」と，その他の部分，つまり「情動言語」のように「自然的な世界に属する要素」とがそれぞれ見出された。そのためカッシーラーのシンボル哲学においては，人間のシンボル機能は感性的，および情動的な領域に広く浸透している神話的思考から出発し，言語の発達を伴いながら最後に到達する知的領域が科学的思考であると説かれる。彼の「シンボル形式の哲学」の体系の解明には，当然のことながら人間が獲得した最も高度なシンボル機能であるこの科学的思考の考察は不可欠である。というのは，人間の精神的な

---
1) Cassirer, *An Essay on Man*, Yale University Press, New Heaven, 1944, p.207.（『人間』宮城音弥訳，岩波文庫，1997年，438頁）。以下邦訳での出典箇所は（　）内にて記す。

発達に即して考察されたシンボル形式が，最も高度に抽象化されたかたちにおいて，いかに作用し，現代の人間に関わっているかという問題は，「シンボル形式の哲学」の現代的意義を問う意味でも見過ごされてはならないからである。

　カッシーラーは科学および科学的思考について，『シンボル形式の哲学』に先行して出版された『実体概念と関数概念』，『アインシュタインの相対性理論』，『シンボル形式の哲学』第三巻の後半部分そして『人間』などで語っている。ところで，これまで我々がカッシーラーの「シンボル形式の哲学」を考察した際には，常に人間の精神と各々のシンボル形式との関係，またそれらの機能や作用を主に問題として論じてきた。したがってここでもまた，具体的な個別科学の経験的な考察よりも，人間の意識，思考および認識に対する科学的思考，とりわけ「概念」または「観念」の関係の解明を優先しなければならない。そこで本章では主に『シンボル形式の哲学』第三巻と，『人間』において語られているカッシーラーの思想を考察することによって，シンボル形式と科学との関係を解明すべく試みたい。

I　自然的世界概念から科学的思考へ

1　自然的世界概念の特質とその限界

　我々は既に第三章で『シンボル形式の哲学』第三巻の前半部分でカッシーラーが導入した新たな概念としての「シンボルの含蓄」(symbolische Prägnanz) を採り上げ，彼が言うところの「自然的シンボル機能」に基づく直観的な認識機能を考察した。彼によれば直観的な人間の認識機能には，知覚における先験的な意味の含蓄が前提とされている。カッシーラーの認識論では，カントが『純粋理性批判』において展開した超越論的な構成を前提しているため，すべての直観による認識の対象は，物自体として独立したかたちで把握されるのではなく，それらが意識のうちに現象するものとしてのみ把握することができると説かれる。直観形式の中での対象とその現象は，常に互いに結びつくことによってのみ対象の実体を現すのであって，こうした意味においては，それらは現

I 自然的世界概念から科学的思考へ

実における真の統一を示している。このような直観的な認識機能を働かせる概念の作用を，カッシーラーは「自然的世界概念」（der natürliche Weltbegriff）と呼ぶ[*2]。こうした「自然的世界概念」における認識の対象と感覚，または表象と直観との関係は，概念がそれ自身の内へと向けてではなく，むしろ常に外的な対象へと向けられているために，何ら疑いの余地もないほどに互いに浸透し合っており，そこには確かな現実性が存在する。だが新たに・科・学・的・な世界考察が始まるやいなや，こうした認識と対象における不可分の一致という信頼は揺らぎ，それまでは自然的世界概念が用いて，またそれに属していた全ての直観形式に対峙しなければならない。対象世界との直接的な関わりにおいて，それぞれの対象が固有の権利をもって規定されているものとして認識する自然的世界概念に対して，科学的な思考においては，概念それ自体もが批判的考察の対象とされる。そのため，それまでは確かなものとされていた直観や感覚さえも，その固有の権利を失うことになる。カッシーラーはこうした自然的世界概念への科学的思考の対峙という事態を，人間における理論的世界観への入口であるとして，次のように主張する。

　科学的意識がその発展の道のりを進めば進むほど，〔直観の世界と直観的なものを具象化する規定規則との〕この区別はいっそう截然と、また明確に現れてくる。今や規定規則はただ単に定立されるだけではなく，まさしくこのように定立されることによって，同時にある普遍的思考作用として捉えられ，そのようなものであることが洞察されるようになる。そしてこの洞察こそが，今や〔何か〕ある新たな形式の洞察，つまりある新たな形式の精神的「展望」（Perspektive）を創りだす。この展望をもってはじめて，我々は真に「理論的」な世界考察の戸口に立つことになる[*3]。

　こうしてカッシーラーは，人間の概念機能を直観的なものと科学的な

---

2) Cassirer, *Philosophie der Symbolischen Formen*, dritter Teil, Wissenschaftliche Buchgesellschaft, Darmstadt, 1977, S.329.（『シンボル形式の哲学』第三巻「認識の現象学」（下），木田元訳，岩波文庫，1997年，10頁）
3) Cassirer, op. cit., S.331.（10頁）

ものという二つの異なった次元へと分類する。そして神話的思考に代表されるような，直観的な認識において支配的に機能する自然的世界概念は，科学的意識の発達につれて，それ自体が認識の対象とされると説かれた。

2　科学的思考への契機――真理の問題

　このような人間の認識に新たな展望を与える契機となるものは，自然的世界概念のうちでは外界から直接的な所与として与えられていたものについて，その「真理」が問われるときである。世界の真理を問うことは，論理的思考をもつ精神に備わった固有の機能であって，一度この問いが発せられると，もはや人間は自身を取り巻く現実のうちに直接的に生きることはできない。この真理に対する問いは，カッシーラーによれば，ある「内在的弁証法」を含んでおり，自然的世界概念が関わっていた領域全体に適用される。そのためそれは，もはや単に現前する対象に留まることなく，いわば無限に向かって作用し始める。カッシーラーはこうした人間の世界に対して新たな問題を設定する地点に，自然的世界概念から科学的世界考察への展開の曙光を見出すのである。

　こうした新たな世界概念への発展は，カッシーラーによると古代ギリシアにおけるピュタゴラス学派の展開から顕著に見出される。当初，彼らにとっての「数」は，厳密に理論的，または抽象的なものとして理解されていたのではなく，むしろ依然としてそれは，呪術的，または神話的な意味を備えていた。そこでは現代の数学が扱うような「数」，すなわち一切の現実的な対象から隔絶され，それだけ独立して存続し得るような，純粋で普遍化された「数」が扱われたのではなく，常に実際的な存在に即したかたちでの「個数」として理解されていた。しかしながら，数がもつ純粋に論理的な形式作用が認識され始めるにつれて，たとえそれが現実にある何らかの具象的な対象に即してのみ見出されるものだとしても，そこでは感覚知覚や直観的認識とは一線を画す数独自の「認識形式」（Form der Erkenntnis）が作用しているとカッシーラーは言う。そのためこの時，既に「数」は現実に即した現前であると同時に，人間の精神による再現前となっている。こうしてピュタゴラス学派にとっては，それを新たに純粋な認識形式として用いることに成功したときに初

Ⅰ　自然的世界概念から科学的思考へ

めて、それまでは単に感覚的な世界のみに属するものであるかのように思われた数が、抽象化された論理の次元に属するもの、すなわち人間を真理へと導き得る理論的な形式となったのである。

　ところで人間は、このような理論的な認識概念を発達させるにつれて、以前のように知覚と直観によって直接的に現実へと関わることをやめ、次第に自身と世界との間に一定の距離を置き始める。そうすることによって、知覚や直観による現実の「具象的」な認識から、科学的思考がもたらす「抽象化」の機能による、間接的な認識へと移っていく。直接的な知覚においては、個別的な対象は常に現実の現象の中から見出される。つまりそれは周囲との関係性において、いわば独自の相対性によって規定されていた。そのため直観される現実は、個体として完全に孤立したものなどは存在せず、それぞれが固有な経験的内容を含むものであるとしても、互いに現実の中で規定し合うことによって、初めて一つの全体として特殊な意味連関を形成する。ところがそれに反して、新たな次元へと踏み出した文化的人間の認識では、新たに形成された形式の一般的特性に基づいて、その対象自体を絶対的に認識する。こうした自然的世界概念と、科学的思考における認識方法の相違についてカッシーラーは次のように論じる。

　　いまや知覚や直観のまだあずかり知らなかった一種の分離、つまり「抽象」が行われる。つまり、認識は純粋な諸関係を、事物で具体的に規定された「現実性」との絡みあいから解き放ち、それらの関係を混じりけのない関係として、その「形式」の一般性において、つまりその関係という性格において思い浮かべるのである[*4]。

　ここで述べられている認識方法の変化、すなわち対象間の関係規定の変化は、現実から新たな関係性を引き出すことによってではなく、むしろそれは人間の精神が独自の認識形式を創りだすことによって引き起こされる。この独自な認識形式こそが、個別的であった対象に一般的な方向性と普遍性を与える概念の形成作用であって、この前提に立ってカッ

---

4) Cassirer, op. cit., S.332-333.（12-13頁）

シーラーが考察の対象とするものは、概念の機能によって生じる新たな客観的な意味連関である[*5]。したがって原始心性とは異なり、多様な文化を生み出す人間に固有な思考様式を可能とさせるもの、すなわち自然的世界概念の限界を超えて、新たな領域へと踏み出していくものが、科学的思考の概念作用である。ここからカッシーラーは、人間が高度に客観化された科学的思考を獲得するためには、知覚や直観から離れて、「まったく自由に、つまり純粋に自発的に、シンボルの国を構築しなければならない」[*6]と主張する。

II シンボル形式からみた科学的思考の概念形成

1 直観形式と概念形式における真の差異

高度に客観化された科学的思考を考察する前に、カッシーラーは直観的認識がもつ次のような特徴を問題とする。すなわちそれは、個々の経験的所与を特定の全体のうちへと組み込むことによって、その所与を一連の意味連環の一部と成すという特徴である。そのため一見すると、それは科学的思考における概念形式が構成する新たな世界観とは全く異なった次元に属するもののように思われる。しかしながらカッシーラーは、直観的認識に含まれている、ある機能が自然的世界観から理論的概念へと通じる契機であると主張し、両者の間に連続性を見出す。たとえば彼によると、全ての個別的な内容を空間的に規定するためには、それを「類型的な空間形態」(typische Raumgestaltungen) へと関係づけることによってのみ、把握可能なものとなる。なぜなら直観される空間のなかには、他から完全に孤立した空間は存在しないし、そのためそれは他の空間との相対的な関係のうちにのみ、自身の独立した地位が与えられ

---

5) ここで概念形成について、カッシーラーは次のように説く。「すべての概念形成は、結局のところ、単一の根本目標・主導目標によって方向づけられており、〈真理そのもの〉の規定へと向けられているのである。特殊な定立も個々の概念構造もすべて、結局は全てを包摂する統一的思考連関に組みこまれるべきなのだ。この課題は、思考がその課題を立てると同時に、そのための新たなる手段 (Organ) をも創りだすというのでなければ、果たされ得ないであろう」と。Cassirer, op. cit., S.333. (13-14頁)

6) Cassirer, op. cit., S.333. (14頁)

II シンボル形式からみた科学的思考の概念形成

ているからである。したがって空間的な直観においても、個別的な対象をそれが属する秩序の中へと位置づけ、さらにはそうした秩序全体から解釈するという作用が認められる。そのため直観的認識も、個別的なものを一つの「表示」へとまとめあげているために、必然的にそこにも概念的認識と共通する機能が含まれていることになる[*7]。

このような直観的認識の特徴を前提として考察するならば、それと科学的思考、すなわち概念的思考との相違は、単にそれらが対象へと直接的に関わっているのか、それとも間接的に関わっているのかという事態ではない。むしろ純粋にそれらの機能的な側面から考察するならば、そこには両者に共通した「指示」（Hinweis）する機能が見出される[*8]。

これらの認識間で共通の目的をもつこの「指示」する機能は、当然のことながら実際にそれが精神の「形式」として作用する際には異なった様相で現れる。ところで「シンボル形式の哲学」におけるカッシーラーの手法は、人間の精神を実体的な対象としてではなく、常にその機能的側面から考察し、それが作用することによって生じる影響のうちにこそ、精神的なものの実在があると説く点に特徴がある。そのため彼が二つの異なった認識能力の間における差異を見出す仕方もまた、その精神的な機能すなわち「形式」を考察することによってである。彼によると直観や知覚的な認識において、無意識のうちになされている対象の「指示」が、科学的な概念的認識ではその行為自体が意識的に行われている。そのため、この「意識されている」状態こそが、両者間の真正な差異であると説かれる。

この点についてカッシーラーは、極めてヘルダーの思想に接近してい

7）こうした直観と概念との関係を最初に提唱したのはドイツの生理学者ヘルムホルツであって、彼によると個別的な感覚印象も、それぞれが概念としての機能を果たしている。彼が『生理学的光学概論』（1866年）で述べたように、全ての知覚は、個々の印象に含まれる「法則の生き生きとした表象」（lebendige Vorstellung des Gesetzes）を包摂することに他ならない。カッシーラーはヘルムホルツが主張した直観と概念との新たな構図を自身の「シンボル形式の哲学」の体系に採用している。

8）この点についてカッシーラーは次のように主張する。「ここで決定的なのは、明らかにこれらの現象のうちからある共通なものが引き出され、これらの現象が一つの普遍的な表象のもとに包摂されるということではなく、むしろこれらの現象がある共通の機能を果たしていること、——つまりは諸現象がすべて全く異なっておりながら、それにもかかわらずある特定の目標点へと向けられており、それを指示しているということである」と。Cassirer, op. cit., S.337.（20頁）

るように思われる。というのも，ヘルダーは言語の起源を，人間精神の「反省」(Reflexion)の機能のもとで解明すべく試みた。彼は前論理的段階の言語から，分節された人間の理性的言語への直接的な連続性を認めはしなかったが，カッシーラーはそれらを新たに概念と直観との関係へと発展させた。彼のもとでは概念と直観との関係は，単にその作用が直接的であるとか，または間接的であるといったものでも，また互いに全く異なった次元に属しているものでもなく，直観のうちにも概念的認識と共通する要素が見出される。先の「シンボル〔による意味の〕含蓄」の考察において，人間の直観における先験的なシンボル的意味の存在が明らかになったように，カッシーラーの「シンボル形式の哲学」においては，直観と概念との差異は，同様の目的へと向けられていても，異なる「形式」として現れるものとして理解される。

では直観と概念との間における「形式」の差異とは何であろうか。カッシーラーによるとそれは，科学的思考の概念は直観とは異なり，それ自身が認識する道筋を自らに指示することにその特質がある。確かに直観においても，それが一つの対象を純粋にその対象だけに即したかたちで認識しているのではなく，ゲシュタルト心理学で解明されたように，他の要素を通覧しながら論証的(diskursiv)にも認識される[9]。だが彼によれば，科学的な概念においては対象のうちから与えられるものを通覧することによってだけではなく，むしろそうした通覧の仕方を全く新しく創りだすところに，その本質的特徴がある。こうした両者間の相違に関してカッシーラーは次のように論じる。

　　直観もけっして個別的なものの元に立ち止まることはなく――最終的にはそれらの要素を一つの眼差し(Blick)のもとに集めると

---

9) カッシーラーはこのような直観形式の特質について，『神話的思考の概念形式』(1922年)において，直観と密接に関わる神話の認識作用という側面から次のように特徴づけている。「神話でさえも，もっぱら不明瞭な表象と情意の領域に留まり続けているのではなく，むしろ客観的な形象のうちに自らを刻印しているのが真実であって，また同じように形象付与(Gestaltgebung)のある特定の性質，つまりは客観化の方向性を自らのものとしている――しかしそれは，ほとんど〈対象規定〉の論理的形式とは一致しないのだけれども――それでも多様なものの〈総合〉(Synthesis)つまりは感覚的な要素の統合と相互的な分類の特定の方法を含んでいるのである」と。Cassirer, Die Begriffsform im mythischen Denken, in; *Wesen Und Wirkung des Symbolbegriffs*, Wissenschaftliche Buchgesellschaft, Darmstadt, 1977, S.9.

いうことによってしか到達できないのであれば，その意味では直観でさえも既に「論証的」だということになろう。けれども概念は，直観的綜合のこの形式に対して，ある新たな，より高度な論証の仕方を打ち立てる。つまり概念は，諸現象の類似性なり，現象相互間の直観的に把握可能なそれ以外の関係なりが手渡してくれる安定した路線を辿るだけではない。つまり概念とは切り開かれた道（Weg）なのではなく，むしろ切り開く機能（Funktion der Bahnung）そのものなのである[*10]。

それゆえカッシーラーにとっての概念とは，単に認識を統一する精神的な鋳型としてではなく，科学的な認識の方向を決定する機能そのものとして説かれ，それによって抽象化された思考や，人間独自の創造性への道が開かれるのである。直観的な認識機能は原始心性においても見出されるが，それは常に外的世界の印象を受容し，それを直接的に理解する手段に他ならない。しかしながら理論的認識へと到達した概念のもとでは，それらを全く新しい展望において捉えることにより，自然から与えられるだけではなく，自らの創造的主観性に基づく対象の理解を可能とするところに，人間のみに独特な認識形式が見出される。カッシーラーは理論的概念のこうした点に着目することによって，それを単に観念的に想定された抽象的な理念としてではなく，具象的に作用する機能として理解した。彼のこのような概念理解は，続く考察にて問題にする概念の「主観性」の批判に対しても，その優越性を損なうものではないと思われる。

2　概念形式における主観性の問題──経験主義による概念批判

上述のようにカッシーラーにおいては，概念とは何らかの仕方で与えられた道筋に従って対象を理解するだけではなく，概念自らが新しい認識の道を切り開く機能でもあると説かれた。だがそのような理論的概念が独自に創りだす認識機能が，個々の主観に基づいて規定されているのだとしたら，当然のことながらそこでは認識における普遍妥当性の問題

---

10) Cassirer, *Philosophie der Symbolischen Formen*, dritter Teil, Wissenschaftliche Buchgesellschaft, Darmstadt, 1977, S.338.（21頁）

が生じてくる。というのも，個々の概念が恣意的な方向と方法に従って認識を成立させるのだとすれば，対象認識における統一された普遍性は放棄しなければならないからである。このような概念における主観性の問題に関してイギリス経験論では，人間の知識は全て経験に基づくものとして理解され，概念の先験性は否定された。彼らのもとでの認識は，対象を観念に，すなわち主観的な記号へと還元することによって成立すると理解された。そのため必然的に認識は，全ての人間に全く共通した普遍性をもつものではなく，むしろ根源的には主観的な恣意が加えられた曖昧なものとなって，批判の対象となった。

（1）ロックからバークリーへ　イギリス経験論の代表者であるロックは，『人間知性論』において人間の言語を「観念の記号」（signs of ideas）であると主張した。彼の有名な概念，「タブラ・ラサ」を前提とするならば，人間が獲得し得る全ての概念や知識は生来備わったものではなく，各人が生まれてからそれぞれ独自に経験するものに由来する。たとえば発話行為とは，人間自身が獲得した個別的な観念を，言語という代表機能に置き換えることであるとされる。そのため他者が発する言葉を認識する際には，純粋に受動的な態度によってそれを理解するのではなく，自身がもつ内在的な経験との照合によって，そこに含まれている「意味」を理解しなければならない。したがってそこでは，人間の経験に基づいて形成された観念，すなわち「主観」に基づく解釈が不可欠であるがゆえに，ロックは言葉自体が本性的に曖昧なものであると述べている[*11]。ロックによれば，こうした観念（idea）を心的作用によって

11）このような言語の不完全性，曖昧性についてロックは，『人間知性論』第三巻「ことばについて」において，次のように論じた。「いったい，言葉を思想伝達の目的に役立たせるには，言葉が話し手の心で表すのと同じ観念を聞き手のうちに正確に喚起することが必要である。これを欠いては，人々は相互の頭を騒音・音響で満たすが，それで自分たちの思想を伝えず，談論・言語の目的である自分たちの観念をお互いの前に並べない。しかし，ある言葉が複合され再複合された非常に複雑な観念を表すとき，人々が共通に使う名前に同じ精確な名前を表せて，いささかの変動もないほど，その観念を形成し把持することは容易ではない。──二人の違う人で同じ精確な意味表示をもつことがまずない，そういうことになる。というのは，一人の人間の複雑観念が他の人間の複雑観念と一致することはまずないし，しばしば自分自身の観念とも，すなわち，昨日もった観念あるいは明日もつであろう観念とも違うのである」と。John Locke, *An Essay Concerning Humanunderstanding*, Prometheus Books, 1995, p.3877.（『人間知性論』（三），大槻春彦訳，岩波文庫，1976 年，213-214 頁）

一つの複合的全体へとまとめ上げたものが概念（notions）である[*12]。そのため彼のもとでは、概念に与えられる創造的な余地は、単純観念としての所与の感覚印象を自由に組み合わせることだけであって、言語と同様に概念は本来的に不安定なものとして理解された。こうした考え方はロック以前にもベーコンによって既に表明されており、そこでの概念は現実を主観によって偽造する単なる恣意的作用であるとされた。さらにイギリス経験論における概念批判は、バークリーの観念論に至ると、いっそうその激しさを増し、それは概念の全面的な拒絶となった。彼の有名な言葉、「存在することは知覚されることである」（esse est percipi）に代表されるように、彼は認識における現実の客観性をことごとく否定する。さらには、一見すると厳格な客観性をもつように思われる数学や物理学的な概念でさえも、彼にとっては真理を隠蔽するものである。

　しかしながらカッシーラーは、こうしたバークリーによる徹底した概念批判のうちから、概念における真性な機能的本質を捉える契機を読み取ることによって、上述のような批判を超克する[*13]。バークリーは抽象によって一般化された表象、すなわち抽象一般観念（abstract general idea）とは、単に恣意的に創り上げられた空虚な幻想であると断じた[*14]。しかしながらカッシーラーによれば、こうした徹底した観念または概念の批判のうちには、それまでのイギリス経験主義とは異なる、新たな展望が見出される。彼はバークリーの哲学を唯名論的観念論という

---

12) Locke, op.cit., p.203 参照。

13) カッシーラーはバークリーの概念批判を次のように評価する。「概念に対するこの徹底した拒否のうちでこそ、歴史的に見ても体系的にみても、思考の独特な転回、真の急転が準備されたのである。——この批判はむしろ概念を理解し、評価するためにはこの上なく実り豊かな積極的契機を生み出すことになる」と。Cassirer, *Philosophie der Symbolischen Formen*, dritter Teil, Wissenschaftliche Buchgesellschaft, Darmstadt, 1977, S.339-340.（24頁）

14) バークリーは『人知原理論』のなかで、「一般観念」（general ideas）と「抽象一般観念」（abstract general ideas）とを区別している。彼がその存在を否定しているものは、抽象一般観念であって、一般観念ではない。この点について彼は次のように主張する。「このさい注意すべきであるが、私は一般観念があることを絶対に否定するのではなく、ただ抽象一般観念があることを否定するのである。——ところで、もし私たちが自分たちの言葉に添えて、私たちが想うことができるだけを語ろうとすれば、私は信ずるが、私たちは次のことを承認するだろう。すなわち、一つの観念は、それ自身を考えるとき特殊であるが、同じ種類の他のすべての観念を表示するように、換言すれば表すように、させられるので一般的になるのである」と。Berkeley, *A Treatise Concerning the Principles of Human Knowledge*, Dover Publications, Inc., Mineola, New York, 2003, p.14.（『人知原理論』大槻春彦訳、岩波文庫、1977年、26頁）

視点から,『シンボル形式の哲学』第一巻,および『認識問題』第二巻(第一版 1907 年,改訂版 1911 年)において考察している。ここではカッシーラーが主張するバークリー哲学の積極的価値について概観することによって,彼の概念理解における発展的展開を解明したい。

　(2) バークリー哲学からの展開　　バークリー哲学の積極的価値を考察するためには,再び言語の問題を取り扱わなければならない。カッシーラーによれば,ベーコン,ホッブズからロックへと展開したイギリス経験論の系譜は,さらに「ロックからバークリーにいたる間に言語問題に対する経験論的な立場の,独特な転回が生じた」[*15]。バークリー以前のイギリス経験論においては,人間の言語は単なる事物の記号としてではなく,概念の記号として理解されてきた。そのためそれは,直接的には一切現実との関わりをもつことのない,精神的な媒体であるがゆえに,深く探求すればするほどに,それは人間を現実から遠ざけるものであるかのように思われた。こうしたイギリス経験論に特有な言語観は,バークリーにも受け継がれてはいるものの,そこでは概念についての新たな洞察が見出される。ロックは人間の認識機能の中に,「普遍性」へと向かう志向性を見出すことによって,同時に言語が普遍的な特質をもち得ることを認めた。しかしながらバークリーは『人知原理論』(1710年)において,言語とは現実の世界を覆い隠す「カーテン」であるとして,対象と認識との一致を完全に否定する。そのため彼はその序文で次のように語っている。

　　全ての人が自分の考察しようとする観念から,判断を眩ませて注意を分割するのに甚だ多く貢献する言葉の衣ないし邪魔物を分離して,観念〔だけ〕を明瞭に見るように力を尽くして努めることは,もし願望できるものなら願望すべきであろう。天井に視線を及ぼし,地の底を探っても無駄である。学者の著書を援用して古代の暗い足跡を辿っても無駄である。知識の樹の実は甘美で我々の手の届くと

---

15) Cassirer, *Philosophie der Symbolischen Formen*, erster Teil, Wissenschaftliche Buchgesellschaft, Darmstadt, 1977, S.78.(『シンボル形式の哲学』第一巻「言語」,生松敬三・木田元訳,岩波文庫,1989 年,136 頁)

ころにあるが, そうした知識のいと麗しい樹を見るには, 言葉のカーテン (the curtain of words) を取り除くだけでよいのである[*16]。

　こうしてバークリーにとって言語は, 現実を覆い隠すものとして理解され, とりわけ一般化された抽象観念などというものは, 人間が恣意的に生み出した空想の産物に過ぎないと見なされる。しかしながらバークリーは, 言語に対してこれほどまでに徹底的な攻撃を加えたにもかかわらず, 言語が何ものかを「代表する」(represent) 作用をもつ機能であることを認める。彼にとって言語は, 人間を現実から遠ざけるものであるにもかかわらず, そこで働く概念作用は, 完全にその普遍性を失うことは不可能である。というのは, 彼によれば普遍性とは, 外的な事物の内に本性的に備えられているものではなく, むしろそれは「それによって表示 (signified) されたり, 代表 (represented) されたりする〔他の〕特殊な事物に対して有する関係に存する」[*17]から。そのためバークリーにとって事物の普遍性は, それが関わる他の対象との相互規定のうちに見出される。

　カッシーラーはこのようなバークリーの主張のうちに, 一般観念または概念がもつ普遍性の本質的な機能を見出す。彼によれば, バークリーが批判した一般観念の機能は, 個別的な対象に含まれ, それらを規定する要素を消し去るために, 認識を対象から遠ざけるものであるかのように語られた。しかしながらカッシーラーは, 概念の機能を「類のイメージの統一性ではなく, 変化規則の統一性」として理解することによって, 概念の問題に新たなる視点を導入する。言語と概念とは何らかの個別的な対象を一つの表象へと収斂させ, 同一の観念, すなわち名称に包含される他の全ての事物を代表する機能であることはバークリーも認めるところであって, そうした意味においては「一般観念」の存在は肯定される。しかしながら概念は, 単に個別的な特殊性を集合させるだけの機能ではない。カッシーラーによれば概念はむしろ, 個々の事物がおおよそ「変

---

16)　Berkeley, *A Treatise Concerning the Principles of Human Knowledge*, Dover Publications Inc., Mineola, New York, 2003, p.26.（『人知原理論』大槻春彦訳, 岩波文庫, 1977 年, 40 頁）

17)　Berkeley, op.cit., p. 17.（29 頁）

化可能な範囲」を規定する[*18]。そのためここでカッシーラーが言うところの概念とは，一般観念によって与えられる領域に基づいて，それぞれが特殊な性格をもつ現実を「分節する機能」として理解されていると言い得るであろう。したがって彼はバークリーが概念に与えた消極的な価値とは異なり，新たに積極的な機能的価値を概念のうちに見出すのである。

ところで，唯名論的な思想は懐疑主義へとつながる傾向があるけれども，バークリーにはそのような懐疑的帰結は全く見当たらない。カッシーラーはこの点について，『認識問題』第二巻において次のように主張する。「あらゆる科学的認識の素材と根本手段となる記号はバークリーにとって，けっして単に恣意的な形成物ではないし，観念に任意に貼り付けられるような外的な印や名称でもない。記号の根幹をなす〈代理作用〉(Stellverstretung) はむしろ，我々の客観的経験そのものの根拠と条件を構成する」[*19]と。さらにカッシーラーによれば，バークリーがこうした「代理作用」に与えた価値は，「この概念が歴史上うけたどの刻印におけるよりも豊かで深い内容」をもっている。バークリーが記号の代理機能を問題とする際には，そこで問われているものは観念が心的実在として現前し，それを通覧可能にしているといった事態ではない。むしろ彼のもとでの代理機能とは，概念が個別的な観念の間で作用する「関係」や「結合」として理解される。そのためそこで示唆されていることは，全ての科学的記号が単なる抽象的な観念一般を指示するものではなく，「法則的関係の妥当性」を指示しているということである。さらにはこのような法則的連関は，記号によって創りだされるものではなく，ただ記号によって意識に対して固定されるものとして説かれる。それゆえに

---

18) たとえば鈍角三角形であれ，鋭角三角形であれ，それらが個別的な三角形であるのと同時に，三角形一般という一般観念を含んでいるのであって，それぞれがその他全ての「三角形」を代表する表象になり得る。ここでカッシーラーが言うところの一般観念の機能は，「鋭角」とか「鈍角」などという，個々の要素を消し去ることによって，「三角形一般」の表象が生み出されるのではなく，むしろそこでの「三角形一般」という観念は，三角形としてあり得る限りで変化可能な範囲を規定していると説かれる。そのため彼は，観念とは「規則を統一するもの」であると主張する。

19) Cassirer, *Das Erkenntnisproblem in der Phikosophie und Wissenschaft der neueren Zeit*, Wissenschaftliche Buchgesellschaft, Darmstadt, 1994, S.318. (『認識問題——近代の哲学と科学における—2-1』須田朗・宮武昭・村岡晋一訳，みすず書房，2000年，285頁)

II　シンボル形式からみた科学的思考の概念形成　　123

バークリーは現実に存在し，既に妥当している法則を規定しているものが記号または語であると主張するのである。

　カッシーラーはそうしたバークリーの言語および概念批判を出発点として，科学的な思考の媒体としての概念を明らかにする方法を見出す。バークリーの唯名論的な思考は，言語が代理機能であることを前提として開始された。しかしながら，それらが代理としての機能を果たし得るのは，それらが特定の対象を表示し，かつ「意味」することによるしかない。たとえば言語の音声を空気の振動に帰するといったように，あらゆる記号がただ物理的な感性的与件としてのみ知覚されるとするならば，それらは既に記号としての機能を果たすことができないのは自明なことである。カッシーラーは概念が記号または語によって規定された代理機能であるとするならば，まさにここで言うところの代理機能がいったい何を意味するのかと問うことによって，さらに概念の根源的な機能へと遡る。そのため彼は，バークリーよりもいっそう深化された問題を取り扱うことになった。そこで我々は次に，カッシーラーによる代理機能（Stellvertretung）の発展的理解を明らかにしたい。

3　代理機能としての概念と再現前化

　最初にカッシーラーの哲学における「概念」とは何を意味するのか，と再び問うてみよう。それは当然のことながら，知覚した外的な印象を受動的に写し取るだけのものではなく，むしろ対象の抽象化と，それによる間接的認識を可能にする機能に他ならない。したがって概念は，「それによって新たな論理的展望が開かれ，その力を借りて認識が特定の問いの複合体の全体への新たな見通しと眺望（Durchblick und Überblick）を獲得する」ものとして規定された[20]。そのため概念とは常に「多における一」（Eine im Vielen）である。上述のように概念は，我々の認識の対象が個としては特殊的であるにもかかわらず，同時にそれが同一の表

20）　Cassirer, *Philosophie der Symbolischen Formen*, dritter Teil, Wissenschaftliche Buchgesellschaft, Darmstadt, 1977, S.357.（52頁）
　そのため一連の認識行為が，判断と概念によってなされているのだとすれば，概念は開始させる機能であり，判断は終了させる機能であるとカッシーラーは主張する。そこでは事物の「真理」を問題とする科学的な概念が投げかける問いを，判断がそれに対して結論づけるという協働の作用が認められる。

象によって表される他の全ての対象をも標示することができる精神の力であるが，それは種や個を単により大きな区分である「類」として論理学的に統一するのではない。むしろ概念は，その対象自体を表象するもの，またはそれの一般観念に留まることができる限りで，「およそ変化可能な範囲」を規定する。そのため一般観念における内的な連関が問題とされるのであり，カッシーラーにとっての概念の代理機能は，バークリーに従って常にそれぞれ個別的な対象相互の関係性によって規定されていると理解される。そこでカッシーラーは，バークリーよりもさらに問題を深く捉え，この対象を相互に規定している「関係」（Beziehung）を問題にして次のように論じる。

> 関係というこの基本形式は，最も単純な感性的再発見や再認からはじまって，思考があらゆる所与を踏み越え，事物の単なる「現実性」を超え出て「可能なもの」という己の自由な領域にゆきつくことになる思考の最高の構想に至るまで，認識の総体を支配しているのである[21]。

カッシーラーによる概念の理解は，こうした対象間の「関係」によって規定されるものとして説かれ，彼はそれを高度に客観化された科学的世界概念のみならず，その存在を取り巻く世界が感性的諸印象の総体としてのみ理解されるような次元においても同様に規定していると言う。そのため彼は概念を何らかの実体的に存在するものであるかのように捉える全ての学説を否定する。というのも，概念の基礎的作用である分節化と形態化は，概念と同じ原理によって支配されているはずであり，それらが本来的な作用を実現するためには関係形式において，つまり世界を構造化することによってのみ可能であると考えられるからである。そのため彼によると，自然的世界概念であろうと，または科学的世界概念であろうとも，概念の根源的な機能とは，対象を寄せ集めて一つの全体としてまとめあげるということではなくて，それらの間における関係を明確にするための新たな「視点」（Gesichtspunkt）を設定することに他

---

21) Cassirer, op.cit., S. 348.（38頁）

ならない*22。

　しかしながら，本節の主要問題であるカッシーラーの「代理機能」の理解を明らかにするためには，概念にさらなる積極的な機能を認めなければならない。彼にとっての概念は，単に現前する対象を受領し，分類するだけのものではない。それは経験に先立って先験的に認識に作用し得るものであって，外的な対象に含まれている自然的な分類によって，それらを結び付けたり，または分離したりするのではなく，むしろ概念はまったく新しい結合をも創出するのである。

　前章において詳細な検討を行った「再現前化」（Repräsentation）とは，カッシーラーの認識論においては「シンボル〔による意味の〕含蓄」（symbolische Prägnanz）と並んで，自然的世界概念から科学的世界概念に至るまで，すべての次元に属する人間の認識における基礎を成す主要概念であった。概念は関係形式によって規定されており，認識においては常に現前と再現前との相互作用によって遂行されるのであって，それが代理機能として，つまりは「多における一」として働くためには，再現前化を伴わなければならない。そのためカッシーラーがここで問題としている代理機能（Stellvertretung）は，「再現前化」（Repräsentation）の機能と同じであるか，またはそれに属する機能という意味で用いられている。概念が代理としての機能を果たすためには，そこに再現前化機能が働いていなければならないし，再現前化された対象は，既に代理機能を果たしている。したがって，これらの機能は互いに認識における根源的な機能であるのと同時に，不可欠な要素でもある。そのため人間は概念を用いて対象へと恣意的に新たな意味を付与することによってではなく，既に対象の内に含まれて現前している意味に，再現前化によって代表するという新たなる「関係」を与えることによって世界を構成する。そこで彼は概念を次のように定義づける。すなわち「経験的直観の領域の内的組織や，論理的─理念的な対象領野の内的組織を明確に浮かび

22）ここでカッシーラーが主張する概念の主要な機能である，「視点」の指定について，彼は次のように主張する。「概念が行うのは，ほかでもない，この形態化に働く諸契機をそれだけ際立たせ，思考のためにその諸契機を固定することなのである。──つまりそれが知覚に属するものであろうと直観に属するものであろうと純粋思考に属するものであろうと，多様な内容がそのもとに捉えられ，〈概観される〉（zusammengesehen）ような〈視点〉を指定する」と。Cassirer, op.cit., S. 349.（38-39 頁）

上がらせんがために，繰り返し新たに試みられなければならない自由なデッサン（freie Linienführung）なのである」[*23]と。したがって概念を一つの実体的な存在として，または単なる再生の機能として理解するような全ての学説では，それがもつ純粋に生産的で創造的な側面が見落とされることになる。カッシーラーはバークリーが展開した唯名論的観念論の立場に，カント的な「構成」学説を適用することによって，さらにはそれを一つの機能的作用として捉えることによって，概念の本性的な機能である代理機能を明らかにした。

4 二つの概念と二つの客観化作用

これまで考察してきたように，カッシーラーは概念を，認識に特定の視点を与えるものとして理解した。我々は次に概念と客観化の関係を問題として考察してみたい。というのも精神における客観化作用は，一見すると科学的思考のもとにおいてのみ見出され，本性的には自然的世界概念とは無縁な作用であるかのように思われたからである。確かに自然的世界概念の認識においては，対象が客観化され，個別的なものが一般化されることよりも，むしろ主観と直観によってその対象の特殊性が強調されている。だが，既に述べたようにカッシーラーの哲学における自然的世界概念と科学世界概念は，それぞれが異なった世界観をもつ概念形式であるにもかかわらず，そこには連続性が認められているために，互いにまったく断絶された領域に属しているのではない。ところが双方の世界概念が区別されるように，それぞれに属する客観化作用もまた異なった機能的本質を有している。彼によるとそこでは同じ客観化の機能であっても，科学的思考に属する客観化からは，一般化または抽象化された「理論」を生み出す人間のみに独自な思考形式が見出される。

ところで，概念と対象との関係にまったく新しい観点を与えたことは，カントの『純粋理性批判』の最も特筆すべき功績である。彼のいわゆる「コペルニクス的転回」によって，彼以前の模写説のような伝統的な認識論が概念に与えていた分析的，または形式的な特質ではなく，むしろ概念に新たに産出的・構成的な生産的機能が措定されたのである。そのため

---

23) Cassirer, op.cit., S. 348.（52頁）

カントにとって概念は，「対象意識の進展のうちで認識が高まっていく究極の，また最高の段階」[*24] となる。したがってそれは，単に外的な対象を精神へと模写することによって映し出すものではなく，むしろ全ての経験の前提となる先験的性質を有するものであって，対象を客観的に捉えるための条件として理解された。カッシーラーのシンボル哲学における概念と対象との関係は，カントが『純粋理性批判』の中で基礎づけた超越論的な認識の構図を継承しつつ，彼が「綜合」(Synthesis)と呼んだものを「客観化」(Objektivierung)として捉えたうえで，それを前論理的な次元と論理的な次元という，二つの異なった客観，つまり「第一の客観」と「より高次の客観」として区分する[*25]。

カッシーラーが言うところの「対象形成の第一段階」(erste Phase der Gegenstandsbildung)，つまり第一の客観とは前論理的思考に属するものであって，それは認識する対象を，直観形式である空間と時間の秩序のもとに，直観的存在（anschauliches Sein）として規定する。この次元においては，全ての直観と概念は密接に結び付けられており，直観独自の空間と時間の秩序に組み込まれることによって認識が成立する。こうした直観における概念作用を指してヘルムホルツは「法則の生き生きとした表象」と呼んだけれども，カッシーラーはこうした前論理段階の客観と，論理的な判断を可能とさせる客観とを区別する。

カッシーラーによれば科学と科学的思考が発達するにつれて，人間はそれまでとは異なった新たな客観化作用を獲得する。それは第一の客観と比べて，「より高次の客観」(Objekte höherer Ordnung)と呼ばれ，彼はそれを次のように叙述する。

> もはや概念は事物の「現実性」に縛り付けられたままではおらず，

---

24) Cassirer, op.cit., S.367.（70頁）
25) カッシーラーが主張するところの「客観化」の機能について，現代の現象学者S.シュトラッサーも，その妥当性を認めて次のように説く。「より包括的な全体へ向かう精神のこの視線をカントと共に，〈綜合〉と呼ぶこともできようが，我々はカッシーラーに従って，むしろ客観化という表現の方をとろう。客観化の媒介によって，個別的なものと普遍的なものとの間の，変化するものと恒常的なものとの間の，私と我々との間の対立は無効にされるのではなくて，橋渡しされるのである」と。S.シュトラッサー『人間科学の理念』徳永恂・加藤精司訳，新曜社，1978年，97頁。

「可能的なもの」(Möglichen)の自由な構成へと高まってゆく。かつて一度も，またどこにも生じたことのないもの——まさしくこうしたものを，概念は考察の範囲に引き込み，それを規範ないし思考上の尺度として打ち立てる。まさしくこの動きこそ，言葉の厳密な意味での「理論」(Theorie)を単なる直観から切り離すものである。理論は，直観の枠を突き抜けることによってはじめて，純粋な理論として完成される。純粋な思考が直観という母胎から解き放たれることがなければ，つまり純粋な思考が原理的に非直観的な本性をもつ形象(Gebilde)にまで発展してゆかなければ，いかなる理論も，殊に自然的出来事についての精密な理論，数学的理論は生まれ得ない。そして，いまや最後の決定的な一歩が踏み出される，——つまり，いまやこれらの形象が「客観的な」存在の真の担い手(eigentliche Träger)になるのである。こうした形象によってのみ，存在の法則性が言い表されるのであるから，いまやこれらの形象は，第一段階の客観に対してより高次の客観と呼ばれるべき新たな種類の客観を構成することになる[*26]。

このようにカッシーラーの哲学においては，自然的世界概念から科学的世界概念への発展的展開から見出されたのと同じように，客観化作用の中にもまた同様の変化が生じると説かれる。概念は認識全体に対してカテゴリーという関係形式を用いて特定の「視点」を与える機能であるが，それは同時に現実の客観化を可能とさせる本質的契機ともなる。カッシーラーによれば概念が客観に関わるのは，概念の客観化作用にとって必然的であり，また不可欠な前提ともなっているからである。しかしながら，先の引用文の中で彼が述べているように，論理的思考と前論理的思考においては，それぞれが用いる客観化作用は異なった性質を備えている。科学的世界概念のうちに生きる人間にとっては，彼が「より高次の客観」と呼ぶ機能によって，現実と直接的に関係している直観の領域から距離が置かれている。この距離のおかげで人間は初めて純粋に主観的な領域から抜け出し，対象を客体化することが可能となるのであって，

---

26) Cassirer, op.cit., S.372-373. (78頁)

そこでは科学的世界概念への展開における契機であった「真理」の問題が同様に問われることになる。すなわち「より高次の客観」においては，外的な認識対象のみを客体化するのではなく，科学的認識および科学的手法自体をも同様に客体化し，問題とするとカッシーラーは主張する。したがって彼の哲学における概念と現実との関係は，人間の思考が科学的世界概念という新たな次元へと踏み出すのと同時に両者の直接的な結びつきが失われ，人間は印象をただ受け入れるだけではなく，むしろ意識が内外へと同時に能動的な作用として向かっていくことによって現実を自身の対象として客観化し，認識するのである。

Ⅲ　言語的記号から科学的記号へ──記号の三区分

1　直観・言語・科学

　我々は本書第2章で言語と神話的思考の関係について考察したが，その際に言語の発達が直観的な世界概念からの転回と極めて密接に関わっていたことが明らかになった。カッシーラーの哲学においては，最も高度に抽象化され，一般化された対象に与えられた「名称」のもとでは，その記号は理念的な領域に属しているために，当該の個別的な対象から分離可能なものとして理解された。それゆえこの「理念的領域」(ideeles Gebiet) と「分離可能性」(Ablösbarkeit) とが言語的名称のもつ二つの本性的特徴であると彼は主張する[*27]。こうして言語は，物理的な作用としてではなく，理念化の作用として捉えられ，直観対象からは区別され得るものと説かれたが，人間が用いる記号の発達がここで停止したりすることはない。つまり，直観的思考から言語的思考への展開から見出されるのと同様の展開が新たな思考形式への展開においても求められるのである。カッシーラーによれば言語的概念と科学的概念とは，それぞれ

---

27)　この点について彼は次のように論じる。「人間の言語が使う〈名前〉は，もはやそれが指示する事象の一部ではない。名前は事象の実在的属性や〈偶有性〉(Akzidentien) として事象に付着しているわけではなく，自立的な，純粋に理念的領域に属しているのである。素材サンプルから真の記号への一歩が踏み出され，かつ記号がその記号として働いている当の物から原理的に分離可能であるというこの二つの契機がまとまってはじめて，人間言語の特殊性とその特有の意味や価値が生じてくる」と。Cassirer, op.cit., S. 388.（102頁）

が原理的に異なった「シンボル形式」に属している[*28]。したがって彼は，それぞれ直観・言語・科学に属する記号もまた異なった性質のものとして，それらを三段階に区分する。本節ではそれぞれの思考形式が用いる「記号」を比較考察することによって，彼が言うところの科学的な概念記号（Begriffszeichen）の意味を明らかにしたい。

2 言語的記号

ヴィルヘルム・フォン・フンボルトは言語とは，世界を見渡すための「乗り物」であると言ったが，その際に彼が強調していることは，言語の力動性である。こうしたフンボルトの言葉を受けてカッシーラーは，次のように言う。「言語が思考の力強く不可欠な〈乗り物〉（Vehikel）――いわば思考を己自身のたゆみない運動の圏域に受け入れ，それを引っ張ってゆく弾み車（Schwungrad）」[*29]であると。そのためカッシーラーの哲学における言語は，首尾一貫してその力動性が強調される。言語はそれ自体が具象的であったり，または実体的に存在したりするものではなく，むしろそれは実際の「文」や「語り」の中での連関によって，初めて特定の意味を担うと彼は言う。

ところで，自然的シンボル機能の考察において見出されたことは，直観的な認識の領域においてでさえも既に，現前する対象は精神の再現前化の機能によって構成されているということであった。そのため直観や感覚による知覚の中にも，概念形式による関与が見出される。しかしながらこの次元における認識では，精神そのものが依然として直観的な印象と深く浸透し合っているがゆえに，精神の表象作用自体もまた，それらの印象から分離することはできない。先に述べたようにカッシーラーが主張するところによれば，こうした対象と表象とを分離させるのが「言語」の本性的特質の一つであって，とりわけ分節言語の獲得と共に，概

---

28) カッシーラーは『人間』において，このような言語と科学との相違を，言語と「数」を対比させて次のように主張する。「我々が認めねばならないことは，〈数〉が人間の認識の基本的機能の一つであり，偉大な客観化過程における必然的な一歩だったことである。この過程は言語から始まるが，科学において全く新しい形態をとる。なぜならば，数のシンボルは言語のシンボルと全く異なった論理的型式（logical type）のものだからである」と。Cassirer, *An Essay on Man*, Yale University Press, New Heaven, 1944, p.211.（446頁）

29) Cassirer, op.cit., S. 386.（98頁）

念形式は直観印象から区別され，感性的な質料に依存することのない，「理念的な」領域へ到達する。ここでカッシーラーが言うところの言語は，決して観念を外側から規定するような単なる思考の鋳型ではない。そこでは表象と内容が密接に結びつき，恒常的な性格を備えていないような不安定な直観的心象を，ただ特殊な対象としてだけではなく，むしろ特殊でありながらも一般的な対象として捉えることができるような，新たな認識形式を創りだす。カッシーラーはこうした言語の特性を次のような比喩的表現によって強調する。「言語はあらかじめ決められた河底を静かに流れ下るのではなく，至るところでその河底を繰り返し掘り返さねばならない，──言語とは，常に高められた新たな形態を己のうちから生みだしてゆく，生き生きとした流れ（lebendige ströme）そのものなのである」[30] と。

しかしながら言語は，感性的直観が関わっている領域から完全に脱却しきっているわけではない。先の自然的世界概念と科学的世界概念との比較においても，その相違性は認めつつも，同時に連続性をも認めるという，カッシーラー独自の緩やかな二元論がここでも同様に繰り返される。彼によれば言語は理念的な領域に属し，認識の対象と直接的に関わる次元とは異なる次元に達してはいるものの，そこには断絶は認められない。こうした言語と直観の関係をカッシーラーは次のように主張する。

　記号がここで提示された新たな課題を果たすためには，記号は言語の領域において，そうしたよりも遥かに厳しく，また強力に直観的な現実存在の圏域から身を引き離す必要がある。言語の語もまた，この圏域を超えて己を高めなければならなかったが，しかしそれは，やはりいつもこの圏域に立ち戻っていた。語は，「指示する」（Hinweisen）という純粋な機能にその力を発揮するが，しかしその際，その指示が関わる対象を，結局は何らかの仕方で直接現前化させようと努力しつづけるのである[31]。

このように，分節された言語においてでさえも，それはまったく客観

---

30) Cassirer, op.cit., S. 393.（109頁）
31) Cassirer, op.cit., S. 394.（112頁）

の世界のみに属しているわけではなく，常に再び具象的な対象へと向かう傾向を保持し続けている。というのも，言語が実際に用いられる対話においては，それが純粋に非感性的な対象を表象するとしても，そこでは常に「語る主体」の側からのみ語ることが可能であるから。カッシーラーは対話におけるこうした「主体」の中には，常に何らかの個別的な形式が存在するために，主体と客体との間における二重性を認める。

だが上述のような言語における主体的な個別性，すなわち主観性は，言語の地位を貶めるものではない。なぜなら実際の言葉から全ての感性的な要素が取り除かれているとするならば，それは言語の生命自体が奪われていることに他ならないからである。後述する心身の問題においてカッシーラーが主張した「能産的形式」(forma formans) の働きは，まさにそうした「語る主体」における直観や感覚的な要素から構成されているのであって，言語が言語として作用するための不可欠な要素なのである[*32]。

3　言語形式から科学的概念形式への展開——言語と科学の連続性

(1)　概念記号の特質　これまで考察してきたように，言語は決して客観的な領域のみに属してはいない。それはむしろ感性的な要素を取り入れることによって，いっそう豊かな創造の可能性を残している。しかしながら人間が用いる記号の発達は，さらにその客観的な普遍性を獲得するために，最後の一歩を踏み出す。カッシーラーはこうした記号の

---

32)　言語と感性的要素との関わりについてカッシーラーは，次のように言う。「生き生きとした談話においては，単に特定の事態が指し示されているだけではなく，そこには，この事態に対する主体の立場も刻みこまれているのである。〈文というメロディ〉(Satzmelodie) の無数の極めて微妙なニュアンス，強勢のアクセントの移動，テンポやリズム，その変調や余韻のうちに，語られていることの内容への自我の関与が表現されている。談話からこうした〈感情的な色合い〉(Gehühlstons) を取り除こうとすることは，談話の鼓動，脈動，呼吸を停めることを意味する」と。Cassirer, op.cit., S. 395-396.（114 頁）

言語を用いて行われる全ての談話は，「語られた」言葉だけによって成立するわけではないし，そこには常に何らかの「含意」が存在する。そのため語る主体と語られる主体との間には，そうした含意されている内容を，何らかの個別的な形式を用いて解釈しなければならない。したがってカッシーラーは，決して言語を単なる静的な行為として捉えることはなく，そこには常に動的な関係が成立しなければならないと言う。ここで彼が主体と客体の二重性，または両義性と述べているものは，そのような動的な行為の二重性という意味で理解することができよう。

最終的な形態を，理論科学の純粋な「概念記号」と呼ぶ。そこでの記号は，直観や感覚とは無縁な，関係記号または秩序記号となる。この新たな科学的な概念形式に特有な記号についてカッシーラーは次のように説く。

> そこでは記号の使い方が，制限を課してくるいっさいの感性的諸条件から解き放たれるのである。「脱素材化」（Entstofflichung）の過程も，「分離」の過程も共に前進してゆく。つまり，記号が物の領域からいわば身をもぎ離し，純粋な関係記号，秩序記号になるのである。いまや記号が直接「表象」させ，その直観的輪郭をいわば精神の眼前に呈示しようとするのは，もはや個々の形象ではない。記号のねらいは，むしろある一般者をつくり出すこと，つまり個別的事例のうちに現れてはくるが，けっしてそれには汲み尽くされえない形式規定や構造規定をつくり出すことにある[*33]。

カッシーラーが「概念記号」と呼ぶ言語の領域を超えた純粋に客観的な記号は，言語とは異なり，人間に対して外的に与えられる感性的な要素から成立しているものではない。そこでは一切の表情的な価値は存在せず，「語る主体」による個別性も存在しない。そのためカッシーラーは，言語的記号と概念的記号とは，それぞれ異なった「シンボル形式」に属していると言う[*34]。このようなカッシーラーが言う「概念記号」は，その特性として次の二つの要求を満たしていなければならない。すなわち，第一の要求は絶対的な「一義性」（Identität）であり，そして第二の要求は記号体系を基礎づけている「規定へと向かう性向」（Tendenz auf eine Bestimmung）である[*35]。

① 第一の要求──「一義性」 言語の領域に属する記号は，それがも

---

33) Cassirer, op.cit., S.389.（104 頁）
34) 言語的記号と概念的記号の差異について，カッシーラーはさらに次のように論じる。「純粋な〈概念記号〉（Begriffszeichen）が言語の語から区別されるのは，まさしくこれらの概念記号には，もはやいかなる直観的な〈含意〉（Nebensinn）も付着していないということ，──これらの概念記号は，もはやいかなる感性的色調も〈彩色〉（Kolorit）も帯びていないということによる。それは「表現」（Ausdruck）の手段から，また直観的〈表示〉（Darstellung）の手段から，純粋な意味の担い手になったのである」と。Cassirer, op.cit., S. 395（113 頁）．
35) Cassirer, op.cit., S.393-394.（110-111 頁）参照。

つ意味に「ゆとり」（Spielraum）が与えられている。それらは常に確定された唯一の意味で用いられるのではなく，むしろそれが使われる状況に応じてまったく異なった意味となり得る。しかしながら概念記号では，まず初めにその記号の一義性が求められる。そこでは同じ内容に対しては，必ず同じ記号がそれに対応しなければならない。こうした意味においては，概念記号は言語よりもいっそう明確で，恒常的な意味の体系の中に基礎づけられている。そしてそれらが第一の要求を満たすためには，続く第二の要求が同時に生じてくる。

　②　第二の要求──「規定へと向かう性向」　カッシーラーが主張する第一の要求，すなわち「一義性」の要求を満たすためには，それが属する体系の中で，他の記号との間で一定の法則に従った規定が与えられなければならない。そのため概念記号はそうした法則体系へと「自ら向かう性向」がなければならないと彼は言う。したがってそれらは，他の記号と隔絶した個別的な記号であることはなく，それが属する体系を支配している法則によって，ある記号から必然的に他の記号が「導出可能」（ableitbar）な秩序を構成する。こうした記号の意味における相互依存関係について彼は次のように説く。

　　その概念に帰属させられるすべての「真理」は，思考内容および思考定立の総体との連関でおこなわれる恒常的で一貫したこの検証に拘束されている。概念に対するこの要求から，概念記号に対しても，一つの自己完結的な体系をなしていなければならないという要求が生じてくる。個々の思考内容に個々の任意の記号が割り当てられるだけでは不十分であり，すべての思考内容が一つの確固たる秩序に組み込まれ，その結果，記号の総体が一つの規則に従って分節されるようにならなければならないのだ。ある思考内容が他の思考内容によって制約され，ある思考内容が他の思考内容のうちに「おのれの基礎を置く」ように，ある記号もまた他の記号のうちに基礎を置く。つまりは，ある特定の構成法則に従って他の記号から導出可能でなければならない[*36]。

36）　Cassirer, op.cit., S.393-394.（110-111 頁）

III 言語的記号から科学的記号へ

このような概念的記号の特徴は，カッシーラーによると個々の概念に含まれる本性的な機能であり，それらは個として並置されたかたちで留まるのではなく，常に「概念の共同体」(Gemeinschaft der Begriffe) を形成する方向へと向かっていく。こうして概念記号は言語記号とは異なり，「一義性」と「法則体系」によって厳格な秩序を構成する。

(2) **言語的記号と科学的記号の連続性**　これまでの考察で我々は，概念的記号を言語的記号と比較しながらカッシーラーが主張するそれらの諸特徴を考察してきた。そのため一見すると言語的記号と概念的記号との間は，まったく架橋することができない深淵によって隔てられているかのように思われる。しかしながらカッシーラーは直観と言語との間に連続性を見出したのと同様に，言語の形成過程において絶えず機能している「ロゴス」の作用によって，これらの異なった記号の間にも連続した特質を見出す。

直観的な世界から言語的概念の世界への展開は，精神の発達にともなって，それが外的世界だけへと向けられていたものが，内的に，すなわち精神自身へと向けられることによって特徴づけられる。そのためこの直観から言語への発展的展開のうちにも，言語が目指す最終的な目標，すなわち純粋な客観への志向が含まれている。言語の命名機能は既に，個別的な対象を概念として捉える機能がなければ不可能であるし，そこでは既に「多における一」が実現している。しかし，そこでは上述のように依然として感覚的な領域に根を張っているために，一つの完全な体系というよりはむしろ，与えられる多様な印象をまとめあげる中心点を示しているに過ぎない。そのため言語の概念では，互いの記号法が矛盾し合うということは稀ではないし，概念記号のように一方から他方が必然的に導出されるといった事態でもない。こうした言語の欠陥(Mangel)は，新たな体系を構築すること，また感覚的な要素を排除することによって克服されていく。そのため概念的記号においては，神話的思考や言語的思考は絶滅 (Austilgung) するとカッシーラーは説くが，彼によればこの絶滅は，言語的世界からの断絶を意味しているのではなく，必然的な精神的発達の一つの過程に過ぎない[*37]。このような言語的概念と科学的概念の関係について彼は次のように論じる。

というのも，まさしく言語の発端において働いていることが示された「脱素材化」と「分離」の過程が，ここで新たな段階で回帰し，いまや弁証法的な尖鋭化，過激化，累乗化をこうむるからである。むろん科学的概念と言語的概念はある深淵で隔てられているように見える，——だが，よく見るとこの深淵は，思考が言語的思考になる前にすでに一度飛び越えねばならなかったのと同じ裂け目なのである[*38]。

こうした言語的記号の領域から，新たに数学的記号のような純粋に理論的な科学的概念への展開は，生き生きとした精神の創造的な機能を停止させるように思われるが，精神は科学的概念の獲得と共に，「概念の共同体」の構築へと向かう。したがって言語的な領域においては不可能であった直観との分離は，概念的記号によってはじめて達せられるのであって，そのため直観から言語へ，また言語から科学へという展開は，それらのすべてが最終的な目標へと向かう連続した精神の発達過程であるとカッシーラーは主張する[*39]。

　(3)　数の問題——その機能と起源　　上述のような言語的記号から概念記号への展開を，もっとも明瞭に示すのが「数」である。数の形式は，

---

　37)　カッシーラーは『人間』においても言語と科学の連続性を一貫して主張し，次のように述べている。「この点において，言語と科学の間には，少しも連続の断絶はないであろう。我々の言語学的名称および最初の科学的名称は，同一の分類本能（classifying instinct）の結果であり，これに由来するものと見なすことができる。言語で無意識的に行われたことが，科学的過程では，意識的に企てられ，組織的に遂行されたのである」と。Cassirer, *An Essay on Man,* Yale University Press, New Heaven, 1944, p.210. （443-444 頁）

　38)　Cassirer, op.cit., S.397.（116 頁）

　39)　言語から概念的記号へという連続した精神の発達過程についてカッシーラーは，印象深い表現を用いて次のように主張する。「思考は，直観という母胎からと同様に，言語という母胎からも分離してゆく。けれども，思考はあらかじめ言語の学校を通過していなかったならば，まさしくこの最後の，そして最高の難事業に成功することはできないであろう」と。Cassirer, op.cit., S.398.（117 頁）

　こうした主張からも明らかなように，純粋に論理的な次元に属している概念的記号も，その起源を辿れば言語，そして直観へと至るのであり，記号の問題もまた，思考と認識との関係から考察される。そしてカッシーラーにとって精神の発達過程は，「シンボル的思考」の発達過程として理解されるために，神話的思考の考察のなかで，それを彼が全てのシンボル形式の原初的形態として記述したことは，ここでもまた同時に証明されている。

III　言語的記号から科学的記号へ

それが純粋に科学的思考の領域において扱われる際には、完全に概念的記号として作用する。しかしながらカッシーラーによると、数概念をいっそう深く考察するならば、その端緒は科学的世界概念ではなく、自然的世界概念の領域に属していたのである。

　たとえば、分節された言語に至る以前には、身振りを用いた言語があったように、「数」には数える行為が先行する。カッシーラーによると、どれほど原始的な言語であろうとも、「一と多」を区別しないような言語は存在しない。すると同時に、「一と多」を区別する行為が存在しなければならない。こうした次元における言語は、「〈思考概念〉(Denkbegriff) としてよりも、むしろ遥かに〈手の概念〉(Handbegriff)」[*40]として機能する。そこで表象される対象は、常に身体による運動と直接的に結びついており、決してその対象自体を超えた意味をもつことはない。だが彼は、こうした原初的な「数える行為」のうちにも、新たに理念的な記号としての「数」へと向かう契機が見出されると説き、次のように主張する。

　　けれども、もっと鋭い分析を加えてみると、こうしたもっとも原始的な数え方のうちにさえも、別の新たな方向を指しているある動機が現れている。というのも、初期の数詞がその言語的形成においてどれほど感性的で「素材的」に見えようとも、やはりそれは、数詞が果たさなければならない機能を損なってはいないからである。──当該数詞を口にするとき「思念され」、言語的志向が向かっているのは、手や指そのものではない。むしろ、なにより重要なのは、個々の名詞がその都度ある決まった系列で繰り返されること、この系列そのものは、個々の名辞がつねに同じ順序で再現してくるように、しっかりと記憶されていなければならないということである[*41]。

　こうして端緒の数詞においても一定の順序が与えられており、それが何度も繰り返されるうちに、次第に常に同一の順序によって表象される

---

40)　Cassirer, op.cit., S.399.（119 頁）
41)　Cassirer, op.cit., S.399-400.（120 頁）

ようになる。するとそれまでは，感覚や感性的な次元につなぎ止められていた数詞に「脱素材化」が生じ，それまでは「物の記号」であったものが，「位置の記号」へと変化すると彼は言う。しかしそれでもなお，自然科学において用いられる概念記号となるためには多くの時間を要するが，それらは次第に感性的な対象と結びついたままでいるのではなく，対象を数える「指標」となる。こうした意味において，それらのうちでは数詞が互いに秩序を構成する契機が含まれていると彼は言う。

　数が概念記号として用いられるためには，それまで言語的な数詞を制限していた諸々の条件から開放されなければならない。先に述べたように，言語は依然として感性的な素材に根を張っており，常に直観的な対象へと向かう可能性を保持し続けている。しかし概念的記号においては，全てのこうした制限は取り除かれなければならない。そのため数概念は普遍妥当的な原理に従って，数独自の共同体へと組み込まれなければならない。そこは実際の事物の世界ではなく，理念の世界であり，「数」そのものが独自の権利をもって機能する。そしてそれは言語的な数詞からや，数える行為から展開したものであるにもかかわらず，原理的には言語とは異なる機能をもつ「シンボル形式」として人間の思考に新たな形式を与えているのである[*42]。

おわりに

　これまで主にカッシーラーが『シンボル形式の哲学』第三巻「認識の現象学」の後半部分で展開した科学的思考について考察してきた。この問題は全三巻からなる『シンボル形式の哲学』において，「言語」や「神

---

42) 言語的数詞と科学的記号の数との差異について彼は次のように記述する。「数は最初のうち自立的な意味も純粋に〈客観的な〉意味ももってはおらず，ただ数えられるもののもとでしか現れることはできないし，数えられるもののもつ特殊性や個別的特性をすべて背負いこまされている。――したがって，対象の種類が異なるのに応じて異なった数詞が使われなければならない。人と物，生物と無生物，平たい物と長い物と丸い物が，その表示のためにそれぞれ固有の数詞を要求するのである。だが，数学的な数概念は，こうした関わりやしがらみの全てから開放されているという，まさにそのことによって言語の数詞とは区別される」と。Cassirer, op.cit., S.401.（122頁）

話的思考」とは異なり，独立した主題として扱われているわけではない。しかしながら彼自身が第一巻の「はしがき」で述べているように，彼にとって「認識論」は，同時に「科学的思考の形式論」(Formenlehre des wissenschaftlichen Denkens) を意味している[43]。したがって言語や神話的思考と並んで「科学的思考」もまた，文化を形成する人間にとって極めて重要な「シンボル形式」であって，彼の探求主題の一つである。そのため本章では，彼の叙述に即して，他のシンボル形式との対比的な考察を行った。というのは，科学的思考は神話的思考の対極を成すシンボル形式として扱われている場合が多く，科学的思考の側から見た考察もまた，彼が意図するところのものを正しく理解するうえで必要だと思われたからである[44]。

「科学的思考」について最も特徴的な彼の理解は，それが直観や言語とは異なった領域に属しているにもかかわらず，それらは互いに断絶しているのではないという律動的な二元論を展開していることである。そのため精神の発達が科学的世界概念に至る可能性は，既に自然的世界概念の中から見出される。換言すれば，人間が人間として存在したその瞬間から，他の全ての動物と異なる，人間独自の素質が与えられているのである。こうした理解は，カッシーラーが言うところの「自然的〔本性的〕シンボル機能」(natürliche Symbolik) の次元においても，既に精神の機能が作用しているという認識論的前提から展開するのであって，彼に

---

43) Cassirer, *Philosophie der symbolischen Formen*, erster Teil, Wissenschaftliche Buchgesellschaft, 1977, vi.（『シンボル形式の哲学』第一巻「言語」，生松敬三・木田元訳，岩波文庫，1989年，10頁）参照．

44) たとえばスキデルスキーが著したカッシーラー哲学の研究書では，神話と科学とを対比させて次のように述べられている。「『シンボル形式の哲学』第三巻において，カッシーラーは新たな弁証法――すなわち実践理性に対立するものとしての理論的弁証法を提示している。神話から出発して，彼はここでは宗教ではなく言語と科学をとりあげる。カッシーラーが第三巻において与えた他の刷新は，「主観性」の分析をもって「客観性」を補ったことである」と．Edward Skidelsky, *Ernst Cassirer —The Last Philosopher of Culture—*, Princeton University Press, Princeton and Oxford, 2008, p.115.

ここで彼が指摘しているように，カッシーラーの科学的思考または客観性の考察においては，それらは常に自然的シンボル機能という主観または直観の領域との関係から理解される。そのため第三巻がもつ意義は，人間を主観または客観というどちらか一方だけの視点から人間を捉えるのではなく，それら両者の深淵が架橋された世界に生きる存在として理解される。このような方法は，二つの事柄を対立させながらも宥和させるというカッシーラー独特の二元論である。

とって人間の精神諸力は，連続した発達段階を辿るものとして説かれる。彼にとっての科学的思考は一つの独立した「シンボル形式」であるために，それもまた一つの概念的な認識形式として理解されなければならない。本章の最初に述べたように，科学または科学的思考は，人間の精神的発達の最終段階であり，科学的世界概念のうちに生きる人間にとっては，絶対的な認識形式として作用する。このように直観形式としての神話的思考から，言語的概念へと展開し，さらには科学的世界概念へという展開は，精神的な発達を文化的な発達と並行的に捉えるカッシーラー独自の理解である。そのため彼は科学的思考を，単に対象を分析するだけの能力としてではなく，人間の文化を創造する精神の能動的な機能として捉えたのである。このような理解は常に精神の機能的測面を考察対象とするカッシーラー独特のものであり，科学をいわば所与の事物であるかのように捉える現代の人間にとっては，意義深い洞察が与えられると言えよう。

第5章
心身論とシンボル機能
──『〈精神〉と〈生命〉』と題する二論文の考察──

はじめに──二つの『〈精神〉と〈生命〉』

　数あるカッシーラーの論文や著作の中で，『〈精神〉と〈生命〉』と題され，彼の哲学を現代の哲学的人間学との関連において考察する上で重要だと思われる論文が二つ存在する。一方は，彼が『シンボル形式の哲学』第三巻「認識の現象学」のはしがきで述べているように，当初の計画ではその結論部分として用意された[*1]。そこにおいて彼は，現代哲学，とりわけ「生の哲学」に対する「シンボル形式の哲学」の立脚点の表明と，現代の哲学における根本問題としての心身の問題から，彼のシンボル哲学そのものの基礎づけを行う予定であった。しかし彼は，二つの理由によって，それを断念せざるを得なかった。

　第一の理由は第三巻の著述が膨大になり過ぎたことである。カッシーラー自身が述べているように，第三巻で書かれた頁数は，第一巻および第二巻と比べて二倍にも達し，結論部分として用意された百頁を超える原稿を加えることは困難であると判断された[*2]。そして第二の理由は，

---

1) この論文は二つの章から構成されており，第一章が「〈精神〉と〈生命〉」，第二章は「哲学的人間学の根本問題としてのシンボルの問題」とされている。そのため，ここで言及している論文は，結論部分の第一章を指している。

2) 『シンボル形式の哲学』第一巻「言語」(*Philosophie der symbolischen Formen*, erster Teil, *Die Sprache*, 1923) は 300 頁であり，第二巻「神話的思考」(zweiter Teil, *Das mythische Denken*, 1925) は 336 頁であった。それに対して第三巻「認識の現象学」(Dritter Teil, *Phänomenologie der Erkenntnis*, 1929) は，本来加えられるはずであった結論部分を除いても

第三巻の本論において，中心的に扱われた認識の問題とは異なった道筋を辿る議論を加えることは，第三巻の構成として有益ではないと思われたことである[*3]。しかしながらカッシーラー自身は，「シンボル形式の哲学」の体系にとって，人間の「精神」と「生命」の問題が必要不可欠なものであると主張する。そこで彼は結論部分で扱われるはずであった心身の問題について，次のように述べている。

> 私はこうした議論そのものを放棄するつもりはない。というのも，私には自身の思想をいわば真空のうちに置き，それと学的哲学の営為全体との関係や結びつきを問おうとしないような，今日またもやしきりに愛好されている慣わしは，決して有益だとも生産的だとも思われないからである。こうして，当初本巻を締めくくるはずであった批判的な最終章は，将来別に出版するために留めおかれた。まもなくこれを『〈精神〉と〈生命〉——現代哲学批判』という表題のもとに発表したいと思っている[*4]。

しかしながらこの原稿は，彼が生きている間に出版されることはなく，遺稿として『シンボル形式の哲学』第四巻の計画のうちに発見された[*5]。この遺稿は『〈精神〉と〈生命〉』と題されており，冒頭部には，本来は第三巻の結論として書かれたことを窺わせる文言が残されてい

560頁もの分量であった。

3) この点についてクロイスは，『シンボル形式の哲学』第四巻の英訳書の訳者序論において次のように述べている。「〈結論部分〉はカッシーラーの哲学が，いかに形而上学の最も新しい形態としての〈生の哲学〉へと関係するのかが示されるはずであった。それゆえに，ここでの主題は確かに第三巻〈認識の現象学〉を遥かに超えていた」と。Cassirer, *The Philosophy of Symbolic Forms*, vol.4: *The Metaphisics of Symbolic Forms*, Ed., by John Michael Krois and Donald Phillip Verene, Trans., by John Michael Krois, xi

4) Cassirer, *Philosophie der symbolischen Formen*, dritter Teil, Wissenschaftliche Buchgesellschaft, 1977, IX．(『シンボル形式の哲学』第三巻「認識の現象学」(上)，木田元・村岡晋一訳，岩波文庫，1994年，13頁)

5) カッシーラーが生前に出版した『シンボル形式の哲学』は全三巻であり，ここで言うところの第四巻は，彼自身によって完成させられることなく，遺稿として発見された。そこでは上述のように，現代の「生の哲学」に対する批判と，それとの関係における自身の思想の位置づけが行われるはずであった。しかし1933年のナチス政権樹立の後，亡命を余儀なくされたカッシーラーがこの計画を遂行することは叶わなかった。

る*6。そこではジンメルの議論を中心に,現代の「生の哲学」を批判的に検討することによって,彼自身の立場が述べられた。

カッシーラーによるもう一方の心身論は,『現代哲学における〈精神〉と〈生命〉』と題されている。この論文は有名な1929年にスイスで行われたゼミナールにおけるハイデガーとの討論,いわゆる「ダヴォス討論」でのカッシーラーの講演録である。それは初めに『シェーラーの哲学における精神と生命』という題で,小さな新聞にその要旨が掲載され,翌年の1930年に『現代哲学における〈精神〉と〈生命〉』として発表された。

当時のドイツでは,1928年に出版されたシェーラーの『宇宙における人間の地位』によって提起された問題によって,人間学が哲学の中で中心的な問題の一つとなっていた。そこでカッシーラーはこの論文において,シェーラーが意図するところのものを十分に尊重しつつ,それが含んでいる不完全さを補うことによって,新たにカッシーラー自身の哲学的人間学の立場を示した。それゆえに1928年に用意された第三巻の結論部分よりも,この論文ではシェーラーの問題提起を受けて,いっそう深化され,実り多い議論がなされた。こうした意味においても,この論文がカッシーラーの心身論を理解する上では,極めて重要な資料となると思われる。

本書では便宜上それぞれの論文の混同を避けるために,以下1928年に書かれた『シンボル形式の哲学』第三巻の結論部分,『〈精神〉と〈生命〉』を「第一論文」と,そして1930年に発表された『現代哲学における〈精神〉と〈生命〉』を「第二論文」と呼ぶこととしたい。両論文におけるカッシーラーの「精神」と「生命」に関する主張は一貫してはいるものの,そこでは異なる道筋を辿る議論がなされている。さらには第一論文が書かれた後にシェーラーの『宇宙における人間の地位』が発表され,先に引用したカッシーラー自身が第三巻の冒頭で述べた心身論の構想の

---

6) この論文の冒頭部では,次のように語られている。「我々の長きにわたる探求の道程の最後に,これまでに見てきた,それぞれ異なった次元における多くの側面を比較し,そしてそれらを統一するために振り返ってみると,そうした統合の試みでさえも,我々の探求それ自体の問題と方法から生じる一つの困難に直面する」と。Cassirer, *Zur Metaphysik der symbolischen Formen, in, Nachgelassene Manuskripte und Texte*, Band1, Herausgegeben von, John, Michael Krois und Oswald Schwemmer, Meiner Felix Verlag Gmbh, 1995, S.3.

中に，シェーラーの人間学は含まれてはいなかった。その後シェーラーの著作からカッシーラーが何らかの影響を受け，自身の人間学をいっそう発展させたであろうことは明らかである。そうとはいうものの，第一論文において展開された優れた議論が，全てそのままの形で第二論文へと受け継がれているわけではない。そのため本章では，両論文で主張されている思想を順に検討することによってカッシーラーが真に意図したと思われる心身論の解明を試みたい。

I　第一論文における「精神」と「生命」

1　ジンメルの「生の哲学」とカッシーラーの立脚点

　現代の形而上学において，「精神」と「生命」の問題はその中心問題の一つであった。それはあまりにも決定的な影響力をもっていたために，従来の形而上学的な対立問題，たとえば「存在」と「生成」，「単」と「複」，「質量」と「形式」，「魂」と「身体」などをすべて取り入れた上で，一つの統一的な主題へと収斂させるように導かれた。こうした事態に際して，「精神」と「生命」の関係を鮮明化し，単に意識の問題であったものを思考の問題へと発展させたのはジンメルであった。ジンメルは『生命の超越的特質』(1918年)において，人間の精神が生命から生じたと主張した。彼によると精神自体とその機能である思考「形式」は，生命が自身の目的のために生じさせたものであり，その後に生命はその目的を達成するために精神または形式に対して服従するようになる。彼はこうした精神と生命の律動的な展開を「観念への転換」(Wendung zur Idee)と呼んだ。そこでは生命が軸となり，観念を異なる方向へと設定する機能が見出される。このような観念の方向転換が生じた後になってのみ，初めのうちは生命に対しては受動的であるように思われた精神的形式が，能動的な力をもちはじめる。こうして初めてそれらは純粋に生命的な本能または衝動に従うだけの存在であることをやめ，むしろそれらを支配する力となって作用することが可能となる。

　しかしながらカッシーラーは第一論文において，ジンメルが採用したような，生命と精神とを実体的に対立するものとして捉え，一方から他

方へと超越することによって，新たな次元に至るといった考えを否定する。カッシーラーによると，ジンメルの主張は生命が観念または精神へと達する際には，生命自身に与えられている現実を超えていかなければならない。しかし，ジンメルによるこうした新たな洞察においてさえ，超越論的な問題の中に「空間的な」推論が混入されている。たとえば「此方にあるもの」(Diesseits)と「彼方にあるもの」(Jenseits)，および「それ自身に留まるもの」(In-Sich-Bleiben)と，「それ自身を超えていくもの」(Über-Sich-Hinausgehen)，さらに生命の「内在的」様相と「外在化」など，これらの対立は全て相反するものによって再び確かなものとされるにもかかわらず，単独でもその文字通りの意味において理解され得る。それと同じように，「生命」と「形式」とは，現実の人間における二つの異なった領域であり，一方でこれらは全く調和することなく対立している両極であるにもかかわらず，他方では両者間の溝は，全く隙間なく閉じられている。ジンメルはこうした事物の見方から生じる絶対的な矛盾を，「観念の無力さ」によるものと断じた。そのためジンメルにとって「精神」または「形式」とは，それぞれが一つの抽象概念であり，確定した生命過程への対立者として理解された。こうした点においては，純粋に超越論的な対立であったはずのものが，空間的な対立であるかのように記述されたのである。

　そのためカッシーラーはこのようなジンメルの主張が，特定の思考様式，または特定の空間的思考においてのみ妥当するのではなかろうかと疑念をいだく[7]。そこで彼は，「シンボル形式の哲学」の体系において「精神」と「生命」との対立を，両者によって形成される機能的連関という新たな観点から明らかにする。この点について彼は次のように主張する。

　　我々は単に生命の「直接性」(unmittelbarkeit)と，確定された対立極としての思考および知的意識の「間接性」(mittelbarkeit)一般と

---

7) この点についてカッシーラーは次のように主張する。「これは本当に一般的な思考の限界であるのか，むしろ特定の思考形態によって設定された限界に過ぎないのではないだろうか。その矛盾は論理的カテゴリーそのものに妥当するものであるのか，もしくはそれは何か特定の空間的，または空間化の思考における形態のみに妥当するものではないのだろうか」と。Cassirer, op. cit., S.13.

を対比させるのではない。むしろ我々は、両者における媒介過程が、言語、神話、認識において生じるものとしてのみ評価し得るのである[*8]。

　精神と生命は、それぞれが自身の内に初めから対立しながらも合致するという矛盾の要素を含んでおり、どれほど深くそれら自体を分析しようとも、二元論的にそれぞれを完全に独立した二つの主体または実体として捉えることはできない。というのもカッシーラーによれば、完全に生命のない形式は存在しないし、また完全に形式のない生命も存在しないからである。それゆえ彼の心身論においては、精神と生命との対立は、生命や精神それ自体を対象として、それぞれが独立した「実在」として把握されるのではなく、むしろそれらが働く機能的な作用から考察される。

2　協働する「形式」と「生命」

　カッシーラーの心身論では、「精神」と「生命」の対立は、さらに包括的に「形式」と「生命」の対立として立てられ、文化を生み出す人間の根源的な創造性との関わりから、それら相互間における「相関」(Korrelation) と「協働」(Ko-Operation) の機能から本質が明らかにされる[*9]。上述のようにカッシーラーは、精神と生命とを二つの完全に独立しながら対立しあうものとしてではなく、それを「人間が生成の過程において規定する二つの側面（twei Accente）」[*10] であると主張する。

　このような事態が最も明瞭に現れているものは言語である。一見すると言語形式は、生命としての発話衝動を抑制し、束縛する対立者であるかのように思われる。しかしこうした外的な二元性も、カッシーラーによるとフンボルトが言ったように、言語をエルゴン（所産）としてではなくエネルゲイア（能産）として捉えるならば解消される。フンボルト

---

8) Cassirer, op. cit., S.13.

9) ここで言うところの根源的な創造性とは、カント的な超越論的主観性ではなく、意識の内だけに留まらず、シンボル形式によって文化を生み出す、人間の創造的主観性の作用を指している。

10) Cassirer, op. cit., S.15.

I　第一論文における「精神」と「生命」

は言語とは，その行使の外に存在するものではなく，絶えず繰り返される形成作用であると主張した。カッシーラーはフンボルトの定義に従って，言語の行使すなわち発話行為について次のように主張する。

　発話行為とは決して単なる取得行為（Aneignung）ではなく，むしろ小規模でありながらも，それはある創造的行為（schöpferischer Akt），すなわち刻印（Prägung）と再刻印（Umprägung）の行為なのである。——形式は明らかにそのような足かせ（Hemmschuh）ではない。むしろそれは，常に用意されている器官（Organ）なのである[11]。

このようにカッシーラーは形式と生命との対立が，存在の問題として扱われるならば，決して架橋することができない深淵のように思われるが，一度それを純粋に機能的な対立として捉えられるならば，この深淵は橋渡しされると主張する。たしかに生命としての発話衝動は，それ自体では単に空気中へと吐き出される吐息のように瞬間的であって，一切の恒常性を備えてはいない。こうした衝動は，形式と出会うことによって初めて持続性と恒常性を備えた「言語」として機能するようになる。しかしこのような生命と形式との出会いは，生命が形式の中へと埋没することを意味しているのではない。というのも，カッシーラーによると，そうした生命の個別性が強くなるのに応じて，形式に対する志向性・方向性・力動性・そして律動性として言語自体に影響しはじめるからである。そのため言語をフンボルトが主張したように，所産としてではなく，能産として，すなわち創造的な主観性としての「形式」を捉えることができる。したがってカッシーラーの心身論においては，「精神」と「生命」または「形式」と「生命」とは，それぞれが異なる機能を備えたものであっても，完全に対立しあうのではなく，そこには「相関」（Korrelation）と「協働」（Ko-Operation）の作用が見出されると説かれた[12]。

　11）Cassirer, op. cit., S.15.
　12）この点についてカッシーラーは次のように力説する。「我々が自身を形成とその力動性の具体的な過程の中心に据えるならば，または我々が二つの様相における対立を，〈存在〉の対立としてではなく，純粋な〈機能〉の対立として捉えるならば，この深淵は集束す

3 能産的形式と所産的形式

こうして「生命」に対する不可分の協働者として捉えられた「形式」は，さらにカッシーラーの第一論文において，極めて重要な区分が立てられる。これはスピノザがその形而上学において使用したことから周知のものとされるものであって，スコラ主義形而上学の「所産的自然」(natura naturata) と「能産的自然」(natura naturans) との区別と同様に，シンボル形式の哲学は「能産的形式」(forma formans) と「所産的形式」(forma formata) とを区別しなければならないと主張する。ここで彼は，ジンメルが主張したように，精神または形式を生命とは隔絶した領域に属するものとして理解するのではなく，精神や文化の発達過程に着目する。上述の発話と言語形式の例からも明らかなように，生命はそれ自身の固有な力だけによって自己を維持することはできない。そのため生命は能産的形式として，そこから所産的形式へと昇華されなければならない。しかしこの場合，それは再び能産的形式として現れるために，その本来的な生命を保持し続ける。こうした能産的形式から所産的形式へという運動こそが，精神の発達過程であるとカッシーラーは主張する。ここでもまた，「形式」と「生命」とは此方から彼方へ，そして再び此方へと相互に行き来し，生成する形式によってこそ本質が現れてくる。ジンメルが生命の「観念への転換」と呼んだものとは異なり，カッシーラーの心身論においては，生命が観念へと転換するだけではなく，観念は再び生命へと立ち戻ると主張される。この点について彼は次のように述べている。

> 「観念への転換」を，生命が何か異質で，かけ離れたものへと歩み入るために，自身に別れを告げさせるものとして記述することはできない。むしろ生命とはシンボル形式の媒体によって，自身への帰還として，つまり「それ自身に至る」(zu sich selbst kommt) ものとして理解されなければならない[13]。

る。存在という点から見た時には，真の対立であるかのように思われるものは溶け合いはじめ，そして活動性または知的創造性という点から捉えるならば，それは「相関」(Korrelation) と「協働」(Ko-Operation) となるのである」と。Cassirer, op. cit., S.16.

13) Cassirer, op. cit., S.18.

このようにしてカッシーラーは，能産的形式は所産的形式に至り，さらには再びそれ自身へと帰還するものとして理解する。こうした二つの異なる形式間における移動，すなわち前述のカッシーラーの表現では「相関」と「協働」の作用を，最も強く意識したのは言語の詩的創造力の精神であった。全ての偉大なる創作者や詩人たちは，誰もがここで言われている所産的形式による限界と束縛とを痛感していた。しかしながら，有限な所産的形式の内には無限な能産的形式としての言語の形相力が含まれており，言語表現の豊かさと創造性の力は生命のない作品として埋没することなく，絶えずその内で息づいている。

II　第二論文における「精神」と「生命」

1　シェーラーの『宇宙における人間の地位』の考察

　ルートヴィッヒ・クラーゲスの著作において人間の精神は，神と生命に対する敵対者，または生命を破壊するものとして叙述された。さらにそこでは，精神は知性や判断力と同等のものとして理解され，生命に対する根源的な闘争状態が主張された。精神をこうした地位から解放したのがマックス・シェーラーの『宇宙における人間の地位』であった[*14]。それは精神と生命との関係を，新たに人間学的な構図の下に捉えなおすという，古典的な形而上学からの画期的な展開であった。上述のようにカッシーラーは，シェーラーの問題提起を受けて，第二論文において『宇宙における人間の地位』で述べられた議論を批判的に検討し，独自の人間学的立場を表明した。

　14）　シェーラーはクラーゲスの心身論に対して次のように断言する。「クラーゲスによれば精神は，生およびそれに属する一切のもの，単純で自動的な〈表現〉を伴う一切の心的生に対して，根源的・原理的な闘争状態にある——相互的補完の関係にあるのではない——のである。このような闘争状態において精神は，人間における生の堕落として，さらには生の病状の進行の現象として現れる。——しかしながらここでクラーゲスが〈精神〉と呼ぶところのものは，実は精神ではなくて，複雑な技術的〈知能〉でしかない。——精神と生は相互に秩序づけ合っている。それらを根源的な敵対関係，根源的な闘争状態におくことは，根本的誤謬である」と。マックス・シェーラー『宇宙における人間の地位』（シェーラー著作集13，亀井裕・山本達訳，白水社，1977年）100-102頁。

カッシーラーによれば，そこでのシェーラーの主張は，依然として冒険的な企てであって，個々の短いスケッチが示されただけであった。しかしながらそこには，伝統的な形而上学が根本思想として用いた一元論的な「同一哲学」を断固として拒否し，人間における根源的な二元性を主張したという点において傾聴に値する。そのため必然的にシェーラーの心身論において精神は，生命から進化したものとしては理解されない。むしろ人間の精神は生命の機能や行為から生じたものではなく，始原より独自の異なった領域に属していると彼は主張する。さらに彼にとって精神は，人間を有機的な生命から開放するものであると主張される。シェーラーによると人間は，生命的な衝動や，それに伴う活動を否定することができる者，すなわち現実に存在するものに対して，常に「はい」としか言うことができない動物と比べて，人間は「否と言いうる者」（Neinsagenkönner）または「生命に対する禁欲者」（Asket des Lebens）である。まさにこうした「否」と言いうる精神によって，人間は全ての生命的な衝動や本能によって支配された領域から脱却し，彼は人間独自の地位へと高められる。この点についてシェーラーは次のように説く。

　　そのような〈精神的な〉存在は，もはや衝動や周囲世界に拘束されていないで，それから自由であり，我々が好んで名づけているように，世界開放的（weltoffen）である。そのような存在は「世界」を所有する。それは根源的には彼に与えられた周囲世界に対する抵抗や反応の中心を「対象」にまで高めることができる[*15]。

　こうしてシェーラーにとって人間は，自身を取り巻く周囲世界，すなわち現実に束縛されることなく，現実的なもののみならず，「可能的」なものを自由に捉えることができる存在として理解された。しかし一方で，ここで人間の特殊地位を確保する精神は，自身の内から生じた活力をもって生命に敵対するのではない。彼によると人間の精神とは根源的に無力なものであって，精神は自身の理念構造と意味構造に従って，単に生命の諸力に特定の目標を与えるだけに過ぎない。そのため精神は生

---

15) Scheler, Die Stellung des Menschen im Kosmos, 1928, in; *Max Scheler: Gesammelte Werk* Bd.9 (hrsg. Von Manfred Frings), Bern/ München, 1976, S.31.

命的な衝動の力に対して，ただ理念を差し出すだけであり，シェーラーにとっての精神と生命との関係は，当初より精神的理念と価値の全てに対して盲目な衝動との相互浸透として理解される。

2 シェーラーの心身論における二つの問題点

こうしてシェーラーによって提起された人間学的な心身の二元論は，一方ではそれまでの形而上学や「生の哲学」を推し進め，新たな人間像を構築したが，他方では二つの問題点を孕んでいるとカッシーラーは言う。

（1）第一の問題点　上述のようにシェーラーは，古典的な形而上学が主張したような「同一哲学」を拒否したために，その結果として精神と生命とを全く異なった領域に属するものとして二元論的に理解した。この点にカッシーラーは第一の問題点を見出し次のように問う。

> もし生命と精神が完全に異質な世界に所属するなら，その本性においても，その起源においても相互にまったく見知らぬものであるなら，それにもかかわらず，それらが協力して特殊的な——人間的な世界を，つまり，「意味」（Sinn）の世界を構成しながら相互に作用しあい，浸透しあうような，完全に統一的な性能をどうして実現することができるのか[*16]。

シェーラーにとって精神とは，生命的なるもの一般に対して，生命自身が単にそれらに服することに理念的な「否」を提出する一つの原理であり，そのためそれは生命自身とは無縁な場所から生じ，決して生命と相容れることのないものとして想定されている。しかしカッシーラーは，精神と生命とが互いに現象と現象形態として分離していようとも，それらを互いに無限へと向かって延長していくならば，合致する点があるの

---

16) Cassirer, 《Geist》 und 《Leben》 in der Philosophie der Gegenwart, in; *Ernst Cassirer Geist und Leben Schriften*, Reclam Verlag Leipzigg, 1993, S.40.（『現代哲学における「精神」と「生命」』金子晴勇訳，『現代ヨーロッパの人間学』知泉書館，2011年，330頁）。以下邦訳での出典箇所は（　）内にて記す。

ではないかと主張する。『宇宙における人間の地位』を中心とした晩年のシェーラーが言うところの「精神」とは，明らかにアリストテレスの教説に接近しており，精神は全ての生命的な存在の上位に位置づけられている。そのためそれは，外部から生命の世界と心的な世界へと舞降りてくることになる。しかしカッシーラーはこうしたシェーラーの主張を，第一論文において主張したように，精神と生命が完全に対立しあう概念としてではなく，相関し，協働することによって初めて互いに機能すると理解するがゆえに否定する。

(2) 第二の問題点　シェーラーによれば精神は，他の全ての生命に関わるものの上位に位置し，アリストテレスが「作用する理性」と呼んだものに接近している*17。それにもかかわらず，シェーラーは精神を根源的には無力なものとして理解する。この点にカッシーラーは第二の問題点を見出し，次のように問う。「もしも精神が生まれつき完全に無力であるとしたら，この停止の働き，この独特な生命力と生命衝動を堰きとめる働きが，どのようにして成功するのであろうか」*18と。

精神が完全に無力であるとするならば，生命の衝動に対して「否」と言う抑制の作用は，何らかの積極的な契機または積極的な衝動に帰せざるを得なくなる。そこでシェーラーは，生命の根源的な禁欲または道徳的機能によって，生命から力を引き出せるものと考えた。しかし彼が言うように，精神とは異なる領域である生命に対して理念を与え，方向転換を促す作用は，精神自身の内にそれが自らが作用するためのエネルギーが含まれていなかったとしたならば不可能であるとカッシーラーは主張する。というのもカッシーラーは，第一論文で彼が述べたように，精神と生命とは互いに相関関係を構成し，協働することによって一つの全体を成していると考えるからである。第一の問題点で挙げたように，シェーラーの主張では生命とは異質な精神と，観念には盲目な生命とが前提とされているにもかかわらず，それらがいかにして互いに遭遇し，同一の目標を実現することができるのであろうかとカッシーラーは問

---

17) アリストテレスは受動的な感覚とは異なり，身体から独立したかたちで働く思惟，すなわち「作用する理性」（nouspoietikos, intellectus agens 能動理性）の存在を主張した。

18) Cassirer, op. cit., S.43.（333頁）

う。それゆえ彼は，精神と生命との間における矛盾的，または敵対的対立を否定し，精神に固有な力の存在を主張する。

3　活動のエネルギーと形相を作るエネルギー

　こうしてカッシーラーは第二論文において，シェーラーの思想を批判的に検討することによって，それが含む問題点を指摘した。そこで彼は，これらの問題点を超克するために，第一に精神とは無力なものではく，それ自身がエネルギーを備えたものとして規定しなおすことから出発する。だがその際に彼は，第一論文において二つの「形式」，すなわち所産的形式と能産的形式とを区別したのと同様に，第二論文では精神のエネルギーを二つの異なった方向へと作用するものとして考察する。すなわちそれは「活動のエネルギー」（Energie des Wirkens）と「形相を作るエネルギー」（Energie des Bildens）である。シェーラーが精神の無力を主張した際には，彼が言うところの「力」の概念にはこうした異なる方向へと作用するエネルギー間の区分が立てられてはいなかった。前者は人間を取り巻く環境に対して直接的に関わるのに対して後者は精神の内において純粋に「イメージ＝像」（Bild）へと関わっており，常に自己充足的であり続ける[*19]。これら二つの「力」の間には，単なる量的な増加や拡大ではなく，質的な相違が見出される。とはいえ，カッシーラーによると前者が強化されて，やがて後者に至るといった事態ではない。こうした内的に作用する精神の力は，人間のみに固有な力であって，これによって人間は他の動物とは異質な世界，つまりシンボルの世界の内に生きている。このような精神の働きについて彼は次のような結論に至る。

　　精神の世界は生命の流れがただ流れ去っていくのではなく，ある地点で引き留められるとき，つまり生命が自分自身から途切れることなく新しい生命を生み出し，そして自己自身の誕生においてそれ自

---

　19)　カッシーラーは「形相を造るエネルギー」の運動について，次のように言う。「ここで人間精神は直接的に事物に向かうのではなく，むしろそれ自身の世界に，記号の世界に，シンボルと意味の世界に繭を作るように織り込んでいく〈spinnt〉」と。Cassirer, op. cit., S.45.（335頁）

身を消耗してしまう代わりに，持続する形態をひとまとめにし，これらの形を自己自身から自己の前に立てるとき，初めて成立する。したがって生命の単なる量的な増加，高まり，強化によっていつかは精神の領域に到達するのではなく，精神の領域へと入るためには必然的に方向転換と帰還，すなわち「心的な傾向」の変化や方向性の変化がなければならない[20]。

このようにカッシーラーにとって精神は，シェーラーが主張したように無力なものとしてではなく，人間を直接的な生命の次元から解放する根源的な力を備えたものとして理解される。こうした力によって人間は，物理的な現実世界から意味の世界へと，すなわちシンボルの世界に繭を作るように自身を織り込んでいく。これによって人間は，他の全ての動物が支配されている外的な刺激による「感受」と「反応」という作用と反作用の反射連鎖を喪失する[21]。このように人間は，我と世界との間に仕切りを立てることによって，直接性においてではなく，むしろ間接性において，すなわち形相力が生み出す媒介の世界の内に生きるようになる[22]。

こうしてシェーラーとは異なりカッシーラーは，人間の精神に備わった力の機能を，それが作用する方向によって区別し，精神に固有の形相力の存在を主張する。まさに精神の形相を生み出す力によって，人間は他の動物とは異なり直接的な現実の世界にではなく，シンボル的な意味の世界に生きており，さらにはシンボルを操る動物となることができる。

---

20) Cassirer, op. cit., S.45-46.（335-336頁）
21) 人間を病理学的見地から考察するクルト・ゴールドシュタインは，カッシーラーが主張する心身の相関的な対極性を認めつつも，彼が人間の「生命」と呼ぶものが，動物的生命一般と同一視されている点に誤謬があると主張し，次のように言う。「カッシーラーが〈比較的に複雑な動物の本能的行動も結局は連鎖反応にすぎない〉と述べ，また生命領域について，これが人間においても動物においても同質のものなるかの如く論ずるとき，彼自身もこの誤謬に陥っているように思われる。しかし，動物的存在の生命と人間的生命とはまったく異なったものである。この相違を表現するためには，両者を同じ言葉で呼ぶことによってその相違を隠蔽することを避けねばならぬ」と。『生体の機能』村上仁・黒丸正四郎訳，みすず書房，1957年，239頁。
22) 人間以外の全ての動物から見出される純粋な「感受」と「反応」の連鎖を，晩年の著書『人間』（1944年）ではそれを機能的連関（functional circle）として考察し，人間のみに特有な「象徴系」（symbolic system）という第三の連関の存在を主張した。

シェーラーは生命とは異質な精神と，観念には盲目な生命とを想定した。しかし精神を哲学的人間学の対象として考察するならば，我々を現実へと接近させる運動力，そして人間と世界との中間領域で作用し，我々を現実から引き離す形相力，換言すれば精神における「引力」と「斥力」とを見出すのである。

おわりに——ロマン主義の精神と心身の対極性

これまでの考察からも明らかなように，カッシーラーは精神を自身の深みより引き出す固有な力をもって，生命に対峙する原理として理解する。そこで彼は精神と生命とは，それぞれが完全に異質な世界に存在するのではなく，互いに求めあい，規定しあうという対極的な構造を主張する。彼によるとこうした心身の対極性（Polarität）には，ロマン主義の精神が浸透している。1810年にベルリンの小さな夕刊に掲載されたハインリッヒ・フォン・クライストの短編『操り人形劇場』は，それが19世紀の初頭に著されたものであるにもかかわらず，現代の哲学的人間学の根本問題を解く手がかりを与えている[*23]。クライストがその物語を用いて引き出した結論は，自然と意識，身についた優美さと意識的な反省とが，それぞれ全く異なる世界に属し，対極的な緊張関係を構成しているということである。そうした観点から考えてみると，現代の哲学的思考は，個性・空想・形式の自由といったロマン主義の精神に根を張っ

---

23) この作品は次のような形式によって叙述された。身体的な美しさと，優雅な態度を身につけている一人の若者が，偶然的な契機によって自身の優美さに気づいた瞬間に，そうした優雅さが失われてしまった。そしてそれは一度失われると，永久に消えうせてしまい，どれほど努力をしたとしても取り戻すことはできないと。
そしてクライストは次のように結論づける。「有機的世界においてはただ反省がいっそう弱く，不明瞭になるに応じて，美の女神はいっそう輝き，いっそう優勢となる。それにもかかわらず，一方では一つの点から分岐し，無限に向かって進み行く二つの線は，他方では突然再び交差して現れる。もしくは，凹面の鏡の中の像が無限に遠ざかっていきながら，それが突如として再びわたしたちの前に現れる。こうして同時にそれは，まったく意識をもたないか，または無限なる意識をもつ人間の身体構造の中に，つまり操り人形と神の中に，それ自身のもっとも純粋な形態として現れる」と。Heinrich v Kleist, *Sämiliche Werke und Briefe in vier Bänden*, Bd.3: Erzählungen, Anekdoten, Gedichte und Briefe, hrg. Von K. Müller-Salget, Frankfurt, 1990, S.563.

ている事実が明らかであるとカッシーラーは主張する。したがって彼は「自然」と「精神」,「生命」と「知識」という対立を, ロマン主義の観点から対極的なものとして理解することができた。

　第一論文において彼は, 精神と生命との不可分の協働を主張したが, そこでは精神と生命との明確な位置づけがなされてはいない。そのため第二論文で彼は, シェーラーが断固として主張した「同一哲学」の排斥という手法を受容することによって, 第一論文で述べたそれぞれの機能を前提としながら両者間における対極的構造を主張する。こうした点に第一論文から第二論文への最も特徴的な発展的展開があるように思われる。

　前述のようにシェーラーが言うところの精神は, それ自身は無力でありながらも生命に方向性と理念とを差し出すだけのものであった。そのため彼の下で精神は, 無力なる客観的意識を意味しており, 生命が属する領域を「対象化」するだけの原理であった。しかしこの場合に精神は, 自身の内側へと向かって作用し, それ自身を対象として認識する作用が見落とされており, シェーラーの下では意識は常にその外へと向かって作用している。それにもかかわらず彼が主張する精神は, 全ての生命的なものの上位に位置し, それを支配する形而上学的な実体（Substantivum）として捉えられていた。

　こうしたシェーラーの『宇宙における人間の地位』が含む問題点を超克するためにカッシーラーは, 精神と生命とをそれらの純粋な機能とその働きにおいて考察した。したがって精神と生命とは, 互いに異なる領域に属するものであるというシェーラーの主張を認めつつもカッシーラーは, それぞれが全く別の目標へと向けられているのではないと言う。精神と生命は対極的な構図を形成しつつも, 相関し, 協働することによって初めて人間独自の領域であるシンボルの領域に到達する。実際のところ, シェーラーが「人間の特殊地位」と呼んだものへと達するためには, こうした精神と生命との相互浸透が必要とされるばかりか, むしろ不可欠である。そこでカッシーラーは両論文において展開した主張を踏まえ, 精神と生命との関連について次のように論じる。

　　精神はもはやあらゆる生命に対して異質で敵対する原理として考え

られる必要はなく，それは生命自身の一つの転向（Wendung）や転換（Umkehr）として理解されることができる。一つの転向というのは生命が自分自身のうちで経験するものであり，それは生命が単なる有機的な形成と形態の圏域から「形相」（Form）や理念的な形態化の圏域に入り込む程度に応じて経験される[*24]。

さらにカッシーラーは，シェーラーが精神の客体化作用を精神自身へと向けることがなかったのとは異なり，精神をそれ自身の内において自己を否定できる原理として理解する。彼によると現代の「生の哲学」のように，精神を生命に敵対する不当な侵略者であるかのような解釈によっては，精神における客観的形態化作用の本性を明らかにすることはできない。なぜなら精神を伴わない生命には言語がなく，侵略者としての精神を法廷へと召喚したとしても，そこで行われる審議も判決も，常に精神の内なる力によってのみ行われるからである。それゆえに，精神が敵対する対象は生命ではなく，実のところそれは精神自身に他ならない。カッシーラーによれば「精神が自分に対置する〈否〉において初めて，精神はその本来的な自己肯定と自己主張に向かって突破する。精神が自分に対置する問題において初めて，精神は完全に自己自身となる」[*25]。こうして彼は精神の告発者はその弁護人であり，さらにはその証人とならざるを得ないと言う。人間のみが自己自身を対象として認識し，さらには問題として探求の目標とすることができるという事実からも，精神と生命の敵対的対立は解消されなければならない。カッシーラーによると精神と生命とは，絶対的に異質な領域に属するものではない。それらは対極的な関係でありながらも，互いに交流することによって，同一の目標を達成するために協働する機能的連関によってシンボルの世界を創りあげている。

---

24) Cassirer, op. cit., S.52-53.（343 頁）
25) Cassirer, op. cit., S.54-55.（344-345 頁）

第 6 章
新たなる人間の定義
――晩年の著書『人間』の考察――

―――――

はじめに――カッシーラー哲学における『人間』の意義

　1929 年に全三巻からなる『シンボル形式の哲学』を完成させたカッシーラーは、1933 年にナチスがドイツの政権を掌握するに至って亡命を余儀なくされ、イギリス、スウェーデン、そしてアメリカへと渡った。本章で扱う『人間』（*An Essay on Man*）は、彼が 1945 年に急逝する前年にアメリカで出版された。この著作は『シンボル形式の哲学』と同様に、人間の文化と「シンボル」の問題を中心に論じられているが、『シンボル形式の哲学』が全三巻からなる大著であったのとは対照的に、『人間』は一冊で完結した内容となっている。その理由についてカッシーラーは序文において次のように語っている。

　　本書は以前のものよりも、はるかに短くなすべきであった。「大著は大悪である」とレッシングは言った。私は『シンボル形式の哲学』を書いた際、問題それ自体にはなはだ熱中していたので、この文体上のマキシムを忘れていたか、怠っていたのだ。今では私はレッシングの言葉に、はるかに賛意を表す気持ちになっていると思う。本書においては事実の詳細な説明をなさ、学説の長々しい議論を述べず、哲学的に特別な重要性があると思われる数点を集中的に論じ、

私の思想をできるだけ簡明に表現しようと試みた[*1]。

この言葉からも明らかなように，カッシーラーが『シンボル形式の哲学』を出版してから20年もの時を経て再び同じ問題に取り組んだこの著作においては，濃縮された形で彼の「シンボル形式」に関する思想が表明されている[*2]。さらに彼はこの著作が，自身の「学説の証明（demonstration）であるよりも，むしろその説明（explanation）であり例解（illustration）である」と位置づける[*3]。

ところで本書の第5章のはじめにも述べたように，彼には『シンボル形式の哲学』の第四巻目の構想があった。そのため彼が本来そこにおいて論じる予定であった要素もまた，この著作には含まれている。その中で最も特筆すべき内容が，「シンボルとは何か」という問題である。『シンボル形式の哲学』においては，人間に普遍的に備わった精神的な機能としての「シンボル形式」の存在が主張され，それがいかに作用するかが中心的な問題として扱われた。そのため彼が言うところの「シンボル」（Symbol）とは何かという問いが，なされないままであった。『シンボル形式の哲学』に残されたこの最後の問題へと言及するのが，『人間』であり，こうした意味においてこの著作は彼のシンボル哲学の結論であると言えよう。本章では『人間』を中心とした晩年の著書から，彼が「シンボル形式の哲学」の結論として，自身の立場からいかに人間を捉え直し，文化との関係からそれを理解するかを明らかにしたい。

---

1) Cassirer, *An Essay on Man*, Yale University Press, 1944, vii.（『人間』宮城音弥訳，岩波文庫，1997年，9-10頁）。以下邦訳での出典箇所は（ ）内にて記す。

2) Seymour W. Itzkoff はこの著作について次のように述べている。

「『人間』での議論は，ある意味では彼のより詳細に論じられている『シンボル形式の哲学』の再述であるにもかかわらず，それは単なる要約ではない。つまり，ある全く新しい洞察がこの著作からは見出される」と。Seymour W. Itzkoff, *Ernst Cassirer: Scientific Knowledge and the Concept of Man*, University of Nortre Dame Press, Indiana, 1971, p.140.

3) Cassirer, op. cit., vii.（11頁）

Ⅰ　現代ヨーロッパ人間学の危機

　カッシーラーは『人間』において彼自身のシンボル哲学に関する叙述を開始する前に，当時のヨーロッパ社会における哲学的人間学が置かれていた状況を考察する。彼はシェーラーの主張に従って「知的中心」の喪失を，ヨーロッパにおける思想的な危機であると言う。というのも，20世紀の哲学者であるカッシーラーにとって，諸科学の成果として豊富に蓄積された経験的事実が，普遍的な原理に基づいて統一されていない状況を彼は危惧するからである。そこで彼はまず哲学の歴史という観点から現代哲学が置かれている状況を考察する。ここでの叙述は，哲学の歴史に関する彼の見解が非常に明瞭にかつ適切に表現されているために，彼が「シンボル哲学」を哲学全体においてどのように位置づけているのか，またそれが果たし得る役割をどのように捉えているのかを明らかにするためには重要である。

1　心理学の発達とソクラテスによる自己認識

　ソクラテス以降，「自己認識」（Self – Knowledge）は全ての哲学の主要な問題であり続けた。いかなる時代のいかなる学派の哲学であろうとも，「自己自身を知ること」が共通した最も重視されるべき目的であったことは一般に認められている。そのためカッシーラーによれば，どれほど懐疑的な思想家であっても「自己認識」を思索から排斥する者はいなかった。しかしながら現代における心理学の発達に従って，そこでは純粋に客観的な行動主義的方法，すなわち人間の客観的な「観察」という方法のみによってその解明が試みられた。そのため行動主義心理学は，「内観法」のような主観的に自己自身の精神の働きを観察する方法を退ける。しかしながらカッシーラーは，こうした行動主義心理学の手法に対して次のように批判する。

　　首尾一貫した極端な行動主義は――我々が方法論的錯誤に陥る懸念のある事を我々に注意することはできるが，人間心理学のあらゆ

る問題を解決することは不可能である。我々は純粋に内観的な見解を批判し，疑い得るが，それを消滅させたり除去したりすることはできない。内観なしでは，すなわち，感情，情動〈情緒〉，知覚，思考を直接に意識しないでは，人間心理学の分野さえも明確にすることができないであろう[*4]。

ここで言われているように，カッシーラーは客観的な行動主義的方法を批判するのと同時に，また主観的で個別的な内観（内省）のような，自己の内面のみに関わる方法だけをもってしても，自己認識が可能であるとは考えていなかった。なぜなら内観法は，各個人の印象や経験のみに基づいた特殊な内容のみをその対象としているために，それは人間の普遍的な本性の解明を意図する手法としては，常に断片的でしかあり得ないからである。哲学が探求すべき対象は，特定の「人間」ではなく，むしろ普遍的な「人間性」である。

そこでカッシーラーは，こうした方法論的な問題を解く糸口をソクラテスに見出す。ソクラテスによって人間学に新たな方法が与えられ，人間が一つの宇宙として捉えられることによって宇宙論は人間学となった。つまりソクラテスは自然を探求する方法と人間を探求する方法とを峻別し，実際の人間との直接的な交渉の必要性を主張した。そのためカッシーラーによれば，「ソクラテス哲学の顕著な特徴をなすものは，新たな客観的な内容ではなく，思考の新たな活動および機能」[*5]であった。そこでは人間の観察だけによってでも，または思索家による独白（monologue）だけによってでもなく，対話的─弁証法的手法の必要性が強調された。そのためカッシーラーは，上述の二つの心理学的手法ではなくソクラテスに従って人間を「社会的行為の産物」（outgrowth of a social act）として探求しなければならないと主張する。カッシーラーはこうした思想的な遡及によって，人間における外的要素と内的要素のどちらか一方だけによっては真の意味における人間性の解明には達しえないという立場を採用する。

---

4) Cassirer, op. cit., p.2.（19頁）
5) Cassirer, op. cit., p.5.（26頁）

2 中世以降における自己認識の問題——科学の発達と世界観の変貌

　ソクラテスによって哲学の中心へと据えられた「人間」の問題は，中世のアウグスティヌスに至ると異なる様相を呈する。カッシーラーによると，アウグスティヌスこそギリシア的なストア主義の学説から，キリスト教の教義を機軸とした「新しい人間学」を創始した思想家であった[6]。アウグスティヌスによってそれまでは最も崇高な力であると考えられていた「理性」の妥当性が疑われるに至った。こうした見解はトマス・アクィナスによっても保持され，古代ギリシアから続いた理性への信仰は放棄されるのと同時に，それは宗教的な問題へと発展させられた。

　そしてこのような理性への不信は，キリスト教による「堕罪」の教義と共に 17 世紀のパスカルに至るまで支持される。しかしながらパスカルは，「理性」と「心情」とを区別することによって中世の人間学を超克する[7]。彼は人間の理性が不確かな能力であるとしながらも，明晰で確実な思考が可能な「幾何学的精神」と「鋭敏または繊細な精神」とを峻別し，それぞれが関わる対象が異なると主張した。パスカルにとって「人間」は，堕罪の教義が示しているように，二重の性格をもつ矛盾した存在であった。そのため人間についての学問である人間学は，「鋭敏または繊細な精神」をもって取り組まなければならないと説かれる。したがってカッシーラーは，「幾何学の体系を用いた道徳哲学はパスカルの精神にとって矛盾したものであり，哲学的な夢である」[8]と主張する。パスカルにとって人間の本性は宗教の信仰によってのみ接近しうるものとして捉えられたが，彼の宗教に対する弁証は首尾一貫して論理的であった。というのも，彼が『パンセ』で試みたことは，想定された人間

---

　6) カッシーラーはアウグスティヌスを次のように評価する。「アウグスティヌスは二つの時代の境界になっている。彼は紀元 4 世紀に生き，ギリシア哲学の伝統の中に生長した。そして彼の全哲学に影響を与えているのは，とくに新プラトン主義の体系である。しかし他方，彼は中世思想の先駆者であり，中世哲学およびキリスト教的教義の創始者である」と。Cassirer, op. cit., p.9.（33 頁）

　7) カッシーラーはパスカルの思想を次のようにその価値を称える。「パスカルの業績に，この人間学の，最後であるとともに，最も感銘を与える表現が見出されるのである。パスカルは，この仕事に対して，過去のどんな著者ももっていなかった資格を具えていた。彼は最も不明瞭な問題を明らかにし，複雑で統一のない思想体系を，総合的にまとめ上げる点で，他に比を見ない天賦の能力をもっていた。彼の思想の鋭さとその文体の明快さによって浸透されないものは，何ものもないように思われる」と。Cassirer, op. cit., p.10.（35 頁）

　8) Cassirer, op. cit., p10.（37 頁）

の考察ではなく，実際の人間に基づいた考察であったために，それは単に空虚な思索ではなかったからである。カッシーラーによれば，パスカルは新たな事実を与えたのではなく，幾何学と人間学（または宗教）とに異なった精神で対峙しつつも，数学的―論理的思考によって弁証するという「思想の新しい道具」を与えたのであった。

ところで16世紀にコペルニクスの学説が人間にもたらしたものは，「無限」に対する畏怖であった。古代から中世にかけて「無限」とは限りが無く，定義することができないために人間理性によって捉えることができないものであった。そのため古代ギリシア以来，哲学は常にそれに対して否定的な立場をとらざるを得なかったとカッシーラーは言う。ところが，「この無限の空間の，永遠の沈黙は私を畏れしめる」[9]というパスカルの有名な言葉からは，無限に追求する，または無限から追求するという超越的な新たな主体が見出される。それゆえに，真の人間を了解するためには思惟的に限定された世界に生きる存在としてではなく，無限の宇宙の中に生きる存在としてそれを考察しなければならない。モンテーニュはこうしたコペルニクスによって与えられた新たな世界観に従って，経験的事実を度外視して理性のみによる内省という方法だけによっては，真実の人間を解明することはできないことを強調して次のように述べている。「我々の母なる自然の偉大な像を，完全な尊厳と光輝のままうつし，絵画のごとく，自己の脳裏に浮かべる者，はなはだ一般的にして恒常的な多様性をよみとる者――その者のみが事物を真の価値と偉大さに従って評価しうるのである」[10]と。

さらに19世紀に至ると，『種の起源』の著者であるダーウィンは独自の進化論に基づいて，あらゆる有機的生命体の原始状態における単一性を発見し，そこからの生物の進化を説いた。これによって人間は聖書によって与えられていた地位，すなわち神によって生命を与えられ，そして神の似姿としての地位を完全に失ってしまったかのように思われた。今や人間の存在自体が，物理的な世界における何らかの偶然的な要因によって生じた偶然の産物に他ならないものとなった。こうした事態に際して，宗教の側は自然科学を「異端」思想として排斥しなければ自分た

---

9) パスカルの発言は Cassirer, op. cit., p.14 からの引用（42頁）。
10) モンテーニュの発言は Cassirer, op. cit., p.14-15 からの引用（43頁）。

ちの正当性を主張することができなくなったために，互いに一切の譲歩を示すことなく，敵対的な対立関係に陥ったのであった[*11]。

3 知的中心の喪失による自己認識の危機

　ここまでカッシーラーが『人間』の第一章にて展開している哲学史における「自己認識」の問題を考察してきた。カッシーラーの考察によれば，古代ギリシアでソクラテスによって確立された「人間とは何か」と問う人間学としての哲学に最大の命題は，これまでに数多くの立場から解明が試みられたにもかかわらず，未だ決定的な解答が与えられてはいない。そこでカッシーラーは，経験的事実やそれぞれの学問が説く学説から，全ての人間に共通するような「統一された人間性」というものが，単なる幻想に過ぎないのではないかと主張する。そのため彼は人間が単一の特性によっては特徴づけることができない本質的に多様な存在であることを強調し，それぞれの学派による方法論的な相違による対立が人間の文化的生活に悪影響を与えていることを指摘する。そこでは学問間の横断的な協働関係が失われたことにより，神学者は神学者の，また生物学者は生物学者の方法だけに従って独自にこの問題へと取り組むようになった。その際，経験的に明証な事実に基づいた考察が行われているように見えたとしても，そこには彼ら自身の学問的立場からの解釈がつけ加えられているとカッシーラーは言う。そのため前提とされる証拠の内には，あらかじめ彼らの基本思想にとって都合が良いように強引な説が展開されたり，または何らかの思惟的な要素がそれに付随させられたりして，真の意味での経験的証拠が提示されていないと彼は主張する。カッシーラーによれば「このような思想における抗争は，単に深刻な理論問題ではなく，あらゆる範囲における我々の倫理的および，文化的生活に差し迫った危機であることは疑う余地はない」[*12]。問題の解決とい

　11）　カッシーラーは『人文科学の論理』（1942 年）の第二試論「事物の知覚と表情の知覚」において，宗教と自然科学だけではなく，他の領域においても同様の対立的構図が見出されることを指摘している。そこでは，各々の学問，学派が発達するにつれてますます顕著になり，いかなる「融和」や相互理解は不可能なように思われたと述べている。Cassirer, *Zur Logic der Kulturwissenschaften Fünf Studien*, 1942, S. 35-36.（『人文科学の論理』中村正雄訳，創文社，1975 年，47-48 頁）参照。

　12）　Cassirer, op. cit., p.22.（56 頁）

う本来的な意図から逸脱し，ただそれぞれの学説を擁護するためであったり，または対立するものを攻撃するために展開されたりするこれらの不毛な論争こそ，カッシーラーが言うところの「自己認識における危機」である。

そうした対立の結果として，本来は「人間性」の解明という共通の目的をもっていたにもかかわらず，学問間での有機的なつながりがほとんど存在しなくなった。カッシーラーによると現象学的方法を採用するマックス・シェーラーこそ，この「自己認識における危機」を危惧した最初の哲学者の一人であった。シェーラーは言う，「我々は相互に関係しあうことのない自然科学的人間学，哲学的人間学，神学的人間学を所有してはいる。しかし我々は人間に関する統一的理念を所有してはいないのである。人間の研究に携わる特殊科学は次第にその数を増しているが，それら諸科学はどんなに価値あるものであるにしても，人間の本質というものを解明するというより，むしろ遥かに覆い隠してしまう」[*13]と。19世紀から20世紀にかけての個別科学の発達に伴ってそれ以前の時代と比べて膨大な経験的資料，および経験的事実が蓄積された。それ以前の時代においては形而上学や神学といった，それを中心として思考すべき「知的中心」(intellectual center)が存在したとカッシーラーは言う。そして彼によれば，真の危機とはこうした中心の喪失によって生じた「思想的無政府状態」(anarchy of thought)である。こうした事態に対してカッシーラーは，それぞれの科学の成果としての素材を，学問的立場を超えた次元において整理し，概念的に統一する必要性を主張する。したがって彼の哲学は，こうした「思想的無政府状態」に対して人間のシンボル機能を中心とした包括的な体系によって，新たな人間学の構築を試みるものである。

II 「象徴的動物」としての人間——ユクスキュルの環境理論

カッシーラーは『人間』の第一章において，それまでの哲学によっ

---

13) マックス・シェーラー『宇宙における人間の地位』亀井・山本訳，シェーラー著作集13巻，白水社，1977年，15-16頁。

II 「象徴的動物」としての人間　　167

ては未だ真正な意味で人間の本性が解明されていないことを指摘した。彼は続く第二章において，『シンボル形式の哲学』で展開した彼自身の思想を前提としつつ，そこにヤーコプ・フォン・ユクスキュル（1864-1944）による生物学的成果を取り入れることによって新たに人間の定義づけを試みる。そのためこの章は他と比べても短い叙述であるにもかかわらず，カッシーラーの「シンボル哲学」における結論として，重要な意味をもっている。したがってここでは彼がユクスキュルの理論を用いて，いかに人間を捉え直すのかに注目すべきである。

1　新たなる人間の定義──「象徴的動物」

これまで人間は一般的に「理性的動物」（Animal Rationale）と定義されてきた。こうした定義は主に実際の人間から得た経験的な事実に基づくのではなく，むしろ想定された「純粋理性」をもつ存在であるという意味合いが強かった。そのためカッシーラーによれば，「この定義によって，彼らはむしろ基本的な道徳的命令を表現していた」*14。しかしながらカッシーラーは，「理性」が人間のみに与えられた特殊な能力であることを認めながらも，それだけによっては神話や宗教といった「非理性的」な形式を明らかにすることができないと主張する。そして後に詳細に検討するが，理性やロゴスと同一視されることさえある「言語」は，ヘルダーの言語観に従って情動言語と命題言語とに区別されなければならいと彼は言う。理性が関わるのは命題言語だけであり，情動の表現へは一切の関わりをもたない。そのため「理性」が実際の人間に関わるのは，客観化あるいは理念化された側面だけであり，人間性の全体を特徴づけるには，不十分であることが明らかになる。こうして理性を中心とした人間の定義に異議を唱えるカッシーラーは，次のように新たな人間の定義を提唱する。

> 理性という言葉は人間の文化生活の豊富にして多様な形態を理解させるには，はなはだ不完全な言葉である。むしろ，あらゆるこれらの形態はシンボル的形態である。そのため我々は人間を *Animal*

14）　Cassirer, op. cit., p.26.（66頁）

Rationale（理性的動物）と定義する代わりに, *Animal Symbolicum*（象徴的動物）と定義すべきであろう[*15]。

ここで彼が「象徴的動物」と言う際には，これまで『シンボル形式の哲学』において展開された文化を生みだす力としての「シンボル形式」と，それによって創出された「シンボル」としての諸々の文化現象を操る能力をもつ動物という意味である。この定義によってカッシーラーの「シンボル哲学」全体を特徴づけることができるように思われる。というのも，『シンボル形式の哲学』での彼の関心は単なる人間の客観的な記述ではなく，人間が言語，神話，科学的思考といったそれぞれのシンボル形式を用いて文化を構成する精神の機能そのものであったのであり，まさにこの点にこそ実際の「人間」における独自の本性が存すると彼は考えたからである。『シンボル形式の哲学』においては個々のシンボル形式が問題とされたが，『人間』においてはそれらを全体として包括的に捉えることによって，人間は新たに「象徴的動物」と定義されるに至った。

2 ユクスキュルの環境理論と「象徴系」

このように新たな人間の定義を提案したカッシーラーは，『人間』においてユクスキュルによって説かれた生物学的な「環境」の理論を彼自身の人間学へと採り入れることによって，その主張をより堅固なものにしようと試みる。

（1）ユクスキュルの環境世界　ユクスキュルの環境理論はカッシーラーのみならず，シェーラーやプレスナーといった現代を代表する人間学者たちにも広く影響を与えており，その独創的な手法によって全く新しい生物学的原理を構築した。彼の環境理論における最大の特徴は，異なる種に属する生物は，それぞれが異なる「環境世界」（Umwelt）をもっており，そのため「異なった二つの生物の経験は，同一の標準では測り得ない」[*16]ことにある。ユクスキュルによると，生物学的な意味での「種」の相違は，そのままその生物が生きる「宇宙」の相違と等しく，異なる

---

15) Cassirer, op. cit., p.26.（66頁）
16) Cassirer, op. cit., p.23.（62頁）

Ⅱ 「象徴的動物」としての人間

宇宙同士が互いに交錯することは決してない。さらに彼は、いわゆる「下等生物」や「高等生物」といった生物間における「優劣」という概念を否定する。その理由についてカッシーラーは、ユクスキュルにとって「生命はいたるところで完全であり、最も小さい生体の場合も、最も大きい生体の場合と同様である。どんな有機体も──漠然とした意味で、その環境に順応しているのみでなく、全く適合している」[*17]からと論じる。つまり「優劣」の差異を決定するためには、対象となるものが同一の基準によって測られねばならず、ユクスキュルにとって全ての生物はそれぞれが生きる世界において完全な存在であるために、そうした区別は存在しないと説かれた。

(2) **機能的円環における象徴系** 次にカッシーラーが主張するユクスキュルによる特徴的な理論は、行動的な見地から捉えた生物の「機能的円環」(Funktionskreis) である。ユクスキュルは生物の行動または反応は、ある二つの内的な機能による総合作用であると言う。あらゆる有機的生命体は、外界からの感性的な刺激を捉える「感受系」と、それに対して即時的に反応する「反応系」からなる「二次元的」な世界に生きている。感受系と反応系の関わりは絶対的であり、それらの均衡がなくてはその生物は存在し得ないとさえユクスキュルは言う。そしてその関係は彼が言うところの「機能的円環」によって絶対的に統御されており、そこから逸脱して例外的な行為が生じることは決してない。カッシーラーはこのユクスキュルによる「機能的円環」という概念を哲学的人間学の領域へと採り入れることによって、新たな人間学的な概念を構想する。あらゆる生物を統制する自然的な法則が存在することは明らかであり、人間もまた同様にそうした法則の外に生きているのではない。このことは詳細な検討を必要としない。しかしながら、そこでカッシーラーが問題とすることは、人間の行動も他の生物と同様に、ユクスキュルが主張するような単なる感受系と反応系によって引き起こされるだけのものであるのか、またはそれは何か異なったものに由来するのかである。

この問題に対してカッシーラーは、言語の考察においてヘルダーが人

---

17) Cassirer, op. cit., p.24.（62-63頁）

間を「欠陥動物」と呼び，またルソーが「堕落した動物」と呼んだ立場を継承する。しかしカッシーラーにとってそれは単に消極的な状態を意味しているのではない。彼の主張によれば，「人間の機能的円環は，量的に拡大されるばかりでなく，質的変化をも受けてきている。人間はいわば自己を，その環境に適応させる新たな方法を発見した」[18]。カッシーラーが探求し，そして一貫して主張してきた人間の多様性と文化的生活の複雑さは，決して単なる感受系と反応系によるいわゆる「条件反射」的な行動の連鎖によって創りだされたものではないと説かれる。人間は他の生物の「機能的円環」から見出される感受系と反応系という二次元的宇宙に生きている存在ではない。「感受系と反応系の間に，人間においては，我々が象徴系（Symbolic System）と呼びうる第三の結合を見出すのである」[19]とカッシーラーは力説し，人間を「特殊な地位」に据える。この「象徴系」という概念こそ『シンボル形式の哲学』ではなく，『人間』において初めて展開される新しい概念であり，彼を新たな人間の定義に至らせたものである[20]。彼自身はこれ以上立ち入って「象徴系」について具体的な叙述をしてはいないものの，それは全てのシンボル形式の萌芽であると説かれた「神話的思考」よりも，いっそう複雑に構成された思考能力の全体を意味している。カッシーラーにとって神話的思考が「精神」の領域に属するものであるとすれば，象徴系はいわば「生命」の領域に属する機能である。そのため「シンボル形式」との関係から見れば，それはシンボル形式によって創りだされる「シンボル的認識」と思考の総体であると言えよう。

　カッシーラーは機能的円環の第三の連結である象徴系が，人間の行動を他の生物のそれから本質的に異なったものとする機能であると説く。人間が示す外的な感覚印象への反応は，他のすべての生物から見出されるような「直接的反応」ではない。人間においては，外界からの刺激は感受系から象徴系へと伝達され，そこでの複雑な思考を経た後に反応系

---

18) Cassirer, op. cit., p.24.（63頁）
19) Cassirer, op. cit., p.24.（63-64頁）
20) カッシーラーはユクスキュルの環境理論を既に『シンボル形式の哲学』第四巻の構想のうちに入れていたが，「象徴系」という環境理論における第三の概念に到達したのは『人間』においてである。そのためこの著作は，彼が『シンボル形式の哲学』第四巻で展開する予定であったシンボルの研究をさらに推し進めたものであると言えよう。

II 「象徴的動物」としての人間　　　171

へとつながる。そのためカッシーラーによると人間の反応は，他の二次元的反応を行う生物と比べると遅延される。すなわち人間は他の生物とは異なり，象徴系の関与によって「シンボル的な反応」を示すのである。しかしカッシーラーは，この「遅延」(delay)は人間が他の生物に対して優位性をもつということではなく，むしろ動物としての人間が，自然界における機能的円環から逸脱した生物的衰退なのだと主張する[*21]。人間はこの「象徴系」が引き起こす生物的衰退から逃れることはできない。なぜなら「象徴系」という第三の連結による三次元的な機能的円環によって初めて，精神における創造的な主観性が生じ得るからである。そのためカッシーラーはヘルダーやルソーが主張したように，それが人間に動物としての「欠陥」をもたらし，また「堕落」の要因であろうとも，二次元的な機能的円環から脱却して独自の特殊な宇宙へと踏み出した人間は，もはや後戻りをすることはできず，ただこうした現実を受け入れざるを得ないと説く。

(3)　自然科学と象徴系　　さらに人間が他の生物とは異なる次元に生きることは，認識能力にある種の弊害を引き起こしている。それは「象徴系」を介して外界の事物や現象を知覚する人間においては，それらを直接的に認識することができないことである。この点に関してカッシーラーは，次のように主張する。

　　人間はもはや，実在に直接当面することはできない。──物理的実在は，人間のシンボル的活動が進むにつれて，後退してゆくようである。人間は，「物」それ自身を取り扱わず，ある意味において，常に自分自身と語り合っているのである。彼は，言語的形式，芸術的形象，神話的象徴または宗教的儀式の中に，完全に自己を抱合してしまったゆえに，人為的な媒介物を介入させることなしには，何

---

21)　彼は次のように主張する。「生物の反応と人間の反応の間には，明白な差異がある。前者の場合には，外界の刺激に対して直接的にして即時的な反応が与えられるのであるが，後者の場合には反応は遅延される。それは徐々にして複雑な思考過程によって中断され遅延せしめられる。このような遅延が進歩だというのは，一見してはなはだ疑わしいように思われる」と。Cassirer, op. cit., p.24.（64頁）

物をも見ることも知ることもできない[*22]。

　彼によるとこの「弊害」は物理学，化学，生物学といった自然科学の分野にもその影響を与えている。それらの学問は，扱う対象を厳格に「客観的」と思われる方法に従って捉えているようではあるが，「それぞれに問題設定のための独自の視点を備えており，その視点に応じて諸現象を特殊な解釈と形式に従わせるのである」[*23]とカッシーラーは言う。彼らは常に言語や記号といった抽象化された知的シンボルを用いて仮説をたてたうえで，それらに従って解釈を行う。一見すると象徴系の介入によって与えられる三次元的な世界は，人間に客観的または論理的な認識機能を与えているように思われるが，しかしそこではまさに象徴系によって主観的な要素が加わらざるを得ないために，純粋な意味での客観的理解には達し得ない。

　(4)　**人間学と象徴系**　カッシーラーはこうした彼独自の環境理論としての「象徴系」の概念を用いて，再び「人間とは何か」という人間学最大の命題を問題にする。人間は常に象徴系によって間接的に対象と関わり，主観と客観の中間領域に生きる存在であるために，人間は「創造的な情動のうちに，希望と恐怖に，幻想と幻滅に，空想と夢に生きている」[*24]と彼は言う。そのため我々が人間性全体の解明を試みるならば，理念化された人間の一部分ではなく，常に「象徴系」の働きによって主観と客観とを合わせもつ存在としての人間を探求しなければならないことになる。こうしてカッシーラーによる新たな概念の導入によって，「理性的」な側面だけではなく，「非理性的」な側面をももつ存在としての人間を解明する新たな出発点が与えられた。『シンボル形式の哲学』においては，文化を創り出す機能としての精神の力が主要な問題であったのに対して，ここではその問題が現実の人間に即して考察される。その

---

22)　Cassirer, op. cit., p.25.（64–65頁）
23)　Cassirer, *Philosophie der symbolischen Formen*, erster Teil, *Die Sprache*, Wissenschaftliche Buchgesellschaft, 1923, S. 7.（『シンボル形式の哲学』第一巻「言語」，生松敬三・木田元訳，岩波文庫，1989年，25頁）
24)　Cassirer, *An Essay on Man,* 1944, p. 25.（65頁）

ため人間の生活において、文化現象の全体を構成しているシンボルの機能がいかに作用しているのかがその問題の中心に据えられる。したがって多様性によって特徴づけられる人間の本性は、カッシーラーにとってシンボルそれ自体の普遍的な機能の考察によってのみ解明できるものと理解され、「人間とは何か」という問は、「シンボルとは何か」という問いへと発展させられるのである。

3 シンボル（象徴）とシグナル（信号）

（1）人間学としての「シンボル哲学」の視点　このようにカッシーラーは「理性」だけによっては、非理性的な側面をももつ人間の文化的生活の全体を説明し尽くすことができない点を指摘し、人間を「象徴的動物」と定義するに至った。そこでカッシーラーは、彼自身が主張する新たな人間の定義をさらに明確にするために「シンボル」（symbol）または「シンボル機能」（symbolism）とは何かを問題とする。この問題において第一に彼が要求することは、「シンボル」（象徴）と「シグナル」（信号）との区別である。カッシーラーによれば、シンボルは人間のみが操る記号であるのに対して、シグナルは他の動物からも見出される自然的な記号である。有名なパブロフによる犬を用いた条件反射の実験に代表されるように、人間以外の動物が外界からの直接的刺激だけによってではなく、間接的な刺激によっても、それがもつ「意味」を理解することが可能であることは周知の事実である。そうだとするならば、「象徴系」の関与による外界の刺激に対する反応の「遅延」、または間接的な反応だけによっては、人間を他の動物から区別する決定的な契機であるとは言えない。そこでカッシーラーは、人間のみが有する「シンボル（象徴）」と、他の動物も同様に有する「シグナル（信号）」を区別して、それらの本質的な機能の相違から人間の本性を問う[*25]。

25）カッシーラー以後の一般的な記号論においては、シンボルとシグナルの区別は、両者を広義でのサイン（記号）の一部として捉え、その表れとしてのシンボルとシグナルとされる。しかしながらカッシーラーの『人間』ではサインとシグナルが同義で用いられていることが多い。そのため、本書では現代の記号論による区別に従って、カッシーラーがシンボルの対極をなすものとして説くものをシグナルとし、シンボルを含めた包括的な表象を「記号」として用いることとする。

（2）シグナル（信号）　シンボルの考察を始めるまえに，カッシーラーによるシグナルの理解を考察してみよう。人間だけではなく他の生物も同様に用いるシグナルにおいては，表示される「記号」とその「意味」とが常に一対一の関係を構成する。つまり一つの記号に対して一つの意味が決められており，さらにその記号がまさにその内容だけを意味して，それ以外を意味しないということが，そのシグナルが属する体系の厳格な規則によって定められている。こうした構図は人間の生活においては，たとえば道路の交通標識や，モールス信号などに代表される「シグナル」が，表示とその意味内容とが不変的に一致することによって初めてその本来的な役割を果たし得ることからも容易に理解される。さらに有名なパブロフの実験においては，彼が犬に食事を与える際に必ずベルを鳴らすという行為を繰り返したために，「そのベルの音」が犬にとっては不変的なシグナルとなり，それまでに繰り返された経験から，「そのベルの音」が「食事の時間」を意味すると学習することに成功した。その際「ベルの音」は，嗅覚や視覚といった感覚器官に訴えかけて直接的に「食事の時間」を意味するものではないため，それは間接的な記号である。しかしながらそれは決してシンボルとしてではなく，シグナルとして作用しているに過ぎない。なぜならその記号が，犬にとって「食事の時間」という意味以外の一切を表示し得ないからである。この記号においては例外的な意味は存在せず，常に同一の意味から離れることなく結びついている。しかしながら記号がシンボルに至るためには，こうした記号と意味との絶対的な連結を緩めなければならないとカッシーラーは言う[26]。

（3）シンボル（象徴）　では人間のみに固有なシンボルとは一体何か。カッシーラーによればシンボルはシグナルとは異なり，法則性によってではなく，むしろその可変性によって特徴づけられる。そしてそれは単なる行為の習慣や恣意的な意味付与によってではなく，むしろ創造的

26）カッシーラーはこうしたパブロフの実験に関して，シンボルとシグナルとの関係から次のように主張する。「このことから我々が知り得ることは，この場合に実験者が動物の食物状況を変化させるのに成功しただけに過ぎないということである。彼は新しい要素を意志的に導入することによって，この事態を複雑にしたのである」と。Cassirer, op. cit., p.32.（76頁）

II 「象徴的動物」としての人間　　175

な主観性としての精神をもって初めて可能となる。カッシーラーはシンボルとシグナルの決定的な差異について，特徴的な表現を用いて次のように述べている。

 シグナルは物理的な「存在」の世界の一部であり，シンボルは人間的な〈意味〉の世界の一部である。シグナルはオペレイター（操作者）であり，シンボルはデジグネイター（指示者）である。シグナルは，たとえそのものとして了解され，用いられたとしても，一種の物理的または実体的存在である。シンボルはただ機能的価値（functional value）のみをもっている[27]。

　カッシーラーはこの比喩的な表現を用いてシグナルとシンボルがいかに意味を伝達しているのかを表現している。シグナルはそれ自体がオペレイター（操作者）であり，それを受信する側に主体的な理解を許容しない。そのためシグナルの記号体系は常に固定した意味を受け取ることだけが求められるために，彼はそれが実体的な世界に属すると言う。それに対してシンボルは「機能的価値」のみをもつと言われる。彼がここで「機能」と言う際には，人間における空想や想像といった主観的な機能を意味している。シンボルにおいては，その記号が意味する内容を「指し示す」だけであり，空間的にもまたは時間的にも直接的にその対象と関わっているのではない。そのためそれが指し示す対象が現実に存在しないものの領域にまで拡大することも可能である。カッシーラーによるとシンボルは，それを用いる側によって意図された意味または対象に縛られることはなく，それを受けとる者の精神に働きかける機能をもっている。つまりそれは物理的な実体的世界に存在するのではなく，精神の中でのみその本来的な働きが見出されるのである[28]。

　ところでカッシーラーによると，対象の客観的把握と，対象の関係的

---

27) Cassirer, op. cit., p.32.（76 頁）
28) 金子晴勇はカッシーラーにとっての「シンボル」を次のように理解する。「総じて言語は音声と文字という〈記号〉体系をとおして〈意味〉を伝達する。記号は物理的であるが，意味は精神的であり，意味を運んでいる記号こそ〈象徴〉（シンボル）である」と。そのためここでは「記号」と「意味」とが異なった領域に属し，両者が合わさることによって「シンボル」を構成すると説かれる。金子晴勇『現代ヨーロッパの人間学』知泉書館，2010 年，66 頁。

考察は，人間のシンボル機能（symbolism）に依存する認識能力である。直接的な現実の世界に囚われることのないシンボリズムによってこそ，人間は知覚の「主体」としての自己認識に達することができる。なぜなら動物の世界から見出されるシグナル的な認識においては，いわゆる「条件反射」と呼ばれる外界からの刺激に対する定型的な「直接的反応」を示すだけであり，そこには「象徴系」によって反省的な思考を加える隙間がまったくないために，創造性を前提とする文化的生活には決して到達することはできないからである。そのため人間の文化はシンボルそれ自体と同様に，単なる法則性によってではなく，むしろその多様性または可変性によって特徴づけられる。

　さらにカッシーラーは，このシグナル的な条件反射という行為が，いっさいの「主体性」の自覚が伴っていないために，人間におけるシンボル的思考とは「正反対」の行為であるとさえ言う。それゆえ人間性の本質を解明するには，人間に独特な能力としてのシンボル機能と，その現れとしての文化現象の考察を必要とする。シンボルとシグナルの差異は人間と動物との架橋することができない深淵であり，人間はシンボルを操る能力によって「主体」の自覚に至る。そのため自己の対象化という精神の客観化の作用がこの機能を前提としているならば，そこから展開する文化もまたシンボル機能なしには不可能であるために，カッシーラーは人間を「象徴的動物」と定義したのである。

Ⅲ　情動言語と命題言語の差異

　「象徴的動物」としての人間は認識においてのみならず，思考においても同様に，それが「シンボル的」であるとカッシーラーは言う。ある事柄をそれだけに即して思考するのではなく，他のものとの関係性において捉える「関係的思考」は，彼によると「シンボル的思考」に依存している。そして同時にいわゆる客観的な思考は，シンボル化された人間の言語を媒介しないでは不可能であると説かれる。そこでカッシーラーは，さらにシンボルとは何かを明らかにするためにシンボルそのものとも言い得る「言語」を問題にする。カッシーラーはシンボルがシグナル

と混同されてはならないことを強調したように，言語の考察においては「命題言語」と「情動言語」が明確に区別されなければならないと主張する。前者は人間のみが用いるシンボル的な言語であるのに対して，後者は他の動物からも見出されるシグナル的な言語である。

　ここではカッシーラーによるこうした言語の区別を彼がいかに理解するかを，ヴォルフガング・ケーラー（1887-1967）が類人猿を用いて行った実験から，またシンボルが人間の知的発達に与える影響をヘレン・ケラー（1880-1968）およびローラ・ブリッジマン（1829-1889）という盲目で聾唖であった二人の事例から明らかにしたい。

1　ケーラーの実験からの考察――情動言語と命題言語

　分節された言語が人間のみに与えられた特殊能力であることは，既にヘルダーの『言語起源論』において説いていた。そこでカッシーラーはヘルダーに従って，人間の言語が「動物言語」と呼ばれるものとは本質的に異なるものとして理解する。この点を明らかにするためにカッシーラーは，言語を「情動言語」（Emotional Language）と「命題言語」（Propositional Language）とに区別する。前者は人間と動物に共通して見出される感情の表出であり，後者は人間のみが扱う分節されて客観的な特質をもつ言語である。彼はこれら二つの言語間の差異をヴォルフガング・ケーラーが行った実験を用いて明らかにする。

　ケーラーはチンパンジーなどの高度な知能をもった霊長類を用いた実験において，それらが訓練次第で人間から与えられる「シグナル」を理解することが可能であることを明らかにした。さらに彼によってそれらが身振りを用いて「怒り」や「恐怖」といった自身の情動を表現するということもまた確認されている。しかしながらケーラーがこうした実験から引き出した結論は，次のようなものである。すなわち「チンパンジーには，あらゆる人間言語の特徴をなし，人間言語に欠くことのできない一要素が欠けている。チンパンジーにおいては，客観的な関連または意味を持つような記号は何も見出されない」[*29]。こうしたケーラーの帰結からも明らかなように，動物言語や，原始的な言語においては，客観的

---

29)　Cassirer, op. cit., p.29.（72頁）

または抽象的な内容を意味するのではなく，むしろ自身の「情動」のみを表現する。そのためこうした次元の言語は動物の世界からも数多く見出されるが，それらが情動表出以上の段階に到達することは決してない[30]。それは感情と情動という完全に主観的な領域のみに属する言語であり，そしてそれが単なる情動表出の領域から決して抜け出すことはないことがケーラーによって経験的に証明されたのである。

カッシーラーは用いる言語のこうした差異が，シンボルとシグナルの差異と同様に，人間と動物の生きる宇宙を決定的に区別する契機であると言う。当然のことながら人間が用いる言語においても，瞬間的な「叫び」や「悲鳴」などのような情動言語が見出されるが，人間に特徴的な客観的―抽象的思考は命題言語を媒介としなければ不可能だとカッシーラーは言う。そのため彼が言うところの「シンボル的思考」は，命題言語の獲得が前提とされる。そのため情動言語から命題言語への移行とは，ユクスキュルによる生物の機能的円環を超え出ること，すなわち「シンボル」という人間独自の新たな宇宙への第一歩である。この点について彼は次のように力説する。

> 命題言語と情動言語の間の差異は，人間世界と動物世界との間の真の境界である。動物言語に関する全ての学説と観察は，もしこの根本的差異を認めないならば，甚だしい見当違いに陥ることになる。この問題に関するあらゆる文献を通じて，動物のなかに主観的言語から客観的言語へ，感情的言語から命題言語へと確かに進歩してきたものがあるという事実についての決定的な証拠は，ただの一つもあるとは思えない[31]。

この言葉からも明らかなように，彼にとって情動言語から命題言語への発達は，決して単なる連続的な進化ではない。カッシーラーはそ

---

30) この点に関してS. K. ランガーは次のように言う。「彼ら（チンパンジー）はそのような音声を自分たちの感情とか，おそらく自分たちの欲望のサインとして示すにすぎないことを，彼らの行動についてのあらゆる記述が示している」と。S. K. Langer, *Philosophy in a New Key*, 1951 p. 105（『シンボルの哲学』矢野萬里・池上保太・貴志謙二・近藤洋逸訳，岩波書店，1960年，127頁）

31) Cassirer, op. cit., p.30.（73頁）

Ⅲ　情動言語と命題言語の差異　　　179

れが「突然変異」(sudden mutation) または「創発的進化」(emergent evolution) であると言う。したがって情動言語から命題言語への進化は「飛躍」でなければならないと説かれる。動物がどれほどシグナル的な情動言語を多彩に操ろうとも、それは人間が属するシンボルの領域には達し得ないのであり、カッシーラーによれば動物は進化における「袋小路」へと迷い込んでいる[*32]。こうして彼にとって命題言語はまさに人間を他の生物から区別する第一原理なのであって、それこそが人間にのみ許された客観的─抽象的思考を可能とし、シグナル的世界から人間をシンボル的世界へ導くのである。

2　シンボルの獲得について──ヘレン・ケラーとローラ・ブリッジマンの事例

　上述のようにカッシーラーは、命題言語がまったく人間のみに属する能力だという立場から、それの獲得が人間に与える影響を考察する。彼によればシンボル的思考としての命題言語を操る能力が、あらゆる人間に見られる普遍的現象であることを、盲目で聾唖であったヘレン・ケラーとローラ・ブリジマンの事例が証明する。
　まずヘレン・ケラーの教師であったサリヴァン先生は、ヘレンが初めて言語の「意味」を理解した時のことを詳しく叙述している。それによると、ある朝彼女が目覚めてから顔を洗う際に触れた「水」と、その後にコップから溢れて手に触れる「水」が、ともに同じ「水」(W-A-T-E-R) という語で表されること、そしてそれと同時に他の全ての事物が名前をもっていることを学んだと言う[*33]。顔を洗った「水」とポンプから流れ出た「水」は、用途や温度など、それぞれ異なった特徴をもっている。それにもかかわらず、それらが同じ「水」という同一のシンボルによって象徴されるということを彼女は学んだ。この出来事以降、ヘレンは飛躍的な知的発達を遂げることになった。というのも、それまで彼女はシグナル的な独自の身振りを用いて意志伝達を行っていたが、シンボルとしての言語の「意味」を理解した瞬間に、彼女はシンボルの宇宙に到達して、シンボル的思考を獲得したためである。カッシーラーによると命

---
32)　Cassirer, op. cit., p.31. (75頁) を参照。
33)　Cassirer, op. cit., p.34. (79-80頁) を参照。

題言語は全ての論理的思考を可能とさせる媒体であり，またそれは人間に与えられた普遍的な原理であることをヘレンの事例が証明している。この点について彼は次のように主張する。

> はなはだ高い段階の精神発達および知的教養に到達したヘレン・ケラーの事例は，人間が，その象徴世界を構成する際，感覚的素材の性質に依存していないということを，明らかにかつ反駁の余地なく示している。もし感覚主義の学説が正しいとするならば，もし全ての観念が，もとの感覚印象のかすかな模写にすぎないとするならば，盲目で，聾唖の子供の条件は，実に絶望的なものであろう。なぜならば，その子供は，まさに，人間知識の源泉を奪われているからである[34]。

次にカッシーラーが挙げるのは，人間における関係的思考がシンボル機能に依存していることを証明する事例である。ローラ・ブリッジマンもヘレン・ケラーと同様に盲目で聾唖であったために，指を用いた言語的コミュニケーション方法を学ぶまで，つまりシンボリズムを獲得するまで彼女が独自に作り出した恣意的な音声を感情の表出に使用していた。そのためその音声に一定の法則性があるとしても，人間言語とは異なるシグナルであった。しかし彼女が言語という真のシンボリズムの意味を理解した時に事態は一変した。彼女の最初の教師であったドリュー女史が婚姻によりそれまでのドリューではなくモートンという名字を名乗ることになった際に，その教師はローラの混乱を避けるために旧姓を用いてローラに手紙を出した。しかしながらローラは予想に反して，彼女がドリューではなくモートンと署名すべきであることを指摘したという[35]。この時既にシンボル的思考を獲得していたローラは，婚姻関係に

---

34) Cassirer, op. cit., p.35-36.（83 頁）
35) ローラ・ブリッジマンの最初の教師であったミス・ドリューが，結婚したことによりモートン婦人となった後に，ローラに宛てて手紙を送った。その際彼女はローラを困惑させないため，モートンとしてではなく，ドリューと署名していた。しかしながらローラは，彼女の教師と，その夫との関係を把握し，ドリューと名乗るのは間違いであり，モートンでなければならないと指摘したという。これによりローラが関係的思考を獲得したことが明らかとなった。

よる姓の変更という高度な関係上の問題を理解する能力を獲得していたのである。カッシーラーによれば，この事例が示していることは，ローラがシンボリズムの獲得によって，同時に「関係的思考」を獲得したことであった。この次元に至ってはじめて，それまで彼女が使用していた音声がシンボルとしての「名称」になったのだとカッシーラーは言う。まだ指を用いた言語を操る能力には至っておらず，シンボリズムの入口に立っただけに過ぎない状態であるにもにもかかわらず，ローラは名称とは個別的で具象的な事例のみに属するものではなく，その関係をも意味し，抽象的なものであることを理解した[36]。

　ヘレン・ケラーとローラ・ブリッジマンの事例は，シンボル機能 (symbolism) の獲得が，ごく僅かな外的刺激によっても可能だということを明らかにした。そのためシンボルは本質的な特性としては可変性によって特徴づけられるが，その機能的側面から見るならば普遍的性質を備えていると言うことができる。そして音声言語であろうと，または「触覚言語」[37]であろうとも，命題言語がもつシンボルとしての原理を理解することに成功したのならば，シンボルの宇宙に到達することが可能であるために，シンボル機能は人間にとって普遍的であるとカッシーラーは主張する。

　ところで，程度の差があるとしも，関係的思考が人間だけに与えられた特殊能力ではないことは明瞭である。それは群れを作って生きる動物が，その群れの中で果たすべき役割をそれぞれが関係のうちから理解するように，それは他の生物からも見出される。しかしながらシンボル機能のもとでの関係的思考は，動物のそれとは異なった特徴を示す。なぜならローラ・ブリッジマンの事例が示しているように，人間がもつ関係的思考は，その関係を構成する要素を自由に分離し，そして結合させる

36）この点についてカッシーラーは次のように論じる。「以前の〈音声〉がここで，重要かつ極めて興味ある意味の変化を受けたことは明らかである。それらはもはや，個々の具体的状況から分離できない特殊な音声ではなくなった。それらは抽象名詞になったのである。なぜなら，その子供が発明した新たな名前は，新たな個人を示さず，新たな関係における同じ個人を指示しているからである」と。Cassirer, op. cit., p.37-38.（87頁）

37）ここで彼が言うところの触覚言語とは，シグナル的なものではなく，シンボルの領域に属するものではあるが，いわゆる音声言語ではなく，ヘレン・ケラーやローラ・ブリッジマンが使用した，手や指などの発声器官以外の身体機能を用いて意志伝達を行う言語を指している。

ことが可能であるし，またその関係自体を抽象的に意味する能力を備えているからである。そのためカッシーラーによると，動物においては単に関係を「意識する」だけであるのにたいして，人間は関係を抽象的意味で考察する。こうした意味においても，人間がシンボルの獲得によって動物とは全く異質な世界観をもつ存在であるというカッシーラーの主張は正鵠を射ているように思われる。

おわりに

　カッシーラーは『人間』の最初の三章において，現代の人間学が置かれている状況の考察から出発し，彼自身の哲学的人間学に生物学的な環境理論を導入した。そしてそれによって彼は新たな人間の定義を提唱する。このような『人間』で提示された叙述は『シンボル形式の哲学』には見られなかったものであり，彼のシンボル哲学が最後に到達した高みであるとさえ言えよう。

　さらに注目すべきことであるが，『人間』においてカッシーラーは「シンボル形式」(symbolic forms) という表現ではなく「シンボル機能」(symbolism) という表現を好んで用いた。それは彼の母語であるドイツ語で書かれた『シンボル形式の哲学』と，亡命先のアメリカにて英語で書かれた『人間』との言語的表現の問題ではない。というのは，カッシーラーにとって「シンボル形式」は対象をシンボル的に構成する機能であるのに対して，「シンボル機能」は単なる認識論的な概念ではないからである。それはシンボルそのものを操る論理的思考の媒体としても捉えられているために，先に考察した「象徴系」(Symbolic System) の働きを意味していると考えられる。

　ところでカッシーラーにとってユクスキュルの環境理論は，既に『シンボル形式の哲学』第四巻の構想に入れられていた。当初から彼はユクスキュルによる「感受系」と「反応系」という機械論的な行動分析が，そのままの形では哲学的人間学には妥当しないことを確信していたが，そこでは未だ「象徴系」という概念には到達していない。そこにおいてカッシーラーは「省察」(Betrachten) という行為が機能的円環における

人間独自の領域であるとして,次のように論じている。

> 「機能的円環」のこの閉鎖性,「知覚すること」と「作用すること」のこの相互浸透こそ,我々が人間の世界に接近すればするほどに,いっそう弛緩してくるように思われる。——そしてついには,この人間の世界そのものにおいては,他のいたるところで有機体の統一を形作っている帯紐が,まさしく打ち砕かれるように思われるのである。人間は——単に知覚することの領域からも,単に作用することの領域からも抜け出して,一つの新たな領域,「省察」(Betrachten)の領域を獲得する[*38]。

この言葉からは一見すると『シンボル形式の哲学』から『人間』への直接的な展開が見出されるように思われるが,『人間』における彼の関心は既に『シンボル形式の哲学』のようにカントの超越論哲学を拡大することではなく,むしろ現実における人間の考察であった[*39]。そのためまさに彼自身が『人間』の冒頭で述べたように,この著作は『シンボル形式の哲学』の「説明」であり「例解」なのである。

そこでカッシーラーは『人間』において次のように言う。「何よりも重要なものは,個々の瓦礫や石ではなく,建築の形式としての,その一般的機能である。言葉の領域において,材料としてのサインを活用し,〈これを語らしめる〉のは,その一般的なシンボル機能である」[*40]と。彼が繰り返し強調することは,シンボルとそれを操るシンボル機能とが人間のみに属する特殊な能力であるということであった。そのため彼は最も明瞭にシンボルとシグナルとの境界が現れている言語をここで再び問題

---

38) Cassirer, Zur Metaphysik der symbolischen Formen, in; *Nachgelassene Manuskripte und Texte,* Band1, Herausgegeben von, John, Michael Krois und Oswald Schwemmer, Meiner Felix Verlag Gmbh, 1995, S.42.(『象徴形式の形而上学——エルンスト・カッシーラー遺稿集第一巻』笠原賢介・森淑仁訳,法政大学出版局,2010 年,59-60 頁)

39) カッシーラーは『シンボル形式の哲学』第二巻において次のように主張している。「〈シンボル形式の哲学〉は批判主義のこの根本思想,カントの〈コペルニクス的転回〉の拠って立つこの原理を採り上げ,さらに拡大しようとするものに他ならない」と。Cassirer, *Philosophie der symbolischen Forme*, zweiter Teil, Das mythisohe Denten, 1934, S.39.(『シンボル形式の哲学』第二巻「神話的思考」,木田元訳,岩波文庫,1991 年,75 頁)

40) Cassirer, op. cit., p.36.(84 頁)

としたのである。彼の考察によれば，人間が様々な記号や象徴を用いて命題言語を表出することができるのは，まさにシンボル機能を有するからである。そのためもしも人間がシグナル的世界からシンボル的世界への「飛躍」に失敗していたとしたら，人間は一切の客観的または抽象的思考をもたず，他の動物とは一線を画した特殊な地位が与えられることはなかったであろう。こうした意味においても，観念論的な人間の内的現象のみの考察によってではなく，自然科学の成果を取り入れ，現実の人間に即して考察した『人間』において与えられた「象徴的動物」という新たなる人間の定義は，極めて鋭い洞察であると言えよう。

終　章
『シンボル形式の哲学』の後世への影響

――――――

　これまで『シンボル形式の哲学』を中心としてカッシーラーのシンボル哲学を考察してきた。彼の議論は多彩な分野からの理論が援用されているために，一見すると「シンボル形式」という幹が周囲の枝や葉によって覆い隠されているかのように思われるかもしれない。しかしながら，彼のシンボルに関する著作を縦断的に考察すると，そこには「精神の機能」という共通した基本理念が見出される。そのため本書では，1923年に第一巻が著された『シンボル形式の哲学』から，最晩年である1944年の『人間』に至るまで，哲学者としてのカッシーラーを特徴づけるシンボルの問題が一貫した道筋を辿った思想体系であることを示そうと試みた。彼の手法は常に歴史的であり，彼以前の思想家たちによる功績を検討しつつ，それらが孕む問題点を補いながら拡大することによって，独自の哲学を展開させたのである。このような「シンボル哲学」の理解は，独断的に想定されたものとしてではなく，いわば「健全な」哲学探求の模範的研究としても有意義であるし，上述のように様々な分野の理論に精通した彼の学説全体から我々が学び得ることは極めて多いと言えよう。

　ところで，本書の最初にも予め触れておいたことではあるが，本書を構成する6つの章は，それぞれが独立した構造を成してはいるものの，そこには有機的な連関が存在するのであり，カッシーラーの「シンボル哲学」の全体像を理解するためにはそれぞれが必要不可欠な議論であった。そこでここでは，最終章としてこれまでの議論を総括し，彼の基本思想を回顧すること，および次代への影響という観点からシンボル哲学

における後継者と呼びうるアメリカの哲学者S.K.ランガー (1895-1985) によるシンボル哲学の展開を考察したい。

I 「シンボル形式の哲学」の結論

1 「シンボル形式」とそれが関わる表象の構造

カッシーラーが主張する「シンボル形式」は、それぞれが独自の光源となって文化を創造する精神の根源的な力である。彼はそれぞれのシンボル形式を、その起源と機能という側面から包括的に解明した点にすぐれた功績を残した。カッシーラーは『シンボル形式の哲学』を神話的思考と科学的思考との中間に位置する「言語」の考察から出発し、次に言語と神話の起源としての「神話的思考」、そして最後に彼のシンボル哲学全体を基礎づける「自然的シンボル機能」と、彼が「人間の精神的発達における最後の段階であり、人間文化の最高にして最も特徴的な成果」と呼ぶ「科学的思考」を考察した。そこで彼が主張するシンボル形式と、それらが関わる表象とを簡略な図によって示すならば、次のように表すことができるであろう。

シンボル形式	表象
科学・科学的思考	数・科学記号
言語・神話（宗教）	言語・神
神話的思考	瞬間神
自然的シンボル機能	意味

カッシーラーのシンボル哲学においては、第3章にて考察した「自然的シンボル機能」が全ての「人為的なシンボル形式」を通底する基礎概念であり、その上に神話的思考、言語・神話、そして科学的思考が成立する。しかしながらここで留意しなければならないことは、こうした図式的なシンボル形式の区分が可能であり、またそれらの位置づけを空間的に理解するために有用であるとしても、それぞれのシンボル形式が互いに全く断絶したものではないという点である。カッシーラーの哲学にお

いて，人間の精的発達は常にそれ以前の段階を包含しつつ展開するものとして理解され，そこには連続性が存すると説かれた。そのため第4章において考察したように，そこでは最も高度に抽象化された「科学的思考」でさえも，自然的世界概念に深く根を張っている「言語」と密接な関わりをもつと理解される。ヘルダーは人間が人間として存在したその瞬間から，言語と理性を同時に保持していなければならなかったと主張したが，カッシーラーはそうした主張を，文化を構成する精神の諸形式という観点からさらに詳細に検討することによって，いかに人間がより高度なシンボル形式を獲得し，それらを用いた思考が可能であるかという「生成」と「機能」の問題を体系的に解明したのである。

2 「世界観」としてのシンボル形式とメルロ＝ポンティの批判

ところで，カッシーラーの「シンボル形式の哲学」での主張によれば，人間は精神の発達によって世界を異なる仕方で理解する「力」を獲得する。そのため J. M. クロイスは「シンボル形式の哲学は，第一義的には認識論なのではない。その主題は〈世界理解〉（Weltverstehen）の諸形式であり，言語およびその他のシンボル形式による意志疎通の形式である」[*1]と言う。この主張は『シンボル形式の哲学』が，単にそれまでの「認識論」の伝統に従った研究や計画ではない点を指摘している。そのため本書において「カッシーラーの認識論」という言葉を用いた際には，常に彼が伝統的な認識論を拡大し，拡充しようと試みた「認識論」という意味においてである。ここでのカッシーラーの意図は，単に人間がシンボルを用いて外界を認識する手段の探究に限られたのではなく，むしろそれは文化を生み出す精神の現象全体であった。彼が「シンボル形式」と言うときには，常に精神の機能としてそれが捉えられており，フンボルトが言語に対して主張したように，その諸形式は人間の「世界観」を構成する。人間がもつ世界観は，理論的なものと直観的なものとが合体して成立しているとカッシーラーは理解するために，言語や科学的思考といった高度な形式だけではなく，神話的思考という直観的な認識の領域にまでその考察対象が拡大されたのである。そうすることによっては

---

1) Cassirer, *Symbol, Technik, Sprache*, Felix Meiner, Verlag GmbH, 1955, xvii-xviii.（『シンボル・技術・言語』篠木芳夫・高野敏行訳，法政大学出版局，1999年，6頁）

じめて，人間がシンボル形式を用いて世界を「理解する方法」の解明が可能であると彼には思われた。こうした理解はカントが『純粋理性批判』で主張した「構成説」による影響が色濃く現れており，そのためフランスの現象学者メルロー＝ポンティは『知覚の現象学』（1945年）において次のようにその問題点を指摘する。すなわち「カッシーラーが，意識の分析できるものはただみずからが綜合したところのものだけだという，カントの法式をふたたびとりあげるとき，彼は明らかに主知主義にまいもどった」と[*2]。確かにメルロー＝ポンティが主張するように，カッシーラーのシンボル哲学は人間の「主観的な」認識能力が中心的な問題に据えられているため，主知主義的な思想体系であることは確かである。しかしながら，カントの哲学が孕む問題点を最も強く意識していたのは他ならぬカッシーラー自身であり，彼はそうした問題点をフンボルトの言語学または心理学や生物学の諸理論を用いて補いつつ拡大しようと試みたのである。そのため彼は現代における諸科学の成果を取り入れることによって，ただ観念的に想定された形而上学的な基礎にもとづく機能としてではなく，まさに精神の内で現象するシンボル機能の考察によってその本性を明らかにしたという点において，確かな価値をもつ哲学的人間学であると言えよう[*3]。

3　『シンボル形式の哲学』におけるシンボルの規定

第3章において詳細に検討したように，カッシーラーにとっての「シンボル」とは，言語に代表される「人為的なシンボル機能」だけに留まるものではない。それは彼が「シンボルの含蓄」という概念を用いて先験的な意味の存在を主張したように，一般的には「前シンボル的」なものと思われるような領域にまで及んでいる。そのためカッシーラーの哲学における「シンボル」は，根源的な「意味作用」から文化現象の全体にまで拡大され得る概念であると言うことができる。そこでは「表示」

2）　メルロー＝ポンティ『知覚の現象学 I』竹内芳郎・小林貞孝訳，みすず書房，1967年，216頁。
3）　同じ箇所でメルロー＝ポンティは，カッシーラーの著作に関して次のようにその価値をも同時に認めている。「尤も，彼の書物が含んでいる現象学的な，それどころか実存的ですらある分析の方は，われわれとてもやはり利用すべきであろう」と。メルロー＝ポンティ，前掲訳書，216頁。

または「表象」としてのシンボルだけが問題とされるのではなく、むしろ彼にとっていっそう重要であった問題は、シンボルを操る精神の機能的普遍性、すなわち「シンボル形式」の機能的本質の解明であった。したがって彼は人間の創造的な主観性に基づいて生み出される文化現象から出発して、そこで実際に機能する客観的な本性を現象学的に解明する試みであったと言い得る。こうした意味においては、E. スキデルスキーが自身の著書『エルンスト・カッシーラー』（2008 年）の中で主張するように、カッシーラーは「主観性の分析をもって客観性を補った」のである[4]。

シンボルによって構成される文化現象は、あまりに多様な形態をもって現れている。そのためのこうした文化の多様性を、実体的な統一として記述することが困難であることを『人間』において主張するカッシーラーは、人間の知的な能力としての「理性」や「悟性」だけによっては、その全てを説明し尽くせない点を指摘した。彼にとって人間は本来的に多様性によって特徴づけられるべき存在であり、そのためカッシーラーは人間を「象徴的動物」と定義した。この考え方に代表されるように、彼は人間が他の動物とは異なり、シグナルではなくシンボルを操る能力にこそ普遍的な本性が存すると理解する。カッシーラーは『シンボル形式の哲学』を言語の考察から出発して、それよりも原始的なシンボル機能としての神話的思考、そしてさらに「自然〔本性〕的シンボル機能」としての純粋な直観形式へと遡行し、そして最後に科学的思考という最も高度に抽象化された思考形式を探求した。このような議論の道筋は、彼にとっては人間の精神的発達がシンボル形式の発達と相即しながら比例的に展開したことを示そうとする試みであり、それはまたカントの『純粋理性批判』においては問題とされなかった言語を中心とした精神作用の解明である。第 2 章で述べたように、神話的思考は言語の発達と共に新たな次元へと展開するのであり、そしてやがてそれぞれのシンボル形式が独自の権利をもって人間の認識と思考に関わりはじめる。そのためカッシーラーは、『人間』において文化とは全体的に考察すると

---

4) Edward Skidelsky, *Ernst Cassirer, The Last Philosopher of Culture*, Princeton University Press, Princeton and Oxford, 2008, p.115 参照。

「人間の漸次的な自己解放〈self-liberation〉の過程」[*5]であると言う。シンボル機能の発達に伴う文化的発展は、人間を自然な生活圏から解放するのであり、こうした考え方はヘルダーが人間は本能の代わりに「自由」が与えられたと主張したのと一致する。先に挙げたクロイスによる見解と同様に、カッシーラーにとっての文化を生み出す機能としてのシンボル形式は、かつてヴィルヘルム・フォン・フンボルトによって世界を見渡す「乗り物」として言い表された「言語」と同じ意味において用いられている。しかしながらカッシーラーはそれを言語に留まることなく、さらに文化全体へと拡大することによってそれを新たに哲学的人間学の中心的な問題に据えたのであった。

II　S. K. ランガーによるシンボル哲学

　カッシーラーが「シンボル」の問題を中心にして構想した文化の哲学は、アメリカの哲学者にして美学者である S. K. ランガーに大きな影響を与えた。彼女のシンボル哲学が最初に世に出たのは、1942 年に第一版が著された『シンボルの哲学』(*Philosophy in a New Key*) である。この著作は後に 1951 年版、1956 年版と版を重ねることになるのだが、第三版の「はしがき」で述べられているように、その後の『感情と形式』(1953) へと展開する彼女のシンボル哲学の「序曲」(prelude) となっている[*6]。『感情と形式』では、『シンボルの哲学』での議論を前提して新たな芸術論の構築が試みられており、それゆえこの著作は彼女のシンボルに関する基本思想を理解する上で極めて重要な文献である。

　さらにランガーは 1962 年に『哲学的素描』(*Philosophical Sketches*) において、新たなシンボルの定義を試みた。この著作は『シンボルの哲学』と同様に、続く大著『精神：人間の感情についてのエッセイ』(1967-82) の先行研究となっている。彼女はこの著作の最初で「素描」という言葉によって、それが後に完成する絵画の輪郭、または下絵のような著作で

---

5) Cassirer, *An Essay on Man*, Yale University Press, New Heaven, 1944, p.228.（479 頁）
6) S. K. Langer, *Philosophy in a New Key*, Harvard University Press, 1957, vii.（『シンボルの哲学』矢野・池上・貴志・近藤訳、岩波書店、1960 年、iii) 参照。

あることを述べている*7。そのためこの著作においてもまた，出発点となるべき基本思想が同じく明瞭に述べられている。そこで本節では上述の著作を基にして，S. K. ランガーによるシンボル哲学をカッシーラーのそれと比較しながら考察してみたい。

1　ランガーにおけるシンボルの問題

ランガーはシンボルの問題を彼女の哲学探求の中心に据え，それが現代哲学における「創造的観念」（generative idea）であると言う。彼女が言うこの「創造的観念」とは，『シンボルの哲学』の第一章にて主張されている概念であり，それはそれぞれの時代がもつ問題意識を規定し，そこから多くの新しい思想が展開してくるような「思考の形式」を意味している。それはその時代の関心事によって変貌するものであり，彼女によると現代における創造的観念は「シンボル」（symbol）である。そこで彼女はこのシンボルを探求する意義を次のように主張する。

> シンボル化という基本的観念の中に——我々は全ての人文的な問題の基調をもつ。そこに「心性」（mentality）についての新しい考えかたが横たわっており，この考えかたは伝統的な科学的方法が行ってきたように，生命と意識の問題を曖昧にするのではなく，それに光を投ずることができる。もしもそれが真に創造的観念であるならば，精神と身体，理性と衝動，自律と律法についての，全く行き詰った逆理を取り去るところの，それ独特の具体的な方法を生み出し，ひいては過去の議論の表現形式そのものを放棄し，いっそう意義深い言い回しによって，それに対応する表現形式を形成し，これによって過去の議論の行き詰まりを打開するであろう*8。

ランガーはカッシーラーがシンボルを操る人間の精神的機能を問題にしたのとは異なり，彼女はシンボルそのものの意味をいっそう深く探求することによってシンボル哲学を推し進めようと試みる。とはいえ，彼

---

7) S. K. Langer, *Philosophical Sketches,* The Johns Hopkins Press, Baltimore, 1962, viii.（『哲学的素描』塚本利明・星野徹訳，法政大学出版局，1974年，2頁）参照。

8) S. K. Langer, *Philosophy in a New Key,* p.25.（27頁）

女が初めて自身の思想を表明した『シンボルの哲学』第三章「サインとシンボルの論理」にて展開する彼女の議論は，カッシーラーの思想とほぼ一致している。彼女もまた，「シンボル」は人間のみが操る記号である点を指摘し，シンボルと他の動物が用いる「サイン」とを区別する。しかしここで彼女が「サイン」(signs) と呼んでいるものは，カッシーラーが『人間』において「シグナル」と呼んだ記号に相当する場合が多く見受けられる。というのも，この著作の第一版が書かれた1941年は，カッシーラーが『人間』（1944年）においてシンボルとシグナルの厳格な区別を要求するのに先立っており，さらに彼女はこうした記号の区別がチャールズ・モリスの『記号・言語・行動』（1946年）によっていっそう適切に区分されて用いられていることを1951年版への序言において認めている[*9]。そのためこの著作においてランガーが「サイン」と呼んでいるものは，カッシーラーの意味での「シグナル」に置き換えて理解されなければならない[*10]。(以下，ランガーに関する叙述においては，引用文を除いて「サイン」ではなく「シグナル」と表現すべき箇所はすべて「シグナル」と呼ぶ)。

　そこでランガーは，シグナルとシンボルとの差異を次のように主張する。すなわち「サイン（シグナル）は行動の基礎であり，あるいは行動を命じる手段である。シンボルは思考の道具 (instrument) である」[*11] と。ランガーはここでカッシーラーと同様に，ヘレン・ケラーが言語の意味を理解した時の事例が人間の思考とシンボルとの関係を最も明瞭に示しているという。そのためカッシーラーの『シンボル形式の哲学』においても，シンボルそのものと言われた言語の地位は，ランガーにおいても

---

9) チャールズ・モリスはシンボルとシグナルの差異を次のように主張する。「生物がそれ自身に，他の行動の支配下において，それの代理となる記号を与え，その代理となる記号が示すものを示すことによって，その記号は「シンボル」となる。その場合における記号の処理はシンボル的処理 (symbol-process) である。こうした状況に適合しない場合には，その記号はシグナルであり，記号の処理はシグナル的処理 (signal-process) である。さらに簡潔に言うならば，シンボルとはその他の同義の記号の代理を務める通訳者 (interpreter) である。そしてシンボルではない全ての記号はシグナルである」と。Charles Morris, *Signs, Language and Behavior*, George Braziller, znc., 1955, p.25.

10) ランガー自身もまた，ここで「シグナル」という用語を数回用いてはいるものの，時にそれは「サイン」と混同されているために，シンボルに対立する概念としてのシグナルに，両者を包摂するより大きな枠組みとしての「サイン」が用いられなければならない。

11) S. K. Langer, op.cit., p.63. (75頁)

人間に「思考」を可能とさせる道具として理解される。

　さらにランガーはシグナルとシンボルとの相違を，それぞれを構成する要素の相違から明らかにする。彼女によると，シグナルは三つの要素から，またシンボルにおける最も基本的な機能である表示機能（denotation）は四つ要素からそれぞれ構成されており，それぞれの記号は根本的に異なった機能として理解される。ここで彼女が主張するシグナルとシンボルの構成要素を図によって示すならば，次のように表すことができる。

シグナル	シンボル（表示機能）
主観（subject）	主観（subject）
信号（sign）	象徴（symbol）
対象（object）	観念（conception）
	対象（object）

　ランガーが主張するシグナルとシンボルの相違は，そこに観念が関わるか否かによって区別される。それはカッシーラーが主張したのと同様に，シグナルにおいては記号と対象とが直接的に結びついているが，シンボルの表示機能では記号としてのシンボルが結びつくのは対象ではなく，その「観念」（conception）である。たとえばランガーによるとシンボルとしての言語においては，ある観念はシンボルとしての言葉に内包（connotation）されている。言葉が観念を内包しているために，人間は言葉によって直接的に対象そのものを知覚するのではなく，それに含まれる「観念」を知覚するのである。人間が現前する対象のみならず，可能的な対象をも知り得るのは，まさに言葉に内包された観念が存在するためであるとランガーは言う。こうした主張は，カッシーラーがシンボルの考察において説いたものよりも，いっそう深くシンボルの内実を的確に言い表しており，シンボル自体の考察が中心に据えられるランガーの哲学に特徴的なものである。しかしながら，カッシーラーがシンボル形式とは対象を再構成して認識する機能であると主張したのと同様に，ランガーにとってのシンボル化機能もまた対象を再現前化（represent）する機能としと理解される点において両者は一致する。カッシーラーは

精神における再現前化の機能を，精神がもつ本性的な作用として叙述したが，ランガーもそれに従ってシンボル化の過程そのものを再現前的であると捉える点において一致する。そのためランガーのシンボル哲学は，カッシーラーが『シンボル形式の哲学』から『人間』において主張した人間に固有な精神的機能を，言語や芸術といった「人為的なシンボル機能」によってその本性を明らかにしようとする試みであると言えよう。

2　「定式化機能」としてのシンボル機能

既述のように『シンボルの哲学』において，シンボルを「思考の道具」として捉えたランガーは，『哲学的素描』に至ると，それのいっそう明確な定義づけを試みる。そこでの彼女の主張によると，精神のシンボル化（symbolization）とは，最も包括的な意味における「定式化機能」（formulative function）に他ならない。彼女のこうしたシンボル機能の定義づけは，カッシーラーがカントの超越論的構成を発展させた「シンボル形式」を受容するものであると言える。というのもランガーにとってもまた，人間の認識が関わる対象は物自体ではなく，超越論的に定式化されものとして理解されるからである。そしてさらに，彼女はあらゆる経験を定式化するシンボル化の機能は，同時に抽象化の機能であることを指摘し，カッシーラーと同様にそれが人間に備わった本性的な機能であると言う。たとえばこの点についてランガーは次のように説く。

> 形式の知覚はシンボル化の作用から生ずるのであり，形式の知覚とは抽象作用に他ならない。抽象作用は通常，困難かつ不自然な作用として扱われている——しかしながら，私にとっては良くも悪くも否定し難い自然主義的視点からみるとき，もし抽象作用が人間精神にとって自然でなかったとすれば，そもそもいかなる人が抽象的思考を開始したかを理解することが困難になるのだ。考えるに，形式の知覚あるいは抽象作用は，たとえば関係や意味の認識がそうであるのと同じく，直観的なものだというのが事実である。それは論理的直観の基本的行為のひとつであり，その根源的かつ典型的出現

はシンボル化の作用にみられるのだ*12。

　ここでランガーは，シンボル化の機能が人間にとって「自然」な機能であることを主張しているが，こうした見解は既に『シンボルの哲学』においてさらに詳細に論述されている。それによるとシンボル化の機能は，人間のみがもつある基本的な欲求（a primary need）に起因する*13。人間の行動が他の動物とは異なって，非合理的な要素を常に含んでいることは，宗教的ないし神話的祭祀が外的な自然を支配するための物理的な力として捉えられていたという例からも明らかである。そのためシンボル化の機能は，単に動物的な合目的性によって発生したものとは考えられないのである。カッシーラーはこうした非合理的で，人間独自のシンボル形式の萌芽としての「神話的思考」の存在を主張したが，ランガーにおいては，それは人間における「シンボル化の欲求」として記述される。既に述べたように，シンボルそれ自体が「思考の道具」であるならば，認識を定式化する機能すなわちシンボルを生み出すシンボル化の機能は，思考の行為ではなくそれに先立つ行為でなければならない。こうしてカッシーラーにおいては世界そのものを分節する機能であった「シンボル形式」と同様の理解がランガーの「シンボル化」の機能からも見出される。しかしながらランガーは，シンボル化の機能に留まることなく，シンボルそれ自体の考察を推し進めたという点において，カッシーラー哲学からの発展的展開が見られる。そこで最後にランガーが説く「シンボル」の特性をカッシーラーの主張との比較的視点から考察することによって，ランガーのシンボル理解の結論としたい。

3　カッシーラーとランガーのシンボル理解

　ランガーはシンボル化の機能が，何らかの超越的なものによって与えられたものではなく，それが動物としての人間がもつ固有な欲求である

12）　S. K. Langer, *Philosophical Sketches*, p.62-63.（75-76頁）
13）　彼女は次のように自身の立場を明言する。すなわち，「人間には，おそらく他の動物のもたないような一つの基本的欲求があり，そしてこの欲求が彼を駆り立てて明らかに非動物的な目的に，思いあこがれる空想とか，価値の意識とか，全く非実践的な熱狂とか，聖なるものに満たされた〈来世〉の意識などに向かわしめるのであると私は考える」と。S. K. Langer, *Philosophy in a New Key*, p.40.（46頁）

と言う。こうした理解はカッシーラーが人間を「シンボルを操る動物」と定義した事態と一致する。カッシーラーは人間が「動物」であると断言はしなかったが，ランガーにおいては人間における神的な要素のほぼすべてが排斥される。そのためランガーは，心理学や生理学などの研究成果を積極的に取り入れることによって自身のシンボル理論を展開させた。しかしながら，それでも依然として彼女のシンボル哲学にはカッシーラーの学説による影響が色濃く現れており，シグナルとシンボルとを区別しつつ，シンボルを操る能力にこそ，人間の本性が存すると言う。

カッシーラーは『人間』において，ユクスキュルが提唱した独創的な環境理論に，新たな連結としての「象徴系」を導入することによって人間が単なる刺激とそれに対する反応という機能的円環から自由であると主張した。ランガーもまた同様に，人間の認識がシンボルによって間接的である点を指摘し，比喩を用いて次のように力説する。

> シンボル化は推理以前（pre-rationative）のものであるが，理性以前（pre-rational）のものではない。それは人間的な意味におけるすべての知能作用の出発点であり，思考とか空想とか，行動よりも一般的である。というのは，頭脳は単に巨大な送信機，〔電話の〕超交換台ではないからであり，むしろ巨大な変圧器に例えるのがよい。それを通じて流れる経験という電流は，その性質の変化をうけるが，この変化は知覚を生ずる感覚器官を通過することによるのではなく，その知覚を即刻利用する最初の仕方によるのである。つまりそれは人間の精神を構成するシンボルの流れに吸収されてゆくのである[*14]。

ランガーのこの言葉からも明らかなように，人間が知覚した印象は，そのまま直接的に認識へとつながるものではない。そこでは精神または思考によって変化を被るのであり，感覚器官を通じて知覚した内容はシンボル化される。そうした事態を言い表すために彼女は人間のシンボル的思考を「変圧器」（transformer）という言葉で比喩的に表現する。カッ

---

14) S. K. Langer, *Philosophy in a New Key,* p.42.（48頁）

Ⅱ　S. K. ランガーによるシンボル哲学

シーラーはこうしたプロセスを「象徴系」という一元化された大きな概念によって言い表したが，ランガーはそれを詳細にシンボルの分析から叙述しようと試みた。

　彼女によれば，人間に与えられる感覚的経験や感情と言ったものは，それぞれが個別的な印象であるにもかかわらず，それらに関して共通の感覚をもちうるのは，認識を定式化するシンボル化の機能に起因している。全ての表象には一定の「パターン」が存在しており，それがなければこうした現象が生じることを説明することはできない。そしてある対象についての「表象」としてのシンボルは，常に共通した観念を含んだものでなければならない。この点に関しては既に図表を用いて示したが，シグナルとシンボルとの相違は，その記号が対象を示すものであるのか，または観念を示すものであるのかという点であった。そのためランガーは，人間がシンボルを用いて，元来はまったく個別的であった内容が理解可能となる理由を次のように説く。

　　どの二人の人も，おそらく全く同じようにものを見るのではない。彼らの感覚器官はそれぞれ相異なっており，彼らの注意力も心象も感情も，それぞれ相異なっているのだから，彼らは同一の印象をもっているとは想像できない。しかし，もし事物（または事象，人間など）についての彼らのそれぞれの表象が，同じ観念を具体化（embody）している場合には，彼らは互いに理解し合うであろう[*15]。

　カッシーラーの哲学においては，人間が「シンボル形式」または「シンボル機能」によって世界をいかに認識し，それを理解するかに焦点が当てられていたのとは異なり，ランガーの哲学においては，それがいかに理解可能なものとなるかが問題とされる点に異なった問題意識が存すると言えよう。そのためランガーは，シンボルとは主観を導いて対象の観念（conception）を心に描かせるものであると言う[*16]。カッシーラーはシンボルには予めその意味が含蓄（Prägnanz）されていると主張したが，ランガーにとってのシンボルは，観念が具体化されたもの，または

---

15) S. K. Langer, op.cit., p.71.
16) S. K. Langer, op.cit., p.61 参照。

観念を運ぶものとして理解されている。しかしながら両者ともにそれが対象を直接的に意味するものではないという点においては一致しており，ランガーはそうした事態をカッシーラーよりも明確に表現しているのである。

　カッシーラーは精神の再現前化の機能が世界を構成する根源的な力であると主張したが，彼女にとってのシンボルは，もはや単なる対象の代理（proxy）ではない。それはシンボル的思考を可能とさせる道具であり，彼女の探求はよりプラグマティックにシンボルの実用的見地からなされる。そのためランガーは，カッシーラーが『人間』において試みたような，現実に機能するシンボル機能の探求から出発することによって，「シンボル形式」または「シンボル化機能」の哲学を実用的見地から推し進めたのである。人間の根源的な精神の機能の探求においては，ランガーはカッシーラーの偉大な業績に基礎を置いており，そうした意味においては二人の哲学は互いに相補的な役割を果たしている。そのためカッシーラーのシンボル哲学をいっそう包括的に，また明示的に理解するための道筋として，ランガーによるシンボル哲学が有意義な洞察与えてくれると言えよう。

付論　カッシーラーの宗教理解
——カントを中心とした啓蒙主義理解の考察——

はじめに——『啓蒙主義の哲学』の主題

　本稿の主たる目的は，現代ドイツの哲学者エルンスト・カッシーラー（1874-1945）が，カントを中心とする18世紀の啓蒙主義哲学における宗教の問題をいかに理解したかにある。というのも，これまで一般的に17世紀から18世紀にかけての啓蒙主義の時代は，それ以前の伝統的な宗教と教会に対峙し，それらに対する批判的または懐疑的な思想潮流として特徴づけられてきた。しかしながらカッシーラーはこうした見解に反論して，この時代が成し遂げた積極的な価値を見出す。彼の有名な著書『啓蒙主義の哲学』（1932年）では，この点が次のように語られている。

>　我々が啓蒙主義の時代をその基本的意図において非宗教的な時代，信仰に敵対的な時代と見做すならば，それはやはり不十分であり，疑問であろう。なぜならば，このような見解はこの時代の他ならぬ最高の積極的な事業を見落とす危険を冒すからである。懐疑主義それ自体は，けっしてこのような積極的な事業を打ち立てることはできない。啓蒙主義の最も強力な思想的衝動とその固有な精神エネルギーは，それが信仰を拒否したことにではなく信仰の新しい理念（Ideal）を宣布したことに，つまりそれが宗教の新しい形式（Form）を具体化したことに存する[1]。

---

1) Cassirer, *Die Philosophie der Aufklärung,* Felix Meiner Verlag, Hamburg, 2007, S.142.（カッシーラー『啓蒙主義の哲学』中野好之訳，紀伊国屋書店，1962年，165頁）。以下邦訳での出典箇所は（　）内にて記す。

まさにこの言葉の中に，カッシーラー独自の啓蒙主義理解の基本思想が明瞭に示されている。ここで彼が言うところの「宗教の新しい形式」とは，それ以前の時代のようにただ啓示に従うことのみを宗教的信仰とするのではなく，それを一つの能動的な精神の「形式」と見なすカッシーラー特有の理解である。

ところで，カッシーラーが言うこのような宗教の新しい形式は，18世紀末のカントによって完成を見るが，しかしそれは既に15世紀のニコラウス・クザーヌス（1401-64）によって提唱された普遍的宗教の理念，すなわち「宗教的普遍主義」が，カントによって明確に定式化されるに至ったことを意味するに過ぎない[*2]。カッシーラーによれば18世紀の啓蒙主義は，「この問題を前世紀からの思想的遺産として継承したのであり，ただ新しく身につけた精神的武器を用いてそれを手がけさえすればよかった」[*3]。つまり18世紀の啓蒙主義が与えた真性な価値は，それ以前に構築された体系を単に破壊するだけでも，または受容するだけでもなく，むしろ「理性」という新たな思考の道具によって「疑いつつ求め，破壊しつつ構築する」[*4]という思想的活動の形態または様式のうちに存すると彼は主張する。

こうしたカッシーラーの啓蒙主義理解は，他の思想史研究と比較するならば，それがいかに優れた洞察であるかがいっそう際立って現れてくる。たとえばポール・アザールの著書『ヨーロッパ精神の危機』（1935年）では次のように語られている。すなわち，「17世紀人はキリスト教徒だったが，18世紀人は反キリスト教徒だった。17世紀人は神法を信じていたが，18世紀人は自然法を信じた。17世紀人は不平等な階級に分かれた社会のうちでのうのうと暮らしていたが，18世紀人はただひたすらに平等を夢見た」と[*5]。さらには啓蒙主義哲学における革新的な

2）15世紀のニコラウスから始まり，16世紀のヒューマニズムによって普遍的宗教が求められていたという理解は，カッシーラー以前にも既にディルタイの『15・16世紀における人間の把握と分析』（1891-92年）によって説かれている。この著作がもつ鋭い洞察と，同時にそれが孕んでいる問題点については，エラスムスのヒューマニズムとの関連から，金子晴勇『エラスムスとルター——十六世紀宗教改革の二つの道』聖学院大学出版会，2002年，229頁以下にて詳細に検討されている。

3）Cassirer, op.cit., S.143.（167頁）
4）Cassirer, op.cit., XIII.（vi）
5）ポール・アザール『ヨーロッパ精神の危機』野沢協訳，法政大学出版局，1973年，3頁。

部分,すなわち道徳的な理性を宗教に替わるものとして捉えたグレトゥイゼンは『フランス革命の哲学』(1956年)の中で次のように語る。「ある国民は他の国民を,マホメットでなくイエス・キリストを信じているという理由で,打ち滅ぼした。宗教の歴史には,不合理きわまりない迷信やきわめてさまざまな礼式が見られるが,ゾロアスターであれ,マホメットであれ,あるいはイエス・キリストであれ,宗教の創始者たちの主張していることはつねに同じ道徳的要求である。そして,この道徳は迷信の中にあるのでもなく,宗教的儀式の中にあるものでもなく,また教義とも何の関わりもない」[*6]と。これらの啓蒙時代を主に扱った歴史研究の著作は,カッシーラーの『啓蒙主義の哲学』以後に出版されたものであるにもかかわらず,既にカッシーラーが指摘していた上述のような要請に答えていない。カッシーラーによれば,啓蒙主義が取り扱った主題は「宗教的信念」それ自体であった。啓蒙主義は信仰の「内容」を取り扱ったのではなく,「信仰それ自体のあり方(Art),意図(Richtung),機能(Funktion)」[*7]が問題とされたのである。そのためカッシーラーによる啓蒙主義理解は,イギリスで興った理神論(Deism)的な立場から見た「自然的宗教」の問題を巡って展開される。そこで本稿では『啓蒙主義の哲学』を中心として,彼がいかに「宗教の形式」という概念を用いて,カント(1724-1804)に至る啓蒙主義哲学の宗教論を理解するかを明らかにしたい。

I 堕罪の教義とフランス啓蒙主義
―― パスカル・ヴォルテール・ルソー ――

カッシーラーによるカントの宗教理解を考察する前に,まずはパスカル(1623-62)からルソー(1712-78)へと展開するフランス啓蒙主義の基本思想を明らかにしておく必要がある[*8]。「ルソーはカントにとっ

---

6) グレトゥイゼン『フランス革命の哲学』井上堯裕訳,法政大学出版局,1977年,68頁。
7) Cassirer, op.cit., S.143.(166頁)
8) 先に引用したポール・アザールの主張,すなわち「17世紀人はキリスト教徒であったが,18世紀人は反キリスト教徒だった」という言葉は,フランスの啓蒙主義において,と

て，〔単に認識の領域においてだけでなく〕倫理の国において〈独断の
まどろみから彼を目覚めさせ〉，彼を新たな問題に直面させ，彼を新
たな解決へと駆り立てた思想家だった」[*9]と彼は言う。そのためカッシー
ラーが，いかにルソーの思想を捉えるかを明らかにすることによって，
カントの宗教理解がいっそう明瞭になると言えよう。

1　パスカル──人間の堕罪と二重的性格

　パスカルは彼の死後に公刊された『パンセ』（1670年）において，デ
カルト的な明晰な論理を用いてキリスト教の教義を「弁証」することを
試みた。カッシーラーによればパスカルは，「信仰ある人びとに対して
ではなく，不信仰な人びとに向かって語りかけ，しかも彼ら自身の土俵
の上で彼らにまみえた」[*10]。そこでパスカルは人間の二重性，すなわち
最も崇高にして同時に最も堕落した存在としての人間の本性は，ただ理
性の力だけでは解明することができない点を強調し，堕罪の教義を擁護
した。彼は人間を次のように叙述する。

　　人間はそもそもいかなる怪物であろうか？　何という奇妙，何とい
　　う怪異，何という混沌，何という矛盾にみちたもの，何という驚
　　異であることか！　あらゆるものの審判者にして，地中の愚かな
　　蚯蚓（みみず）。真理を託された者にして，不確実と誤謬の溜り場。宇宙の光
　　栄にして，宇宙の屑[*11]。

　パスカルにとって理性は決して「完全な」真理に到達することができ
ない不完全な機能であるために，彼は逆説的な方法を用いて教義を弁証
しようと試みた。つまり人間の矛盾した二つの本性こそ，現実におけ

りわけパスカル（1623-62）とヴォルテール（1694-1778）の関係に妥当する。啓蒙主義哲学
が一貫して廃絶を試みた原罪の教義は，17世紀のパスカルによっては擁護され，18世紀のヴォ
ルテールにとっては批判対象となった。さらにルソーもこの問題ではヴォルテールに味方を
したという事実も，18世紀を「反キリスト教的な時代」という印象をいっそう強めている

　9)　Cassirer, *Rousseau, Kant, Goethe*, Felix Meiner Verlag, Hamburg, 1991, S.27.（カッシー
ラー『18世紀の精神』原好男訳，思索社，1979年，54頁）
　10)　Cassirer, op.cit., S.149.（174頁）
　11)　パスカル『パンセ』世界文学全集11，松浪信三郎訳，筑摩書房，1975年，384頁。

る「堕罪」の証明であり，それは天上の力によってのみ解明され得るとパスカルは主張する。カッシーラーによれば，「論理的認識においては，未知のものは既知のものに関係づけられてはじめて説明がつくのに反して，ここパスカルの世界においては，既知なるもの，所与なるもの，そして我々の直接的な存在そのものが，或る絶対的に未知なるもの（ein schlechthin Unbekannte）に基礎をおいている」[12]。

しかしながらパスカルは，無条件的な服従による信仰を要求したのではないという点で，極めて新しい思考様式を採用したとカッシーラーは言う。つまりパスカルは「ちょうど円錐曲線に関する研究によって幾何学的問題を，そして真空についての論文によって経験的物理学の問題を手がけたのとまったく同じような方法的手段に訴えて，彼はこの問題の解決にとりかかった」[13]。こうして今やパスカルによって教義の問題は，「証明」されるべきものとして据えられ，これに反対するためには，彼以上に明確な論拠とその証明が求められるに至った。カッシーラーによれば，フランスの啓蒙主義が繰り返しパスカルへと立ち戻らなければならなかった理由は，まさにこの点に存する。

2　ヴォルテール——人間性の擁護と中間的帰結

こうしたパスカルによる論理的な教義の証明に対決することによって，人間性の擁護を試みたのが18世紀のヴォルテールであった。彼はパスカルが主張した人間の矛盾した二重の性格こそが，その豊穣性と多面性そして流動性の根源であると主張し，そこから人間の創造的で，無限な可能性を見出した。彼はイギリスで興った自然的宗教を求める理神論の思想を受容することによって啓示宗教に対峙した。彼の『哲学書簡』（1734年）では，既に理神論的な立場が表明されており，そこではキリスト教の教義や秘蹟がいかに非合理的であるかが説かれた[14]。そのため

---

12) Cassirer, op.cit., S.150.（176頁）
13) Cassirer, op.cit., S.149.（174頁）
14) ヴォルテールは『哲学書簡』において次のように明確な理神論的な立場を表明した。「哲学者で神から霊感を受けたと称したものなど全然いない。なぜなら，そう言ったときから，彼は哲学者であるのをやめ，そして預言者となってしまうだろうから。イエス・キリストがアリストテレスよりもすぐれているはずか否かを知ることが問題ではなくて，イエス・キリストの宗教が真の宗教であり，マホメット，異教徒たちの宗教その他いっさいの宗

パスカルが理性の無力を唱えて神への聴従を求めたのに対して，ヴォルテールはこの問題を現実の生活に即して採り上げることによって，矛盾する人間の本性を，自然的，または必然的状態として叙述した。彼はパスカルに対して次のように言う。

> 概して，パスカル氏がこれらの『パンセ』を書いた精神は，人間を醜悪な姿のもとに示すことにあったように，私には思える。彼はわれわれすべてを悪者として，不幸な存在として描こうとやっきになっている。彼はイエズス会士たちに反対して筆をとったのとほぼ同じ調子で，人間性に反対して筆をとる。一部の人たちにしか属していないものを，われわれの性質の本質であろうとする。彼は人類にたいして弁舌さわやかに悪口雑言(あっこうぞうげん)を浴びせる*15。

堕罪の教義を論理的な方法によって証明したパスカルを超克して人間性を擁護するためには，それに代わる「悪」の起源を現実の人間がもつ理性の力によって明らかにしなければならない。しかしながらカッシーラーによると，ヴォルテールは生涯に渡ってパスカルを批判し続けたにもかかわらず，彼は常にパスカルの主張に対して妥協せざるを得なかった。というのも彼は最終的には無神論者でも，またシャフツベリのような形而上学的な汎神論による楽天主義者でもなかったからである*16。彼は現実に存在する「悪」に対して盲目的になることはなかったために，人間が生まれながらに全く善き存在ではないとしても，道徳世界に従っても生き得る存在として叙述せざるを得なかった。ヴォルテールはパスカルが主張した人間の二重的な性格を，その中庸的な姿のまま捉え，その状態に満足する。そのためカッシーラーは，「彼は正面からの〔パス

教が間違っているのを立証することが問題である」と。ヴォルテール『哲学書簡』串田孫一編，世界の名著 35，中央公論社，1998 年，215 頁。

15) ヴォルテール，前掲訳書，213 頁。

16) カッシーラーによれば，当初ヴォルテールは快楽を享受することにこそ，人間の生きる意味があるとするような，純粋な享楽主義的な哲学を信奉していた。しかし，後の 1755 年に起きたリスボン大地震によって思想の転換が生じた。こうした人間の二重の性格を，そのままの姿で描き，そして受容するという思想は，1759 年に著された『カンディード』からも見出される。

I　堕罪の教義とフランス啓蒙主義

カルに対する〕戦いを避けているようにしか見えない」*17 と言う。このようなヴォルテールのパスカルに対する妥協が，グレトゥイゼンによっても次のように指摘されている。

　　ヴォルテールには，一方に，批判にかけては至高の権威者である自己の意識があり，他方には，人間が宇宙について得ることのできる知識についてのあきらめた態度がある。──しかし，たしかに，この理解することのできない巨大な全体は，永久に理解できないがままに留まるであろうが，だからと言って，パスカルの場合のように，それは彼を怯えさせるものではない，それは一つの偉大な工芸作品であって，我々はその一部をなしている。我々はその全体を理解することはできないだろうが，その中に存在し生きており，それだけで十分なはずだ*18。

　さらにグレトゥイゼンの歴史研究の中では，ヴォルテールは人間の理性を復権させた哲学者として叙述されており，フランス国内の不条理を告発し，「人々に，おのおのの知的な独立を自覚させた」*19 と説かれる。カッシーラーはグレトゥイゼンが与えたほどにはヴォルテールに思想的価値を認めてはいないものの，彼はヴォルテールの思想によって原罪の教義に代わって，新たな「悪」の起源を理性によって導き出すという，18世紀の啓蒙主義哲学が目指した積極的な問いの契機となったことを認める。というのも，このようにフランスにおいてはパスカルによって基礎づけられた神義論の問題は，単に神学や形而上学の問題としてだけではなく，他の領域へも移されたからである。それまでは全ての学問を基礎づけているかのように思われた神学の前提は，18世紀の啓蒙主義哲学においては逆に他の学問領域からの「証明」が求められる。こうした態度は続くルソーによって，いっそう明確になっていく。

---

17)　Cassirer, op.cit., S.151.（177頁）
18)　グレトゥイゼン，前掲訳書，99-100頁。
19)　グレトゥイゼン，前掲訳書，111頁。

3 ルソーの宗教論──宗教的精神の根源としての「良心」

　フランスの啓蒙主義は常にその出発点として据えられた『パンセ』を問題とせざるを得なかった。そこではルソーもまたその例外ではない。しかしカッシーラーによれば，「ルソーはパスカルの人間告発を真剣に採り上げ，その問題の重大性をあますところなく感じ取った 18 世紀最初の思想家であった」[*20]。ルソーもまた，パスカルが説いたように現実の人間がいかに堕落した存在であるかを「社会」または「国家」という観点から認めるものの，ルソーにとって堕罪の教義は既にその効力を失っていた。そこで彼は神義論の問題の中へ新たに「自然状態」の理論を導入することによって，パスカルの超克を試みた。すなわちルソーは，人間が堕罪によって「悪」の素質を先天的に有していると考えるのではなく，それは社会の内での成育過程において植えつけられるものと理解する。そこで彼は人間を「自然人」と「社会人」（人為の人）とに区別して次のように特徴づける。

　　自然人は，自分がすべてである。かれは単位となる数であり，絶対的な整数であって，自分にたいして，あるいは自分と同等のものに対して関係をもつだけである。社会人は分母によって価値が決まるにすぎない。その価値は社会という全体との関連において決まる。[*21]。

　こうしてルソーは，『エミール』第一編で，本来的な人間と現実の人間との区別，すなわち神によって創造されたままの人間と，実際に「現世」に生きる人間とを区別した。カッシーラーはこのような人間を問題とする際に用いる区分の的確な要求こそ，カントがルソーを称えた点で

---

20) Cassirer, op.cit., S.162.（189 頁）
21) ルソー『エミール』（上），今野一雄訳，岩波文庫，2011 年，33 頁。
　さらに彼は『人間不平等起源論』（1754 年）の中では，人間の自然状態について次のように主張する。
「人間の現在の性質のなかに最初からあったものと人為によるものとを区別し，さらに，もはや存在せず，おそらくは少しも存在したことのない，多分将来も決して存在しないような一つの状態，しかしながらそれについて正しい観念をもつことが，われわれの現在の状態を，十分知ることは，取るに足らぬ仕事ではない」と。ルソー『人間不平等起源論』小林善彦訳，世界の名著 30，中央公論社，1966 年，113 頁。

あったと言う*22。ルソーは人間における全ての「悪」の根源を，経験的存在と経験的過程のうちに見出す。したがって当然のことながら，本来は全く善き存在であったはずの人間に現世にて生じた「悪」の素質は，「現世」のみに属する性質でしかあり得ない。そこで彼は現実の悪に対しては，超越的な力によってではなく，それが現世で生じたのであるから現世に属する力をもって，自己を悪から開放しなければならないと主張する。というのも，それが自己のうちから発現したものであるとするならば，自己に属する力のみによって対処することが可能だからである。

こうしたルソーによる新たな根源悪の理解に対して，カッシーラーは次のように言う。「ルソーの倫理的・政治的理論は責任の観念をこれまで試みられなかった方向へと移すものであった。その理論の真の歴史的意義と体系的価値は，それが〈責任〉能力の新しい主体を創出したことに存する」*23と。人間に備わっている「悪」の素質はルソーによって神から人間自身へと，その責任が連れ戻された。しかしながらカッシーラーによれば，ここでルソーが「人間」と言うときには，それは個々の人間だけを意味しているのではなく，社会全体をも意味している。そのため同様に社会によって与えられた傷は，その社会によって癒されなければならないとルソーは主張する。カッシーラーはこのようなルソーの洞察に，18世紀の啓蒙主義哲学が成し遂げた，宗教に対する新たな主体性を見出す。そこでは人間の堕落は人間自身に起因するものと説かれ，そのため人間自身による能動的な信仰のあり方が要求されている。

ルソーは伝統的な教義や，単に聖書を後ろ盾とした権威をきっぱりと拒否した*24。彼にとってそれらはすべて，単に人間と神との間の深淵を

---

22) この点についてカッシーラーは，自身が『啓蒙主義の哲学』の序文的な著作であると述べている『18世紀の精神』（1944年）において，次のように述べている。「カントがこの区別のなかに見たものは，人類の発展の歴史的記述や進化論的仮説ではなかった。むしろ，倫理的・社会的批判への貢献，真の価値と偽の価値の識別を見たのだった」と。Cassirer, *Rousseau, Kant, Goethe,* Felix Meiner Verlag, Hamburg,1991, S.21.（カッシーラー『18世紀の精神』原好男訳，思索社，1979年，47頁）

23) Cassirer, op.cit., S.164.（192頁）

24) たとえば彼は次のように言う。「わたしには攻撃することのできない証拠があるにしても，解決することのできない反論もある。賛否いずれにも強固な理由がたくさんあって，どちらに考えをきめたらいいのかわからないわたしは，それをみとめることも，否認することもしない。わたしはただ，それをみとめる義務を否認する。このいつわりの義務は神の正義と両立しないことだし，救いへの道の障害をそれによってとりのけることにはならず，か

深めるだけのものであり，啓示を「気まぐれ」の所産であるとさえ言う[*25]。そのため人間は，一切の他者による助力に頼ることなく，彼自身の力だけによって神へと向かわなければならない。そこでルソーが宗教的精神の源泉として捉えたものが「良心」であり，カッシーラーはまさにこの点に宗教の問題におけるルソーからカントへの直接的な影響を見出し，次のように力説する[*26]。

> ここにルソーの宗教の核，そしてそれをすぐにカントに結びつけるものがある。——ルソーはカントと同じように，神を認識する唯一の道は良心によって導かれるのであり，そこにあらゆる宗教の真実への鍵が横たわっていると確信していた[*27]。

こうしてルソーによって宗教の問題は，同時に倫理の問題へと発展させられた。そのためそこでは，実定的な啓示宗教から脱却し，社会全体が良心と自由に従うことで成立する自然的宗教が主張された。そしてこのことは続く考察にて採り上げるカントの宗教論において，宗教と倫理との同一視としていっそう際立って現れてくる。

II　カッシーラーによるカントの宗教論理解

カッシーラーによってカントの宗教論が展開されている著作は，『カントの生涯と学説』（1918年）と『18世紀の精神』（1944年）である。そのためカッシーラーによる直接的なカントの宗教論についての叙述は極めて少ない。この事実は一見すると，カント主義者であるカッシーラー

えって障害を大きくし，人類の大半の者にとって克服しがたいものにしたことになるからだ」と。ルソー『エミール』（中），今野一雄訳，岩波文庫，2009年，270頁。
25)　ルソー『エミール』（中），前掲訳書，239頁参照。
26)　『エミール』第四編「サヴォアの助任司祭の信仰告白」では，次のように語られている。「良心！ 良心！ 神聖な本能，滅びることなき天上の声，無知無能ではあるが知性をもつ自由な存在の確実な案内者，善悪の誤りなき判定者，人間を神と同じような者にしてくれるもの，おんみこそ人間の本性をすぐれたものとし，その行動に道徳性をあたえているのだ」と。ルソー『エミール』（中），前掲訳書，223-224頁。
27)　Cassirer, *Rousseau, Kant, Goethe*, Felix Meiner Verlag, Hamburg,1991, S.48-49.（83頁）

にとって不可解なように思われる。そのため『18世紀の精神』の編者序論においてピーター・ゲイは,「カッシーラーはカントを経由してルソーに達した。すなわち,まずカントの眼を通してルソーを見たのである」[28] と主張する。しかしながらこの見解は,ただルソーのみに妥当するのではないように思われる。なぜならカントは『啓蒙とは何か』(1784年) において,自身が生きる時代を称して「啓蒙されつつある時代」と呼んだけれども,カッシーラーにとってカントの宗教論は啓蒙主義哲学の考察の出発点であり,また終着点でもあるから。そのため,彼は常にカントを通して17世紀から18世紀の啓蒙主義哲学を見ていると言い得るのであり,彼の啓蒙主義哲学の解釈ではその随所にカント的な概念が用いられている。そこでここでは,上述の資料を基にして,カッシーラーによる啓蒙主義哲学の理解における基本思想としてのカントの宗教論を考察したい。

1　カントの宗教論における基本思想

ルソーの場合と同様に,カントにおいても良心の理解が宗教の問題では重要な意義をもっている。カントは敬虔主義の家庭環境でキリスト教の影響を強く受けて育ったが,彼の良心理解は批判期に至ると宗教的なものから次第に理性的なものへと変化していった。ルソーが人間における「悪」の根源を,現世での成育過程から見出したのとは異なり,カントは人間が本来的に「悪への性癖」をもつ存在として理解する。まさにこれがカントの言うところの「根本悪」であるのだが,カントの意図は根本悪の起源の解明ではなく,むしろこうした傾向性を律する理性が問題の中心に据えられる。この意味においてカントの宗教論は倫理学と同一視されているのである。

カントの宗教論はルソーが主張した純粋に倫理的な宗教を,さらに啓示宗教の中から基礎づけようと試みるものである。ルソーが良心に宗教的核心を捉えたように,カントは普遍的な道徳律に基づいた義務（当為）をその基礎におく。そのためカッシーラーは,両者が主張するところの信仰を,「倫理的確信を宗教的確信の支え,根拠づけとするのであ

---

28) カッシーラー『18世紀の精神』原好男訳,1979年,10頁。

り，後者を前者の基礎づけとするのではない」[*29]と言う。カント自身は，『単なる理性の限界内での宗教』第一版（1794年）（以下『宗教論』と呼ぶ）の序文で次のように断言する。

> 道徳は，それが自由な，だが自由であればこそ自分自身を自らの理性によって無条件的法則に結びつけもする存在者である人間の概念にその基礎をもつ限り，人間の義務を認識するのに人間を超えた人間以外の存在者の理念を必要とするものでもなければ，またその義務を履行するのに法則そのもの以外のなんらかの動機を必要とするものでもない[*30]。

したがってルソーと同様にカントは道徳の源泉である良心は，超越的な力に従うのではなく，むしろそれは内的法廷としてまったく人間の領域のみに属する特質として理解する。また道徳的な精神は，同様に内世界的な表象とも無関係に作用しなければならず，そうでないとするならば，それは道徳自身のためにではなく，むしろ宗教のために作用する「偽の奉仕」となると彼は言う。

ところで，人間を「自然人」と「社会人」とに区別したルソーは，人間が本来あるべき状態を省みることを要求した。こうした区分は同様に宗教にも妥当し，ルソーによって本来あるべき宗教として，人間の本来的な良心に基づいた自然的宗教が説かれた。カントはこうしたルソーの宗教的核心となっている基本思想を，実践理性による事実として展開する[*31]。しかしながらカントは，ルソーのようにいっさいの啓示宗教を拒

---

29) Cassirer, *Rousseau, Kant, Goethe*, Felix Meiner Verlag, Hamburug, 1991, S.50.（85頁）
30) Kant, *Die Religion innerhalb der Grenzen der bloßen Vernunft*（*Kants Werke*, Bd.VI）verlegt bei Bruno Cassirer, Berlin, 1923, S.141.（カント『宗教論』カント全集第9巻，飯島宗享・宇都宮芳明訳，1974年，理想社，15頁）
31) カッシーラーはルソーの「自然人」に関する思想と，カントとの相違を次のように説く。「カントはここ〔『世界市民的見地における一般歴史考』〕で依然としてルソーの言葉で語ってはいるものの，その思想の体系的にして方法的な基礎付けにおいては，ルソーを超えている。ルソーは，人類の全歴史を罪のない幸福な状態からの堕落と見做し，人間は，社会の中へ入り込み社会的結合へと繋がれる以前は，そのような幸福な状態の内に暮らしていたのだとするが，カントには，このような原始状態についての思想は，それが歴史的事実として考えられるならばユートピア的であり，道徳的理想として考えられるならば曖昧不明瞭なものと映る」と。Cassirer, *Kants Leben und Lehre*, (*Immanuel Kants Werke, herausgegeben von*

否して，理性のみに基づく自然的宗教を求めているわけではない。というのも，彼が言うところの「単なる理性の限界内での宗教」は，普遍的な道徳律に従う「自然的宗教」から展開すべき理性宗教であるからである。そこでカントはそれが自然的宗教であれ，または啓示宗教であれ，宗教とは「われわれの一切の義務を神的命令として認識することである」*32 と言う。しかしながら彼によると自然的宗教と啓示宗教では，その義務の認識方法が異なる。そのため彼はこうした側面から啓示宗教と自然的宗教を次のように定義する。

> あることを私の義務として承認するために，それが神的命令であることを私が前もって知っていなければならないような宗教は，啓示された（あるいは啓示を必要とする）宗教である。これに反して，あることを神的命令として承認しうる前に，それが義務であることを私があらかじめそこで知っていなければならないような宗教は，自然的宗教である*33。

このようにカントにとって両者の宗教間の差異は，人間がいかに「義務」（Pflicht）を認識するかによって区分される。しかしながら上述のように，彼にとってはこれらの宗教は，互いに完全に対立しあうものではない。というのも，たとえそれが啓示によって広められた宗教であったとしても，個々の人間が自身の純粋理性のみによって真理へと到達し得るものだとすれば，それは啓示宗教でありながら同時に自然的宗教でもあり得るからである。そのためカントは，啓示宗教と自然的宗教を和解させるために，教会の本来あるべき姿と役割を次のように言う。「自然的宗教における普遍的な人間理性がキリスト教の信仰の教えにおいて最高の命令原理として承認されなければならないが，しかし教会がそれに基づき，解釈者と保持者としての学者を必要とする啓示の教えは，無知な者に対してすらも前者を理解させ，それを弘布し持続させるための

Ernst Cassirer, Bd.XI）verlegt bei Bruno Cassirer, Berlin, 1923, S.238.（カッシーラー『カントの生涯と学説』門脇卓爾・高橋昭二・浜田義文監修，みすず書房，1986 年，236 頁）

32) Kant, op.cit., S.302.（212 頁）
33) Kant, op.cit., S.302-303.（212 頁）

たんなる，しかもきわめて価値のある手段として愛され培われなければならない」[*34]と。したがってカントが主張するところの宗教は，単に教義へと服従するだけの宗教でも，またはそれを破壊しようとすることだけでもなく，両者の信仰を同時に可能とさせる宗教である。

　こうした理解はカントの思想的発展のなかで徐々に明確さを増し，晩年の著作に至ると，彼は人間の「自律」に基づいた哲学を展開する[*35]。晩年の著作，たとえば『人倫の形而上学』では，宗教を神学的な見地から考察するのではなく，むしろ彼はいっそう明確にその問題を倫理学の領域へと引き入れた。そこでは良心と神との関係は希薄化し，彼は良心を「内的法廷の意識」として，行為が義務に適っているか否かがそれによって判定される。そのため「良心」はただ主体のみに関わる実践理性として理解され，そうした判定を「まるで他の人格の命令でやっているように考えぬわけにはいかない」[*36]とカントは言う。このような「他者」は理想的人格としての「神」であり，彼はそれを内的審判者として立てる。

　カントの良心論はこのような神学的側面を残してはいるものの，彼にとっての神は単なるイデー（理念）であり，人間は道徳的に立法する神聖な存在者たる実践理性に服従すべきことが説かれる。ルソーに比べてカントにとっての良心は，神によって導かれる神律的特質を残してはいるものの，そこでは啓蒙思想によるキリスト教の世俗化の跡が明瞭であり，神律から自律への方向が刻み込まれている。このような良心の理解こそ彼の宗教性の根底をなしていると言えよう。こうした意味においては，カントが主張する良心は魂の根底である霊性と同様の機能をもっている現象である。

---

34) Kant, op.cit., S.314.（227頁）
35) カントは初期の『倫理学講義』で良心を「内的法廷」として規定し，良心が告発者であるのに自愛は弁護人であって両者は対決し合うと説いた。この著作では彼は良心を啓示された法則との関係を指摘し，それを神的立法者に結びつけ，神的法廷の代理人であるという。パウル・メンツァー編『カントの倫理学講義』小西国夫・永野ミツ子訳，三修社，1968年，169-170頁参照。
36) カント『人倫の形而上学』森口美都男・佐藤全弘訳，世界の名著，中央公論社，1972年，555-559頁。

2 カッシーラーの理解——『宗教論』の評価

宗教と倫理の同一視という立場は,既にカントの『純粋理性批判』のうちでその萌芽が示されている[*37]。彼が言うところの道徳とは,人間が単に自然的法則に束縛されることのない「自由」を前提とするものであり,そしてカッシーラーによると,この自由の概念こそカントの宗教哲学における一貫した主要問題であると主張し,次のように言う。

> 人びとは,カントの宗教哲学とカントの道徳哲学との間に,贖罪の概念を前者の特殊な内容として特徴づけることによって,厳密な境界線を引こうと試みた。しかしこれに対立して,贖罪という主題はカントの宗教論にとっては,それ自体が自由の問題の一定の書き換え以外の何ものをも意味しないということが,正当に主張されている。彼は,道徳的主体自身の所業にとって代わるような超自然的な神的干渉という意味におけるいかなる贖罪も知らないし,また許容もしない[*38]。

カントが晩年の『宗教論』で主張するところのものは,宗教の本来的な意義とは,それが啓示信仰の内容だけにあるのではなく,むしろ自然法則から自由な存在である人間にとって普遍的な道徳律に従ったうえで,「神意」に適うように行動しなければならないということである。こうした意味においてカントの『宗教論』は義務の倫理学であり,人間の行為における自身の意志が問題とされる。こうした考えは批判期の著作においても同様であり,例えば『実践理性批判』においては「汝の意志の格率が常に同時に普遍立法の原理として妥当し得るように行為せよ」[*39]と語られ,純粋な理性によってのみ認識可能なア・プリオリな

---

37) カントは『純粋理性批判』の序文で次のように主張する。「道徳哲学は,自由(最も厳密な意味での)を我々の意志の性質として必然的に前提している,——換言すれば,我々の理性に存する根源的な実践原則を,理性にア・プリオリに与えられているものとして用いている,かかる原則は自由を前提しなければまったく成立し得ないからである」と。Kant, *Kritik der reinen Vernunft*, (*Kants Werke*, Bd.III) verlegt bei Bruno Cassirer, Berlin, 1922, S.24. (カント『純粋理性批判』(上),篠田英雄訳,岩波文庫,1993 年,42 頁)

38) Cassirer, op.cit., S.416. (412 頁)

39) Kant, *Kritik der praktischen Vernunft,* (Kants Werke, Bd.V) verlegt bei Bruno Cassirer, Berlin, 1922, S.35 (カント『実践理性批判』波多野精一・宮本和吉・篠田英雄訳,岩波文庫,

義務概念が主張された。カッシーラーによれば，カントはこのような義務概念を，単に想定された観念としてではなく，『宗教論』においてはそれをキリスト教の啓示の内から見出す。というのも，「キリスト教が幾世紀にもわたって維持されてきたことが，既に彼にとってはキリスト教の中に端的に普遍妥当的な意義の契機が存在するに違いないということの証明に値するものであった」[*40]から。カントの言う普遍妥当性とは，もちろん全ての人間に当てはまるという意味であり，そのため彼は何ら疑念を抱くことなしにキリスト教の教義自体のうちに，純粋理性に基づく倫理的な宗教の源泉を見出すことが可能であった。そのためカントはキリストによる普遍道徳的な教説と，新約聖書の教義とを区別するけれども，前者は福音書としての後者から見出され得るものとして理解される。こうした考え方からカントは，道徳的信仰を阻害し得るような全ての宗教的祭祀や，補助的な教説のみに固執する宗教は，「恩恵獲得の宗教」に過ぎないと批判し，宗教を基礎づけるべき根源的な道徳の重要性を主張した。

　しかしながらカッシーラーは，カントの『宗教論』は，こうした一貫した主張が展開されている一方で，多岐にわたる制限が設けられていると言う。ここで彼が言うところの「制限」とは，カントをとり巻いていた思想的環境を意味している。カントは当時のプロイセン政府との政治的，宗教的問題による激しい確執があったために，政府に対して，自身の主張内容に特別な配慮をせざるを得なかった。そのためカントの『宗教論』では，彼以前の啓蒙主義哲学者がしたような，痛烈な啓示宗教批判が後退している[*41]。しかしながらカッシーラーは，こうしたカントの表現上の譲歩によって，その意図が見誤られてはならないと主張する。彼によれば，カントの宗教論は，かつて彼が『純粋理性批判』において，伝統的な形而上学を破壊することではなく，むしろ自然科学的な思考方式によって再構成することを試みたのと原理的には異ならない仕方で伝統的な宗教の再構成を試みたのである。カッシーラーはまさにこうした

2009 年，72 頁）．

40) Cassirer, op.cit.,S.414.（409-410 頁）

41) そのためたとえばゲーテはカントの『宗教論』が単に正統派信仰や教義学を肯定するだけのもののように理解した，とカッシーラーは言う。

点に，カントの『宗教論』がもつ真性な意義があると主張する。彼は言う，「批判的思惟様式にとっては，破壊することではなく構築することが重要であったので，それは手許にあるものが純粋理性の諸要求に適合した新たな形態を取るようになるまで，それを漸次的に内部から改造していくために，さしあたりそれをその現状のままで触れないでおいたのである」[42]と。それゆえカッシーラーは，カントの『宗教論』がまったく新しい宗教哲学の体系の構築を目指したものとしてではなく，むしろ純粋理性によってのみ把握されうる普遍的な道徳としての自然的宗教によって，啓示宗教の再構築を試みた著作であると主張する。

おわりに──『宗教論』が与えた積極的な契機と自然的宗教

1 『宗教論』が与えた積極的な契機

これまでカントに至る啓蒙主義哲学における宗教論を，いかにカッシーラーが理解したかを考察してきた。本稿の最初にて採り上げた啓蒙主義哲学における積極的な契機としての「宗教の新しい形式」とは，まさにカントが啓示宗教と自然的宗教とを和解させることによって達せられたのである。啓蒙主義の時代が，ただ反宗教的な時代であったわけではないとカッシーラーが主張するときには，このようにカントによって構想された新たな宗教のあり方が前提されていた。フランスの啓蒙主義においては，啓示宗教に対する痛烈な批判が展開されたけれども，カッシーラーによればドイツの啓蒙主義が目指したものは，啓示宗教の破壊ではなく，新たな思考方式の確立であった。そうした意味においては，彼らは常に純粋に「哲学」の領域から宗教の問題に取り組んだのであった。その中でもカントの宗教論が果たした意義は，カッシーラー以外の思想家によっても高く評価された。たとえばシュバイツァーは『カントの宗教哲学』(1899年) において，次のようにその価値を称える。

『宗教論』はカントの宗教哲学の最高の完成を示すものである。す

---

42) Cassirer, op.cit.,S.414.（409頁）

なわち，その思想は近代的である。カントはこの著作の中で，その言葉づかいによってではないにしてもその思想によって，彼の時代をはるかに超えていたのである。このことは，彼が宗教的な，彼の同時代の思惟の相対峙する方向，すなわち合理主義と敬虔主義という二つの方向を——みずからの高い立場から，それらのもつ一面性を克服することによって——それがすでに過去に属するものであるかのごとく，渾然一体となして高次の統一へともたらすことができた，という事態のうちにもまた示されている[*43]。

ここでシュバイツァーが言うような，カントの『宗教論』における「近代性」についてカッシーラー自身は言及してはいないものの，自然的宗教と啓示宗教を総合させたことで，カントがルソーよりも一歩先んじていると評価する点においては一致する。そしてカッシーラーは単に破壊することによってではなく，第一に普遍的な道徳性を尊重し，宗教の本来あるべき形態と機能を説くという点において，はじめてそれが「積極的」な価値を生むと説く。というのも，彼にとって単なる「懐疑」や「判断停止」からは，いっさいの積極的な価値が創出されることはないと理解されるからである。そのため彼は，かつてニコラウス・クザーヌスによって提唱された普遍的宗教による「信仰の平和」の理念が，カントによって「新たな宗教の形式」として理性批判の領域から主張されているのを見出すのである。

2 啓示的宗教と自然的宗教

ところで，これまで主な問題として扱ってきた自然的宗教とは，原始的な自然崇拝を意味しているのではない。トレルチによると理神論思想は自由思想であって，この立場からする哲学的な宗教の探究は，時代と場所の相違を超えて妥当する普遍的，規範的な宗教であった。この普遍性，理性性，合理性，理念性こそが，自然的宗教の「自然的」という意味をあらわしている。これに反して信仰対象が自然現象である場合には，それは自然崇拝（naturism）と呼ばれ，それはまた「自然宗教」と称さ

---

43) シュバイツァー『カントの宗教哲学』（下），斎藤義一・上田閑照訳，白水社，2004年，66頁。

れる。したがって自然宗教は未開宗教や原始的な宗教などを意味するが，自然的宗教とは，文化の高いヨーロッパ社会の教養人がもつ宗教思想である[*44]。

このような「自然的宗教」の理解に基づくならば，カッシーラーが主張したように表面的な言動に囚われて，啓蒙思想を単に宗教に敵対するだけのものとして理解することはできない。むしろそれらの批判の根底には自然的宗教の理念が存在しており，それが新時代の霊性の発露となっている点を看過してはならない[*45]。この意味でカッシーラーの次の主張は正鵠を射ているというべきであろう。「今や論議はもはや個々の宗教的教理やそれの解釈についてではなく，宗教的信仰自体の本性をめぐって行われた。つまり単なる信仰内容が問題なのではなくて，信仰それ自体のあり方，意図，機能が問題にされねばならない」[*46]。そのため20世紀を代表する哲学者であるカッシーラーによる宗教の理解は，無神論者とニヒリズムが蔓延する現代の思想状態においては極めて重要な意義をもち得る。カッシーラーが主張するルソーからカントへと展開した新たな宗教の形式としての「自然的宗教」は，例えそれが異なる宗教であっても等しく妥当するものであり，それを単なる懐疑的な思想と断じるのではなく，むしろ再び宗教が果たすべき役割を現出させる契機となる。

---

44) 楠正弘『理性と信仰——自然的宗教』未来社，1974年，11-13頁参照。

45) 啓蒙時代における自然的宗教と啓示宗教とは分離しているように思われやすいが，ホッブズやハーバート，ディドロなどの若干の例外を除けば両者は結びつく可能性を残している。しかしライマールスのように両者が表面的には結びついているが，実際は分離している偽装した自然的宗教もある。カントの場合には啓示宗教自体を合理化することによって自然的宗教との結合を試みたものと理解される。

46) Cassirer, *Die Philosophie der Aufklärung*, S.143. (166頁)

(資料)

エルンスト・カッシーラー

フンボルトの言語哲学におけるカント的要素

齊藤　伸訳

訳者序文

　この翻訳は Ernst Cassirer, *Geist und Leben Schriften, zu den Lebensordnungen von Natur und kunst, Geschite und Sprache*, Herausgegeben von Ernst Wolfgang Orth, Reclam, Leipzig, 1993. に収められたカッシーラーの論文，Die Kantischen Elemente in Wilhelm von Humboldts Sprachphilosophie（1919）の全訳である。『シンボル形式の哲学』第一巻「言語」が出版されたのが1923年であり，1919年の秋に書かれたこの論文は，それに先行する研究である。

　カッシーラーがこの論文に与えたその表題からも明らかなように，彼はここでフンボルトの言語哲学が，カントが『純粋理性批判』の中で展開した超越論哲学と密接な関係をもつ思想体系であることを指摘する。カッシーラーは，とりわけカントとフンボルトによって思想的にも，方法論的にも極めて大きな影響を受けており，彼がどのような関連においてこの二人の先人達を理解したのかは重要な意味を有する。さらに，この論文の特筆すべき論点は，フンボルトの言語哲学が，カントとヘルダーの対立を仲裁せしめたとカッシーラーが理解する点である。私は本書のなかで繰り返し述べたが，カッシーラーの哲学にはヘルダーからの影響が色濃く現れている。したがってこの論文は，カッシーラーがいかにカント，ヘルダーそしてフンボルトを理解し，またいかにそれらの思想を彼自身の『シンボル形式の哲学』へと摂り入れたかを知るための有用な資料となるであろう。

　カッシーラーはこの論文において，カントが『純粋理性批判』がほと

んど「言語」の問題に言及しなかったこと，それはヘルダーにとっては，カントによって突き放されるように感じられたことであろうと述べている。その後もカントとヘルダーは，相互に理解し合うことはできなかったが，ヘルダーの後に登場したフンボルトの言語論が両者の和解を可能にした。カッシーラーによれば，フンボルトは批判的観念論の手法を用いてヘルダーの言語哲学をいっそう実り豊かで，確実なものとしたのである。しかしながらこうした見解は，フンボルトからカントに至る「隠された道」が見落とされたことによって，採り上げられなかったと彼は言う。そのためこの論文は，言語哲学的に有意義であるばかりか，ハーマンの批判以来，常に言語に関する問題の欠如が根本的欠陥であると見なされてきたカントの批判哲学にも新たな展望を与え得ると考えられる。

　なお，訳出に際しては，カッシーラーの難解な文章，そしてさらにフンボルトの難解な思想や用語によって苦しめられたが，フンボルトの邦訳書，『言語と精神』亀山健吉訳（法政大学出版局，1984年），『双数について』村岡晋一訳（新書館, 2006年）に助けられたことは幸運であった。そしてこの論文との出会いを作って頂き，さらに私にドイツ語を初歩から教えて下さり，共にこの論文を読んで下さった金子晴勇先生の助力なしには，この訳業を完成することはできなかったであろう。この場を借りて研究上での先駆者たちに感謝の意を表したい。

　また，訳出の体裁に関しては，カッシーラー自身による注釈はほぼそのままの形で脚注に，そしてこの論文集の編集者であるエルンスト・ヴォルフガング・オースによる注釈を巻末に加えた。そのためカッシーラーが略記したvgl.（参照）や，a.a.O.（前掲書）なども，変更を加えることなく用いた。また，彼がイタリックを用いて強調している箇所には傍点をもって示した。そして本訳文において，訳者があえて読者に原語を示したい場合には（　）内にて，その都度それぞれ補足した。

第一章

《本文》

第一章

　批判哲学の基礎は対象に対する認識の関係規定が変化していることをその内に含んでいるだけではなく，また同時に認識自体の新たな概念規定を含んでいる。認識における二つの本質的契機は，その客観性への要求と一貫した統一性への要求に集約される。だが今やその客観性と同様にその統一性は，独断的思考に対立して全く新たな方法に到達して，そこに基礎づけられている。対象がいまや認識に従い，そしてそれが認識原理の多様さに応じて固有な内的多様性を獲得しているように——認識の統一性はもはやいかなる意味においても，その素朴さ，つまりはある唯一の原理からの演繹と一致することはないのである。カントの学説が既にその外的な構成，すなわち理論理性の批判，実践理性批判そして判断力批判という三区分において，次の点に対する証明を与えているにもかかわらず，カント以後の哲学はそうした演繹を再び第一に要求した。すなわち「理性」の真正で完全な概念が，方法論的な出発点からして全く異なっているような多数性を，そしてそれぞれの妥当な仕方と妥当な要求への分裂に甘んじるというだけではなく，それらを要求しさえすることである。今や純粋に理論的な領域においても，再び同一の関係が生じる。認識の様々な根本機能は，諸対象のそれぞれ固有な領域を規定し，総じて客観性の領野を他のものに書き換える（umschreiben）。その上それらの機能は，様々な展望的視点の元で観察して描写するために共通な超越的な対象世界へと向けられるのではなくて，むしろそれらは本来の方法，すなわち知識の固有な形成形式であり，それにもかかわらず対象規定という共通の課題（Aufgabe）のために互いに統合され，そしてこの課題を鑑みたうえで，それらの内的な関係が作られる。

　だがこうした認識の全体構造は，当然のことながら，その全体性と特殊性の中で批判哲学がうち立てる単なる理念にすぎない。こうした理念の実現と遂行，そしてその具体的な成果は，学問の絶えざる発展自体か

らのみ生じており，抽象的な構想によって一度で先取りされて永遠に確定されているものではない。それにもかかわらず，そうした確定が試みられるときには，それらの普遍妥当的な規定と並んで，ある種の暫定的，仮説的な様相を不可避的に孕んでいる。それは一方で個々の学問における特殊な歴史的問題状況の中に，また他方では哲学の批判者たちの特殊な学問的関心の趨勢の中に表れている。それと同様にカントの構想と学問的認識の体系における方法論的構造もまた，そうした個々の制約から自由ではない。カントの考察がそれと結びつき，またそれを巡って成立する二つの大きな問題領域がある。すなわち自然および自然認識の概念は数学によって，また歴史および精神科学の概念は倫理学によって構成される。数学や数学的自然科学のような理論的必然性の思想と，倫理学によって立てられたような自由の思想は，批判哲学における不動の両極を形成する。ここでは総合と分析，結合と分離が，カントの世界観と人生観に基づいてはっきりと区別される。当為の世界が存在の世界の前に，そして叡智の世界が現象の世界の前に歩み出る。カントは彼自身の人格的，精神的な存在の力を全て用いてこの大きな根本的区別に従事したので，それゆえ彼にとっては二つの主要な領域の内側で，そしてそれらの個別的な部分で見出されるような，特殊な方法論的相違はさしあたり後方に退いても構わないのである。彼にとって理論的な学問の概念は，単に数学に基礎づけられているだけではなく，むしろ最終的にはほとんど全く数学へと解消されるように思われた。それを彼は次のように説明する。すなわち，数学が各々の学問分野の中に含まれるのと同じ数だけ「真正な」学問があるのと同じように，他方では，彼の歴史概念と発展概念は純粋なその倫理学的な原理論の中に解消する，と[編注1]。自由と道徳的自己意識の思想においてはじめて，歴史の意味とその究極的な目標とが全ての精神的な存在一般のように理解可能なものとなる。したがってカントにとって自然の理性は数学に，そして歴史の理性は倫理学に根ざしている。存在の客観性と，価値の客観性は直接的に見出されるものではなく，むしろ我々が思考と意志の中で自分自身に対して与える規定において，そして我々が自己自身をその下に据える理論的または実践的法則において，はじめて獲得され，かつ保証される。独断論的な存在概念が約束したような，あの強固さと境界とを失う恐れなしに，我々は自己

自身をこの運動に，つまり止まることのない過程に委ねることができるし，また委ねておいてよいのである。というのは，それらは理論的または道徳的確信の中心点としての数学および倫理学双方の確定した焦点に関わっており，またそれによって客観性における或る特定の領域，すなわち一般的で必然的な妥当性の領域の内に留められているからである。

　しかしながら，ここから我々がその真の構造と体系的構成においてそれらの学問を概観するならば，ただちに一般的な批判的態度の欠陥が明瞭になる。数学的な必然概念の類推に従う自然法則的な規定も，または倫理的な価値・規範概念の模範に基づく実践的および目的論的な規定も生じることのない，精神の或る領域が存在する。その中では自然と自由の対立が解消され，一つの新しい関係，つまり両者の新たな相互規定が現れるような分野では，芸術的な力に比肩する根源的な精神の力が存在する——だが他方でそれは，芸術および美学の形象の中で生じるのではなく，むしろ完全に固有で自立した原理に基づいている。我々がこうした領域の諸現象を探求する際には，なお全く経験的な原因と結果という連鎖の内側でそれらを捉えることができるように思われる——そしてそれにもかかわらず，その連鎖の中からある一つの形象が生じ，その中ではじめて精神の普遍性と自由とが完全に叙述され，また証明される。我々はここで純粋かつ真正な精神の創作（Schöpfung）と向かい合っているのだが，しかしそれは反省による全ての単なる恣意が取り去られ，それ自体に応じたものが自然の所産（Product）として現れてくる。そのためカントの全体系が支配されているこの根源的な対立もまた，この新たな領域を，つまり精神的な特性のなかで言語の領域を規定し，境界を定めようとするには十分ではないように思われる。なぜなら数学的な自然因果関係の概念と，当為と自由の観念が批判学説における二つの中心点を表すならば，そのときには言語は常識を逸した形象として現れざるを得ないからである。既にカントの学説における外的な建築学的な区分のなかには，実際にそれがはっきりと表面に現れている。カントの体系は倫理学や美学のような論理を含んでおり，そしてそれは『人倫の形而上学』に向けられているのと同様に，『自然科学の形而上学的原理』にも向けられていて，それが宗教学と法学，歴史哲学と国家哲学の新たな形式を基礎づけている——しかしながら，言語哲学の問題と主題に

関しては，これまでカントの許ではほとんど言及されたことも，または示唆されることもなかった。言語の中で生きて作用するロゴスという重要な証人を問いただすことなしに，「理性」の宇宙が我々の前に展開され，そして叙述される。既にカントに対する最初の批判者によって実際に見過ごされることのなかった欠陥がここにある。『純粋理性批判』に抗って試みられた全ての「批判の再考」は，常にこの点へと結びついており，そしてここからカントの体系を根底から刷新すべく試みられたのである。ハーマンの著書『理性の純粋主義への批判の再考』はこの問題へと向けられ，そして彼は新しい著書，すなわち『理性と言語の純粋主義への批判の再考』を続けさせようと考えた[編注2]。ハーマンにとって言語を批判することなしに理性を批判することは，本来的にカントの不可解な誤りだと思われた。なぜならハーマンにとって両者はただちに一つに合流するからである。彼はヤコービィに宛てた手紙でこう述べている。「私には物理学も，または神学も問題ではなく，むしろ理性と啓示の母である言語がそのアルファであり，オメガなのです。——理性は言語，つまりロゴスです。私はこの髄骨にかじりつき，そして死に至るまでそれを追求するでしょう。私にとってはまだ，この深みは暗いままで留まっています。私はそれでもなお黙示録の天使がやってくるまで，この深遠への鍵を探し続けるでしょう。デモステネスの弾劾演説，天使のしぐさ，バトゥーの美しい自然の模倣と呼ぶものは，私にとっては言語であり，そしてそれは理性の器官であり，基準なのです。——ここに純粋理性と，同時にその批判があります」[*1]。ヘルダーがカントに対する論争の中で採り上げ，そして彼が常にそこから新たに回帰したハーマンの根本的な動機がここにある。「純粋，そして非純粋理性の事象のなかで，——そのように彼の〈批判の再考〉が強調する——この昔からの普遍妥当的で必然的な証人が査問されなければならず，そして我々は決してある概念が問題とされているときには，あの布告官と代理人を，そしてその概念を言い表している言葉を恥じてはならない。理性がそれによって他なら

---

1) S. Hamanns *Schriften* (ed.Roth)VII,216,VII,151f.,*Briefwechsel mit Jacobi*, hg. Von *Gildemeister,* Gotha 1868, S.122; zu Hamanns Auffassung der Sprache vgl. die vortreffliche Darstellung von Robert[=Rudolf] Unger, *Hamanns sprachtheorie im Zusammenhange seines Denkens,* München 1905.

ぬ自身の作品を創り出し，記録し，完成させるような手段を，どうすれば理性の判事が見落とすことが許されようか」[*2]。

しかしながら『純粋理性批判』自体は言語の問題から遠くかけ離れていたにもかかわらず，それがもたらした間接的な結果によって，言語哲学の形式をも決定的に作り変えた。ことによるとその著作の根源的な価値が，その比類のなさや個別的な歴史的価値から生じたのではないということを，この点ほどはっきりと提示している所は他にないかもしれない。『純粋理性批判』のなかで活動している新たな思想的原理の活力と豊かさは，今や次のような点において証明された。すなわち，それ自身の内に事実に即した結論を含むものに基づいて，常に発達しながら新たな精神の領域を習得し，獲得することができるような点においてである。ここにヴィルヘルム・フォン・フンボルトが批判哲学に対して果たした決定的な業績がある。彼はそれを言語学の圏内に採り入れ，一つの問題領域へと統合してそれらを和解させたのである。そのため彼が批判哲学との境界の外側にいると思われていたうちは，その基本思想をいつも危険にさらすものに等しかった。今やカントの学説に，言語の仲介によって，あるまったく新たな方法と精神科学全体へと通じる道が理解可能なものとなった。そのためこうした点に関してもまた，実際にオルガノンとしての言語が，理性と同様に理性批判のための生き生きとした道具であることが証明された。しかしながらそれが，このような意味で成し遂げられるためには，当然のことながら，最初に言語哲学自体が批判的観念論の方法によって肥沃にされ，その内側から形を変えられていなければならなかった。

ヴィルヘルム・フォン・フンボルトのカントに対する関係は，彼の主な特徴と発展に従ってたびたび叙述されていた。しかしながらその際に，カントの学説がフンボルトの言語哲学の概念と発展にもたらした意味は，ほとんどその実際の広さと深さに従って正当に評価されることはなかった。人がフンボルトの倫理学的，美学的そして歴史哲学的理念について，どれほど詳細にカント的な起源を説明しようとしても，即座に『純粋理性批判』とフンボルトの言語哲学との関連を看過するのが常であっ

---

2) *Herders Werk zur Philosophie und Geschichte,* hg. Von Joh.Müller, XV, 24ff. [編注3]

た。当然のことではあるが，既にルドルフ・ハイムが彼の古典的なフンボルトの伝記（1856年）において，この関係を印象深く指摘しており，彼はフンボルトの言語学における哲学的前提と基礎についての導入部分で次のことを叙述しようと試みている。すなわち，「カントの言葉と精神」が，いかにフンボルトの言語学的な著作のあらゆる箇所から，はっきりと聞こえてくるのかを。理性批判の体系的配列が，フンボルトの言語哲学における一般的な方法論的構成と構造とをいかに規定していたのか，またカントの超越論的形態論，とりわけ彼の空間と時間に関する見解と，図式論に関する教えがフンボルトの言語哲学的形態論において，また基本的な品詞とそれらの相関関係の観点において，いかに作用したのかが，彼のもとでまったく明瞭に示された。しかしながらフンボルトにとって，――そのようにハイムは強調した――カントの言葉への依存関係というよりも，なおいっそう大きかったことは，カントの精神との合致であった。「実際のところ思想自体が，またはより正確に言えば，言語の究明に対する圧倒的な衝動が，彼とカントの考え方の同質性から起因したことである。実際のところ，彼の言語哲学の全体が，またそれがあのような思考の筋道においては最も確実なところに，すなわち対象の本性に従ってカントの体系における定式と命題との一致がとぎれざるを得ないようなところに移動していったのである。フンボルトがカントを一行も読んでいなかったとしても，またカントが何も書かず，生きていなかったとしても，人は彼をカント主義者だと言い得るだろう」[*3]。こうしたハイムの独特な文章の中ではある計́画́（Programm）が立てられているが，それは彼自身の許でもまたは彼の後継者の許でも，全体として具体的に実現されることはなかった。シュプランガーは彼のカントとフンボルトについての論文において，――それはフンボルトのヒューマニティに関する思想形成に対する批判的観念論の影響を多方面から論じている――言語哲学に関しては，問題のこのような側面を深く追求することなしに，ハイムを指し示すことだけに甘んじている[*4]。とりわけ奇妙なことであるが，シュタインタールは彼自身が編纂したフンボル

---

3) Haym, *W.v.Humboldt, Lebensbild und Charakteristik*, Berlin 1856, S.450.

4) Kant und Humboldt, *Kant-Studien XIII* (1908), S.157ff., vgl. Spranger, *W.v.Humboldt und die Humanitätsidee*, Berlin. 1909.

トの言語哲学著作集とその解説のなかで，フンボルトのカントに対する関係に特別な章を費やして，同じようにカントの学説における一般理論的および倫理的な基礎に対する理解を示しているにもかかわらず，これらの関係についての詳細な議論においては，言語哲学の問題が完全に無視されている*5。批判哲学の体系における言語哲学の欠如は，この体系とフンボルトの言語学的基礎づけとの間の直接的な関わりを不可能にするように思われた。そのため人は，両者が互いに結びつけられているにもかかわらず，いわば隠された通路をいとも簡単に見落としたのである。続く考察では，こうした隠された思想上の調停を明確にし，それによって批判的観念論の方法論的なモチーフが，一見すると遠くかけ離れた精神の領域へも与えた影響の新たな証明を試みる。

第二章

『純粋理性批判』が言語の問題についての独立した解明を行っていないということは，私たちがカントの著作を 16，17 世紀の大きな体系との関係において比較すると，いっそう際立って現れてくる。全てのこうした体系は，その出発点と認識批判の基本的方向がどれほど異なっていようとも，皆言語の現象とその原理的な解明を得ようと努力していた。「普遍言語」（*Lingua universalis*）の思想は既にデカルトの書簡において表明されており，そしてデカルト哲学の発展のなかでとりわけポール＝ロワイヤル学派は，論理学と文法学とをいっそう密接な関係に置き，そして「一般・理性文法」を創りだそうと試みた。ライプニッツはこの思想の範囲を拡大するのと同じように，その内容を掘り下げることによってそれを取り入れた。彼にとって最も広い意味での言語的記号に関する学問，つまり「一般記号論」（*Characteristica generalis*）は「一般的知識」（*Scientia generalis*）すなわち認識一般における或る方法，または或る普遍的手段となる。こうした探求方法と関心は，ライプニッツによってカントが登場する 18 世紀のドイツ哲学に伝えられた。ランベルトとプルー

---

5) S. *Die sprachphilosophischen Werke Wilhelms v. Humboldt*. Herausgegeben und erklärt von H. Steinthal, Berlin 1884, S.230-242.

ケ，ズルツァーとテーテンスは理性と言語の関係を探求し，それを確固たる規則へ導こうと試みた。18世紀の前半においては依然として指導的精神の役割を果たしていたベルリンの科学アカデミーは，二度に渡ってこうした一般的な思想運動に介入した。最初は1759年の懸賞課題において，言語が表象と思考の発達に，そして表象と思考が言語の発達に与えた相互的な影響の研究を求めた。そしてそれから10年後の1769年にその問いは，人間は自身に委ねられた限りでの自然的な才能をもって言語を発明することができるのか，またどのような手段によってこうした発明に達することができたのかと立てられた。この問いはよく知られているように，ヘルダーの懸賞論文の出発点となったのであり，それによって全く新しい基礎の上に言語起源の問題が据えられた[編注4]。ライプニッツによって出発点として採用された論理学的，観念論的省察は，ここでは経験的および心理学的探求の諸成果と密接に結びつけられた。というのも経験主義の体系もまた，原初より言語に概念的・表象的世界の構造のなかで，精神の全体的な発達に対する支配的な立場を与えていたからである。古い唯名論を刷新し，それを超克したホッブズにとって言語は，全ての論理的・理性的認識の手段であるばかりか，まさにその唯一の内容となった。彼にとって全ての意味の普遍性は，語の中に根を下しており，そしてこれから離されることはできない。つまり真に普遍妥当的な知識とは，決して諸観念もしくは事物自体から生じるのではなく，むしろ——我々がそれらの代わりとして据える——常に恣意的に創り出された可能的な記号からのみ生じるのである。したがって言葉は単に「思考の摸造貨幣」(Rechenpfennige des Gedankens) であるだけではなく，むしろそれによってはじめて，総じて思考の或る領域，つまり一般概念の或る結合が直接的な感覚知覚や具体的な個々の直観とは対照的に成立する他ならぬその契機でもある。またロックはこの点に関しては彼の先駆者のラディカリズムを和らげたけれども，かつて彼もまた観念の分析へと進んでいけばいくほどに，ますます言語の問題がその中心へと移動していった。彼自身は次のように伝えている。すなわち，彼にとって『人間知性論』の第三巻は——それは言葉と言語の考察に全てが費やされている——その目立たぬ出発点から最終的な範囲へと拡大されることによって，それは体系全体としての意義にまで発展したので

あると。バークリーにとっても同様に，彼が表象と知覚の世界に対して，また抽象概念の世界に対して用いる分析的・心理学的批判が，最終的には完全に言語的記号およびシンボルの批判と統合する。純粋な認識へと進むために，また「存在」における本当の具体的内容を勝ち取るためには，我々にこうした存在を覆い隠している言葉のカーテンを取り払うことが肝要である。しかしここで言語に対して行われた消極的な批判は，同時に積極的に感覚を豊かにすること，そしてその固有な内容の拡大を含んでいる。というのは言語の概念は今やバークリーの学説全体において，ただ単に音声記号の応用を制限するだけではなく，こうした諸々の音声からなる慣習的な言語と並んで，知覚と観念からなる「自然本性的な」言語が登場してくる。「視覚的知覚の言語」（visual language）という思想の中に，──それによって知覚がたえず経験と結びついている別の知覚を示唆し，それを示すのであるが──空間表象の起源に関する問いに対する解決がバークリーにとっては含まれている。そしてこうした心理学の成果がバークリー哲学の二重の性格に従って，即座に形而上学的なものへと方向を変える。バークリーにとって事物の世界は，その絶対的な存立と実在性を失っている。その実在に留まるところの全ての存在は，このときから機能へと解消され，つまりそれは感覚的な像（sinnliches Bild）のなかで，ある精神的連関また精神的秩序として現れてくるものに他ならない。共通の超越的対象世界は，──個々の主体の知覚が，慣習的な現実的想定に従ってそれに関わらざるを得ない──今やある唯心論的な結びつきに取って代えられ，その中でこれらの主観がその共通の関係のおかげで，ある神的な原実体（Ursubstanz）の上で成立する。今や感覚知覚の世界自体が，有限な主観へと伝達されるために，そしてそれらを互いに結合の中で規定するために神的本性が用いる一つの言語と見なされる*6。そのためバークリーが言語に対して行った最初の心理学的批判は，彼の形而上学的な立脚点から深められ，同時に訂正される。言語がその一般的，抽象的な語の意味の中では，知覚内容の個別的な多様性と具体性に達することがないということが最初に言語の欠陥として現れるときに，今や反対にこの知覚内容自体が，より豊かでまたより深

---

6) これについてより詳細な議論は『認識問題』第二巻 278ff と 315ff を参照せよ。

い言語として，つまりは独自のシンボル形式と見なされるのである。

いずれにせよここでバークリーによってなされたような，言語概念を形而上学的なものへと置き換えて実体化することは，17世紀と18世紀の思想においては散発的な出来事に留まっていた。そのため人は総じて次のような伝統的な説明に甘んじていた。すなわち，言葉とは恣意的な記号であり，それは相互間での意思疎通や告知を目的として，創造主から与えられたものであるか，もしくは人間自身の自然的な素質と，自然的な発達に基づいて生み出されたのだという説明である。ヘルダーの時代まではこうした二者択一に決断を下すことに，つまり神による言語の創造か，または人間による言語の発明か，という仮説間での対立に関心が向けられたままであった。前者の見解はとりわけワールバートン司祭によるモーセの律法に関する書物や，ドイツのアカデミーではジュースミルヒに代表される。そして後者の詳細な叙述と基礎づけは，フランス啓蒙主義哲学の中に，とりわけコンディヤックとモーペルテュイのもとに見出される。しかしながらここで言語の起源をめぐってなされた論争は，差し当たって言語の目的と内容に関する見解には触れないままであった。両者の主張は，言語を所与の認識，すなわちそれ自身の内部に存在する隔絶した質量を，表象によって外に向けて標示し，また告知するための本質的な手段と見なす点においては一致している。ライプニッツの一般的特徴の基礎づけにおいては，当然のことながら次のような観点が見出される。すなわち，言語は既成の概念的・表象的世界の表現および表示にのみ奉仕するのではなく，むしろそれは，ある固有な「発明」(Erfindung) の力と才能を含んでもいる。つまりそれはただ分析的に意識の内容を分けて，分類するだけではなく，それを総合して拡大するのである。しかしながら，このようなライプニッツの一般的傾向に関わる実り豊かな思想は，差し当たっては一般的な影響なしに「発見の論理」(Logica inventionis) によって三段論法の論理を補って豊かにすることだけに留まっていた。とりわけそれはイギリスとフランスの啓蒙主義哲学における感覚論的認識論の学説であり，それらはこうした承認を困難にしていた。というのも，それらにとっては全ての所与性，すなわち表象と認識における全ての純粋な「存続」(Bestand) は，感覚的な諸要素の中で生じるのであり，そしてある他の機能によって，または論理

的，言語的概念という側面からこの原初的な存続に付け加えられるものは，それに対して単なる二次的な価値のみを要求し得るからである。それゆえ言語的記号は，本来的には全く生産的な力や効果をもっておらず，むしろただ意識にとって当座しのぎ（Notbehelf）としてのみ作用するのであり，それは感覚的で直観的な内容の具体的な総体を，ある標識をもって見通したり記録したりすることはできず，それらの暗示つまりはシンボル的な省略（symbolische Abkürzung）に甘んじなければならない。表象内容の限りない豊かさと，限りない可変性は，我々が音声の中で特定の慣習的な印をそれらに付与することによってのみ再生され，また記憶として保存され得る。既にロックの著作の第三巻で表明されているこうした言語についての見解は，とりわけコンディヤックによって徹底した心理学的感覚論という意味において推し進められる。今や全ての発話は，一定の音声記号に固定されることによって相互に区分されているような，何らかの普遍的な徴標のもとで与えられる特殊なものの分類と秩序づけとしてのみ現れてくる。科学の仕事と成果は，他ならぬ次のような手法のなかに存する。すなわち言語の中で自然的，本能的に明確な意識を浮かび上がらせるために用いられ，またそれが特定の諸原理に至るというような手法である。科学とは単に方法論的に構成され，また「区分された言語」（Langues bien faites）であり，それは個々の対象についての個別的な記号をというよりはむしろ，特定の結合と秩序の中で記号の全体系を創造する。コンディヤックによって単に代数学，そしてそれと共に全ての数学と数学的物理学だけではなく，むしろそれぞれの自由な精神的活動とりわけ芸術の活動をも，そうした記号言語（Zeichensprachen）の型へと還元される。我々が学問や芸術の才能と呼んでいるものは，特徴的な記号によって複雑な表象内容の分析と規定を行う能力と明晰さのみに基づいている。そのため確かにこうした見解において言語は，意識における創造力の基礎形式（Grundform der Produktivität）として現れてはいるものの，しかし他方でこの創造力は，所与の全体をあらかじめ部分へと分解し，そしてその全体を部分から再び構成することだけに制限されているのである。

　ヘルダーによる言語の起源に関する著作（1770年）[編注5]をもって，初めて言語が基づくところの精神の積極性と自発性（Selbsttätigkeit und Spontaneität）にいっそう高い評価が与えられた。ヘルダーが実行したこの新たな転回は，第一に次の点にその本質が存する。すなわち，彼が啓蒙主義哲学の意味で，言語をもっぱら単なる認識の手段（Erkenntnismittel）として考えたのではなく，むしろ言語の価値を，その理論的または実践的な基本傾向に従って，意識全体（Gesamtbewußtsein）の構造のなかで示そうとしたことである。既にルソーの『言語起源論』は，情意が全ての言語形成の根源であると指摘し，それによって言語音声の成立に関する古代エピクロスの理論から，つまり動物的な自然音声からの刷新を試みることによって，こうした転回を準備していた。しかしながらこのルソーの著作――それは彼の死後，1782年に発見された――は，一般的な歴史的影響を与えることはなかった[編注6]。ここでヘルダーを言語の起源に関する理論において彼を取り巻く歴史的状況から区別するものと，それを他よりも優れたものとするものとは，同一の契機であり，ヘルダーの歴史的洞察における独創性と深淵さもまたそれに基づいている。言語哲学と同様に歴史哲学において，ヘルダーの影響は次のようなものに起因している。すなわち，それは目的概念の新たな方法，すなわち目的論（Teleologie）の新たな方向であり，彼はそれを出発点としたのである。精神的な出来事は，もはやその有用性（Nutzen）に基づいて問われたり，評価されたりするのではなく，むしろその有用性における純粋に内的な意義，つまりはその内的な合理的形式に示される。ヘルダーが歴史もしくは芸術の意味と価値とを見出したように，彼が言語の意味と価値とを見出すものの中にあるものは，それらが最終的に至るような外的な目標ではなくて，むしろこのような内在的形式である。こうした見解において初めて，ヘルダーにとって言語は単なる所与の存在規定もしくは表象規定の機械的な複製ではなく，精神の能動的な活力と生命形式となる。言語は単に生命のない存在を再生する（wiederholen）のではなく，それはあの精神の力動性における最も純粋な表現を描出（Darstellen）し，その中で初めて我々にとっての表象の構成要素そのものが生み出され，そしてその全体が相互に規定されるのである。この力動性は情意（Affekt），つまり感情と意志にその起源をもっており，最初の言語的記号は死せる文法の文字としてではなく，「激情の音声」（Schälle der Leidenschaft）として理解さ

れなければならない。だが情意がこうした仕方で叙述されるときには，当然のことながら同時にそれは表現の中で情意自身を凌駕する。命名の始まりは同時に或る新たな，そしていっそう深い意識の始まりでもあるのだ。「感情の叫び」（Geschrei der Empfindungen）から言語が生まれるのだが，今やそれによってあの新たな魂の力が生じる。その力はただ所与の印象を採り上げるだけではなく，それらを相互に区別し，選び出し，また隔てるのである。こうして初めてそれは反省（Reflexion）と内省意識（Besonnenheit）に到達し，それによって初めて真正な精神の概念と自己意識に至る。言語の根源的機能（Urfunktion）の中には，内包された判断の元機能があり，それによって初めて我々に一つの「世界」が，明確に相互に区画された規定と形象，そして我に対する世界の総体として，つまり統覚と自己意識における統一的な中心として与えられるのである。

　言語の本質と起源に関するヘルダーの理論は，本質的な点においてハーマンの根本的な見解と類似しており，そして啓蒙主義哲学に対する戦いの中で，ヘルダーはハーマンの理論の多くを論拠として借用した。だがそれにもかかわらず，ヘルダーをハーマンの理論から区別するものは，彼が断固として言語を能動的な精神の力とする理解に固執するという強調点である。ハーマンにとっては言語形成と言語理解の作用のうちに神的なシンボル的啓示が現れ，その啓示に対して魂は，ただ受領して許容するように振舞うだけである。魂は肥沃土にして耕地であって，その上で神的な種子が発芽し，広がっていく[*7]。ヘルダーがこの見解に完全に対立して，言語の中に人間の精神における自発性の真正な証人と根源とを見出すときには，彼の青年期における第二の決定的な形成要素，つまりカントの学説が極めて明瞭に寄与していた。人はヘルダーの言語理論における情意と激情からの言語の演繹をハーマン的要素と，そして反省と内省意識の力への反送をカント的要素と見なすことができた。1770年にヘルダーが言語の起源に関する懸賞論文を著した際には，彼は依然としてカントと同じ土壌に立っていた。ここから純粋に事実に即して考察するならば，両者が異なった道であるにもかかわらず，同一の

---

7) Hamanns *Schriften* (ed.Roth) IV, 47; vgl. Unger, a.a.O., S.171ff.

目的，すなわち精神における「自発性」と自律の直観と概念規定へと導かれたという発展が考えられる。だがその次の10年間で，ヘルダーとカントの思想がいっそう広く展開するのではなく，最終的には両者の間での完全な断絶が生じることによって，言語哲学の発展の中でも同様にある断絶が生じた。『純粋理性批判』が言語の問題にほとんど言及していないことは，ヘルダーにとっては最初からこの著作によって明らかに突き返されるかのように感じられた。彼にとっては精神の生き生きとした源泉，そして具体的な根源的な力として現れるものが，ここでは「抽象的な」カテゴリー論，つまりある論理的図式論によって有利な結果となるように押しのけられ，また後戻りさせられているのをヘルダーは見たのである。そして彼はここで同時に，彼自身の言語論と共に，歴史の理論もまた同様に見誤られているのを見た。カントは言語の正当な評価への道を踏み外すことによって，また彼は同時にヘルダーに従って真正な概念と生き生きとした精神の発達への道も閉ざしてしまった。実際ここでは――ヘルダーのカント批判の中には，その他の点において個人的な誤解が非常に多く現に存在するが――ある未解決の重要な論争があった。こうした論争を解決へと導くことは，ヴィルヘルム・フォン・フンボルトの言語論によって初めてなされた。というのも，その理論はヘルダーの学説を貫通しているのと同じくらいカントの学説を貫通しているからである。つまりそれは力動的な発達の思想によって実現されて生命が吹き込まれたが，他方では，あえて厳密な批判的観念論の手法に彼自身を適用させ，そしてそれが解決可能であることを示そうとする。フンボルトはこの両者の理念的な前提条件と要求とをもって，経験的素材の多様性に，つまりは言語の歴史的な事実の豊かさへと接近することによって，初めてそれらを結びつける統一した精神的形式のように，これらの事実の内的な豊かさが理解可能なものとなったのである。

第三章

　フンボルトの哲学的見解の全体は，おおよそ二つの異なる観点と傾向によって規定されている。シュタインタールはこれらを「カント化され

たスピノザ主義」と呼んだ。しかしこの特徴的で含みのある規定は，ここで根底的に横たわっている対立を，体系的にもまた歴史的な側面に対しても，完全に適切な表現として言い表してはいない。というのは，フンボルトがスピノザへと傾倒しているように思われる時には，それは決してスピノザの倫理学における最初の根本形態ではなく，むしろ常に18世紀および19世紀初頭のスピノザなのである。すなわち，彼はここでヘルダーの「神」の内に現れたスピノザを目の当たりにしているのである。フンボルトは人間の精神とその発達を，いたる所で自然の力動的な全生命の中へと置かれたものとして捉える。そして繰り返しこうした見解は，全てのものを単一的に捉える学説の入口まで，すなわちシェリングの同一哲学の形而上学的形式にまで彼を導いた。しかしながら彼がひとたびこうした点まで押し進むやいなや，彼はただちにシェリングによって彼自身が追い返されるのを見る。というのは，シェリングが宣言したような宇宙の直観ではなく，むしろ個体性の直観がフンボルトに独特な能力および独特な才能の本質を成すからである。そこで彼はカントに助力を求め，そしてそれを見出す。カントの批判的境界規定は，カント自身の消すことのできない個体感情と同様に，フンボルトが自我の意識を全体意識の中に埋没させてしまうことから守っている。そして彼は今や次のような媒体を探求する。すなわち，彼の思想がそれらの間で行ったり来たりするような相反する両方の契機が，そのなかでは相互に浸透し合うような媒体，つまりはその有限性と無限性とが，そして精神的存在の特殊性と精神的生命および精神的意味の普遍性とが，互いに浸透し合うような媒体である。フンボルトはこうした思想的な要求が，言語の中で初めて実現されることを見出す。偉大な形而上学的な基本的対立の真正な総合と真正な和解は，言語の中で達成される。その中では精神がその最も純粋な特殊性と，最も完全な一般性において，同時に有限なものと無限なものとして，また同時に自由なものと必然的なものとして現れている。フンボルトによれば，ここで初めて全てのカント以降の思想が取り組んだ，あの具体的普遍（Konkret-Allgemeinen）という理想が，本当の意味において達せられるのを示している。すなわちここで普遍性は，恣意的で観念的な反省によって考え出されたものではなくて，むしろそれは個々の精神的な発達自体の中で内在的な目標として，同時

にそれを駆り立てる精神的な力として現れている。こうした関係についてシュタインタールは次のように述べている。「言語は一方では相互に，そして際限のない根源的な力と結びついた個体間の絆（Band）である。他方では，その根源的な力を現象の現実の中へと，そして歴史的な発展の中へと沈める個体化の原理なのである」[*8]と。既にフンボルトの最初の言語学に関する論文，『バスクの言語と民族に関する論文の告知』がこの歴史的な点を考察の中心へと移動させた。「言語とは，およそ第一には無限と有限の本性間の，次には或る個人と，その他の個人との間の仲裁者なのだ。そして同時に同一の行為によって言語は結合を可能とするのであり，同一の行為から……あなたの省察が生じる。とはいえその考察はキメラ的になるためではなく，完全に乾き，しかもその中では物体的なものと構成可能なものとの機械的な分解から始めなければならない。それゆえこの考察は人間性の最後の深みにまで導いてゆく。人は自らを完全に観念から解き放たれなければならず，その結果として観念が指し示すものから分離され得る。たとえば一人の人間の名前がその人格から分離させられる。そして同様にそれは，申し合わされた暗号のように，反省と一致の産物，もしくは総じて人間のなせる所産（人が概念を経験の中から獲得するように）あるいは全く個々の人の所産である。民族の口から真正で不可欠な奇跡が突如として現れるように，そして驚嘆に値するにもかかわらず，我々のもとで日々繰り返されるように，また無関心によって見落とされ，子供の片言からこちら側へと，そして……それは最も輝かしい痕跡と最も信頼に値する次のようなことの証明になる。すなわちそれは，人間が単に即自的に分離された個性をもっており，また我と汝とが単に相互に要求しあっているだけではなく，むしろそれらの分岐点まで遡ることができるならば，それらは真に同一の概念なのだ。こうした意味において，弱く困窮し，かつ脆くなった個別的なものから，人間性の太古の幹にまでそれが個別性の領域を与えているのであり，そうでなければ全ての理解は永遠に不可能なままであろう」[*9]。

フンボルトが与えた最初のこうした言語の規定は，当然のことながら依然として独断論的な形而上学の考察およびその思考方法に属している

---

8) *Humboldts sprachphilos. Werke*, S.14. [編注7]
9) *Sprachphilos. Schriften* (Steinthal), S.18. [編注8]

ように思われる。言語の中で作用するロゴスは，あらゆる経験的な分離を超えて存在するような，究極の超越的原統一（Ureinheit）を推論するための出発点またその手段なのである。言語は世界および精神の汎神論的な観点の証人として召喚される。しかしながらフンボルトはこうした最初の見解で立ち止まったままでいるのではなく，むしろカントの新たな批判的対象概念（der kritische Objectbegriff）がフンボルトの思想を覆うにつれて，それは再編されていく。こうした対象概念を特徴づけるものは第一に，認識の或る対象について語られ得るのは常に認識の機能との関連において，またその相関関係においてのみという洞察である。対象は知識の対象，また現象する対象として即自的に（an sich）〔すなわちそれ自体〕として規定されているのではなく，むしろそうした規定は，絶え間ない精神の創造性（Produktivität）について生じる。こうした創造性の趨勢、つまりカテゴリーがこの精神の活動のなかで〔対象を〕規定し，かつ作用することによって，初めてそれが新たな対象性（Gegenständlich）という超越論的な概念を生み出す。またそれはカントによると，最終的にこうした作用の全体をその中で結合させているような，唯一の根源的な機能なのである。対象性そのものの全ての把握と規定は，判断の総合によって基礎づけられている。我々が「表象の対象」（Gegenstand der Vorstellungen）によって語るときには，我々が見ている様々なものの単一性とその必然的な結合は，判断において生じる論理的な「統一作用」に由来する^{編注9}。判断形式のそれぞれ異なった力，すなわち量，質，関係の判断によって初めて表象は，真の普遍性と必然性とを獲得し，それによって「存在」の領域へ，すなわち客観性の領域へと移っていく。このような批判的認識論によって，フンボルトの新しい言語哲学の転回は決定的な影響を受けた。ここでカントによって判断の機能として記述されるものは，フンボルトが言うように，精神の具体的な生命のうちで言語の機能を媒介することによってのみ可能なのである。思考の客体化は，言語の音声（Sprachlaut）の客体化を通り抜けなければならない。フンボルトが言語の世界に精通するに応じて，彼は論理と認識の学説に関してだけでなく，常に精神の全ての領域にますます深く結びつけられたというのが，彼の根底的な確信となった。1805年にヴォルフに宛てた手紙のなかで，彼は次のように述べている。「根本的に私

が従事していることの全ては言語の探求なのです。私は言語を，世界全体の最も高貴なものや最も深いもの，そしてその多様性を通り抜けるための乗り物として用いるための技法を発見したと確信しているのです」^{編注10}。そして注目に値することだが，『純粋理性批判』もまた，もちろん散発的にではあるが言語をこのような認識の乗り物として，いっそう重要で意義深い一節で用いている。カントが客観化の過程における判断の決定的な機能に関して述べているところでは，彼は命題（Satz）の機能と命題における繋辞の例を引き合いに出す。命題における繋辞によって，また関係小辞「ist」によって主語と述語は外見的に結びついていなければならないだけではなく，むしろそれらは客観的に必然的な統一性と，客観的に必然的な結合の関係へ向けて規定されている。「物体は重い」と私が言うとき，この命題の内容は，私が「重さ」（Schwere）と呼ぶ物体の表象および特定の触‐筋感覚は，ただ主観的に，私のなかだけで，そしてある個別的な瞬間における，ここと今に集約されているだけではなく，むしろ表象と感覚の双方がある普遍的な法則に従って属するもの──その物体の「本性」において重みがなんらかの仕方で基礎づけられているものを意味する*10。そのためここでカントによって直接的に，個別的な言語現象または特定の言語形式が，一つのカテゴリー形式の担い手として，また一つの論理的・自体的な意味連関の表現として考えられている。そしてフンボルトの言語哲学の手法は，次のようなものである。すなわち，彼はこうした方法を単に全般的に拡大して深化することや，またそれを言語的な現象の全体へと転用するだけでなく，むしろ彼はその根底から，またその可能性から解き明かすような解答を与えようとする。カントと同様に，フンボルトにとってもまた総合（Synthesis）概念は，主要で指導的な概念となる。彼にとってもまた総合は，既に出来上がった所与の対象に対して生じる結合ではなくて，むしろそれは対象規定の基礎条件，つまりある対象として（als）の何らかの規定なのである。彼はこうした総合の特色が言語において特別な鋭さと明確さをもって現れているのを見出す。なぜなら総合は，個々の言葉や，繋ぎ合わされた発話における一つの作用（Akt），精神の真正な創造性の営為

---

10) Vgl. *Krit. d. reinen Vernunft*, 2. Aufl., S.142.

であるから。概念と音声は，言葉または発話として外へと表出され，そうすることによって外界と精神との間にあって，何か異なったものとして創造される*11。言語は主観性に，それどころか語る者の個別性に由来する。だが他方では，全ての人間の主観は言語のうちで何らかの客観的なものとなる。「全ての事実認識の可能性がそれに基づいている世界と人間との根源的な一致は，したがって現象の途上でも，断片的にまた前進的に再び獲得される。なぜなら本来客観的なものは，常に獲得されるべきものであり続けるからである」*12。

　フンボルトをその後にも絶えず批判的観念論の基礎づけに結びつけているものは，次のような考え方である。すなわち，客観的なものとは所与ではなくむしろ最初に獲得されるべきものであり，それ自体で規定するものではなくて，規定されるべきものという考え方である。なぜなら言語について考察すると，こうした基礎的な規定は文章（Satz）のなかで生じるのであり，それゆえフンボルトの言語哲学は，カントの超越論的論理学が概念に対する判断の優位を主張したのと同様に，単語（Wort）に対する文章（Satz）の優位を主張する。単語ではなく文章が最初の言語表現なのである。なぜなら，それぞれの未だ不完全な表現が，語る者の意図の中で，ある現実的にまとまった思考を構成しているからである。それゆえ言語一般と同様に，個別的な言語の分析と特徴づけにおいては，常に文章とその本来的な構造から出発しなければならない*13。「言語の成立は，様々な語（Wörter）によって対象を記すことにはじまり，そこからそういう記述を繋いでいくものである，などと考えるわけにはゆかない。実際は，発話（Rede）に先立つ語を結びつけて，発話が成立してくるのではなく，むしろ反対に，発話全体から語が生じるのである」*14。後から加えられる反省によって初めて，文章の中で生き生きと，そして直接的に表現されるような意味のこうした統一性が，文法上で区

---

11) Einleitung zum Kawiwerk; *Werke* (Ausg. der Kgl. Preuß. Akademie d. Wissenschaften) Bd. Ⅶ, S.211. 編注11

12) Über das vergleichende Sprachstudium in Beziehung auf die verschiedenen Epochen der Sprachenwickelung. *Werke* (Steinthal), S.61. 編注12

13) Vgl. Einltg. zum Kawiwerk (*W*. Ⅶ, 143). 編注13

14) A.a.O., Ⅶ, 72. 編注14

分される要素へと，または抽象化された語の統一性へと還元される*15。だが文章の統一性に関して言えば，意識の中に予め与えられていたり定められたりしている意味の明確なものの単なる複製としてではなく，むしろある意味付与自体の方法または乗り物として，そのためそれは，その中で初めて精神的な意味となり，またそれ自体が生じてくるような，思考の過程（Prozeß）として考えられなければならない。こうして我々は，フンボルトの最もよく知られていて，最も有名でありながらも，常に全く正当な評価がなされていない言語の概念規定に到達した。言語は生命のない産物というよりはむしろ，より広く，産出作用と見なされなければならない。我々は言語が対象の記号または理解の媒介として作用するものを決定的に度外視し，それに反していっそう厳密な仕方で内的な精神の活動と深く関わっている言語の根源と，その相互の影響に引き返さねばならない。言語自体は所産（Ergon）ではなく，むしろ一つの能産（Energeia）であるように，また言語の真正な定義とは，ただ発生的なもの，つまり永遠に繰り返される精神の作用としてのみ可能であって，それは既に出来上がっていて，最終的な産物として我々の前に据えられているのではない*16。だがこうした生成（Genesis）自体は心理学的にではなく，むしろ超越論的に理解されなければならない。我々が言語と呼ぶ組織（構造体）は，どのような心理的要素から時間的に生じてきたのかが問題なのではなくて，むしろ我々は精神の宇宙の中に言語の地位を求めるのであり，つまり主観的および客観的現実の構造に対するそれの意義と，両現実の区別に対する意義を探求する。カントが内的および外的な経験の可能性，つまりは対象意識と自己意識の可能性が基づいている論理的根本カテゴリーを示したように，フンボルトは言語的な根本形式において同様の目的を果たそうとする。そうした形式は全て，実体的に存在するものの模写でも，または単なる表象の中で反復可能なものでもなく，むしろそれらは知的な観察と形成における器官（Organ）にして手段（Weise）なのである。

　言語の全特性が本来の意味において，ただその現実的な産出の行為の

　　15）　こうした文章の位置づけに関しては，Moritz Scheinert, Wilhelm von Humboldts Sprachphilosophie, *Archiv für die gesamte Psychologie,* Bd. XIII, Lpz. 1908, S.163. を参照。
　　16）　Einleitg. Zum Kawiwerk, *W.* Ⅶ, 45ff. 編注15

うちにのみ存在するように，そのことはまた，その特殊なものにまで，いやそれどころかその個々のものにまで妥当する。言語とは個々においてと同様に全体においても，既に識別された事実を指示するためではなく，むしろはるかに，依然として識別されていないものを発見するための真の手段なのである。「言語の相違は，音や記号によるものではなく，世界観自体の相違なのである。この中に全ての言語研究における基礎と最終的な目標とが含まれている」*17。これに反して，表象は「それぞれ異なった言語が，それらから独立して存在する諸対象および諸概念の同じまとまりだけを指し示すという考え方は，言語研究にとって本来的には有害なのであって，他ならぬそれが言語認識の拡大を防ぎ，そして実際に現存するものを死なせ，また不毛にする」*18。言語が死せる存在形式（Seinsform）ではなく，生命の形式（Lebensform）であろうとする限り，またその形式の中で単なる具体的な存立ではなく，精神の働きが，そしてそのエネルギーが示される限りは，必然的に主観性が混入している。しかしこの主観性それ自体は，普遍性へと昇華させられ，また同時に客観性の中へと，すなわち法則的な規定の中へと移る手段の上に成立している。フンボルトはカヴィ語に関する著作の序文では，次のように述べている。

> さて，言語によって作り出されたものは，一体何かという点を考察してみよう。言語は，すでに我々が知覚している対象を表示するものでしかない，などと考えても，それには裏づけがないのに気づくのである。むしろ，言語をそのようなものとして表象している限り，言語の深く豊かな内容を，決して汲みつくすことはできないであろう。言語なくしては，概念は存在し得ないのであるが，同じように，言語なくしては，魂（Seele）にとっても，対象は存在し得ないのである。何となれば，外的な対象はどんなものでも，概念に媒介されてはじめて，魂にとって，まとまったそれなりの実在性（Wesenhheit）を得るものだからである。言語の形成そのものにも，また，言語の使い方にも，主観が対象を知覚する仕方全部が必然的

---

17) Über das vergleichende sprachstudium (Steinthal), S.60. 編注16
18) *Handschrift über die Kawi-Sprache*, bei Steinthal, S.152f. 編注17

に混じり込んでくる。それは，語というものが，まさにこの知覚から生じてくるものだからであり，そうなると，語は対象そのものの模写ではなく，対象によって魂の中に作られた像の模写ということになるからである。あらゆる客観的知覚には，必然的に主観性が混じり込むのであり，暫く言語の問題とは切り離して考えても，人間の個性というものはすべて，世界の見方（Weltansicht）の何らかの独自の立場であると見なすことができる。しかし，個性が世界を見る一定の立場であるということは，実は言語に基づいている点が多大なのである。というのは，自体的意味（Selbstbedeutung）の添加とともに，語が魂に対して再び客観となり，そして固有な特徴がもたらされるからである。——対象と人間との間には，〔個々の語という〕個別の音声が入り込んでくるように，人間と，人間の内外両面にわたって影響を与える自然との間には，言語全体が入り込んでくるのである[編注18]。

しかしながら，他方で思考はまさに言語の中へと摂り入れられ，そして言語へと姿を変えることによって，再び魂（Seele）に対する客観となるのであり，そして魂がそれまで知らなかった或る影響を及ぼす。それゆえ，今やまったく反対の見解が生じる。すなわち，言語がまさに客観的に作用し，そして自立的であるのは，主観的に影響を受け，それに依存している限りでなのである。まさに言語が再び客観となるのは，他ならぬその産出の行為のうちにおいてである。しかしながら，こうした対立の真正な解決は，人間本性の統一性の中に存する。「〔人間の本性という〕本来の意味で我と一体であるものから湧き出てくる〔すなわち言語〕においてこそ，主観と客観，従属性と独立性という対立する概念が融合する。言語は，今現に私が行っているように，私が語りだし，作り出しているものであるから，まさに私自身の所有にかかわるものである。だが，言語が私に属すると言い得る根拠は，同時に人類のあらゆる世代を通じて，——現に語られており，また，かつて語られたものについても認めなくてはならないことになり，〔言語を私が所有しているとはいえ〕我自身が制限されていることを自ら痛感するのも，また言語そのものによるのである。ところが，言語のなかには，私を制限し，さらに

は私を規定するものがあるとは言っても，それは私自身の内面的に属する人間の本性から言語のなかに入り込んできたものに他ならない。それゆえ，言語のなかに私とは無縁のように思われるものがあるとしても，それは私の一時的とも言うべき個人的な性質にとってのみそう思われるだけのことであって，根源的な意味における本当の私の性質にとってではない」[*19]。こうした見解によって，再びフンボルトのもとで新しい批判的な客観性の概念における完全な妥当性が明瞭となる。実際の精神的な客観性は，我々から独立して存在するものや，または我々から生み出されたものに固有の特質があるのではなく，むしろそれは産出自体の行為と，普遍妥当的な法則性のうちに根付いている。こうした全てを包含する原理としての総合の法則性において，突如として対立の両契機が，すなわち主観と客観の世界が創りだされる。精神は創造を行うが，それでいて同一の方法によって創りだされたものが自らに対置させられ，そしてそれは客観として反作用を受ける[*20]。今や，言語は創造として認められ，だがそれは同時に17世紀と18世紀を支配していた意図的な言語発明の理論で受け入れられていたような，個々の恣意から切り離される。言語が自由の作用であるからといって，それはもはや反省や取り決めの産物ではなく，むしろそれは自由の産物なのであり，言語自体がその法則を与え，それによって同時にその対向像（Gegenbild）と相関概念としての必然の領域を創造する。

　これらの規定は全て，最終的にフンボルトによって複雑で議論の多い「内的言語形式」の概念へと統合される。この形式は決して何か実体的なものではなく，むしろある純粋に機能的な性質および規定であるために，フンボルトが獲得した新たな客観性の概念に相当する。フンボルトによれば，精神の働きのなかには分節された音声を思考の表現へと昇華させる持続化と画一化の働きがあり，それによって可能な限り完全にその関係のなかで理解され，そして体系的に表現されるものが，言語の形式を構成する。これらは単に一般的な構造，つまり我々がそれを言語の文法構造と呼ぶものの内においてだけではなく，むしろそれは常にそれとして同時に解釈の特殊性であるような，個別的な特殊性にまで入り込

---

19) Einltg. Zum Kawi-Werk, *W*. Ⅶ, 59ff. 編注19
20) Einleitung zum Kawi-Werk, *W*. Ⅶ, 213. 編注20

んでいる。それ自体が外的，実体的そしてまさに感覚によって知覚され得る諸対象のもとでは，それまで服していた全てのものに従って，言葉は感覚的に念頭に浮かんでいる対象ではなく，言語の産出行為によって同一な解釈と同等の価値をもつ。「たとえば，サンスクリットにおいては，象は，〈二倍も水を飲むもの〉とか，〈二本牙のもの〉とか〈手が一本しかないもの〉とか呼ばれているが，この場合，常に同じ対象が意味されているとはいえ，実はこれほどに多くの異なった概念が表示されていることになる。つまり，言語は決して対象そのものを言い表しているのではない。そうではなくて，言語は言語生産に当たって精神が自発的に対象について構築した概念，それを表出するものである。そして我々が今ここでこういう概念形成を問題にしているのであるが，それはこの概念形成が内面的なものであり，分節感覚に先行するとさえ考えられるからなのである」[*21]。そのため内的言語形式の概念は，形式の普遍的概念が批判的認識論に対して果たしたのと同一の役割を言語哲学の領域で果たしている。すなわちそれは，単なる模倣や模写説の最終的な拒絶を意味しており，それによってこの概念は対象規定を，それの思想的把握のあり方に依存しており，またそのあり方の中に基礎づけられている。

そしてさらに他の意味においても，つまり「質料」と「形式」という一対の概念の適用においても，フンボルトとカントの間にある類似性が明らかになる。カントにとって形式とは単なる関係を示す用語であったが，同時に正にそれが本来の客観化の原理を構成する。というのは，まさにこれが批判的な意味における客観を表示するのであり，つまり「まったく諸々の関係から成り立つ」ような，「現象における対象」を標示するからである[編注22]。感覚的な印象そのものと，そうした感覚の総体とは，ただ無規定な対象を甘受しなければならない。——つまり本当の規定，すなわち対象の形象は，カテゴリーの形成とりわけ根本的な比例概念としての関係のカテゴリー，「経験の類推」(Analogien der Erfahrung)によってはじめて成し遂げられるからである。そして人は次のことを期待してよいであろう。すなわち，こうした論理的な関連もまた言語の構造の中でその証明と，相関的表現とを見出すであろう，と。そして実際に我々

---

21) Einleitung zum Kawi-Werk, *W*, Ⅶ, 89f.[編注21]

は，フンボルトに従って真に創りだされた全ての言語の中で，質料と形式の間に，また事物の構成要素と関係の構成要素の間で分断が生じ，そして他方では両者が純粋な統一へと統合されるのを見るのである。それによって思考もしくは発話における特定のカテゴリーの中へと移される（そのため例えば実体もしくは特性として規定される），独自の働きがなお言語のなかで概念における表示行為に，内容的な，そして具体的な一群の徴標によって加えられる。言葉の完全な意味は，ただ同時に一方では概念の表現から，また他方では変化を起こす暗示行為（Andeutung）から生じる。「だが，ここに二つの源泉と呼んだ二つの要素は，本来，それぞれ全く異なった領域に属している。すなわち，概念の表示は，言語感覚のどちらかと言えば客観的な働きの領域に属している。そして，ある一つの思考のカテゴリーに概念を当てはめるということは，言語的な自己意識の新しい活動であって，この活動あればこそ，具体的な個々の場合，すなわち，個別的な語というものが，言語や具体的な発話において可能になるあらゆる場合に対して，関連づけられることになる。〔概念を思考の範疇の中に移しいれるという〕操作が，できるだけ純粋に，しかも言語の深みに徹したところで立派に行われて，言語そのものとこういう操作とが固く一体化したときに初めて，思考そのものから生まれる自発的な活動と，純粋な受容性のなかでどちらかといえば外面的な印象に従って行われる活動とが，うまく融けあったり，事情に応じて何れか一方が優位を占めたりしながらも，結局のところ，立派に結びつくことになるのである」[*22]。それゆえに，カントにとってと同様にフンボルトにとっても，物質は感覚の感受性に，そして形式は思考の純粋な自発性に起因する。それと同じように，まさにその形式は（「物自体」としての）対象のなかに存在しているのではなく，むしろ「主観自体によって遂行される」のでなければならない。だが，こうした遂行は，それ自体がある普遍妥当的な規則に従って生じ，そしてそれに応じて，同時に理念性のなかに現実のものとなる意味をもっているのである。個々の内容は，言語的な形式付与によってそのものとして示されるのではなく，むしろ可能的な内容の全体へと関係づけられ，そしてその全体における地

---

22) Einleit. zum Kawi-Werk, *W*. Ⅶ, 109; vgl. Ⅶ. 287. [編注23]

位に応じて特徴づけられることによって，それはこの関係のなかで，思考の自己意識の統一性の上に，またはじめてその対象的な内容に従って規定される。記号と言語の一致は，フンボルトによれば一般に次のようなもののなかに存する。すなわち両者の規定が，別々に外的な表現となるのではなく，むしろそれらが事実と観念に即して同一の行為を取り決めるように，またそれらが音声に関して完全に，あるものの中に組み込まれることによってなのである。

　フンボルトはこうした言語の理想が，まずもって屈折言語において達せられるのを見る。なぜなら屈折とは，物質の構成要素に対する形式の構成要素の，また意味表現に対する関係表現の機械的な添付と考えられてはならず，むしろある純粋な総合，それらの間における相互規定を現しているからである。語形の変化は，意味と関係の両者を言語的に完全なものへと結びつけ——そして永遠に分離と結合を続けてゆく言語というものの本来的な目的という点で，一致して満たされる[*23]。「有機的付加形成（Anbildung）によって屈折した語は，咲き出る花の部分がすべて一体であるように，どのように変化しようと実は一体となっているのであり，言語においてここに生起している事柄は，純粋に有機的な性質を備えているのである」[*24]。見たところでは，批判的認識論の見解を常に繰り返し困難にさせた基本的誤謬，すなわちそのなかで，ある独自の「形式」が即自的に存在する「物質」に後から付け加えられたり，押し付けられたりするといったような誤りをフンボルトは共有していない。彼は詳細に屈折言語の内部で実質的な意味の構成要素が，語幹における動詞の根によって，そして形式的な関係表現が本来的には代名詞の意味を内に含んでいるような，一つの語尾によって表現されるのを見る。動詞とは胚珠であって，そこから全ての「客観的な」出来事の直観が展開する。つまりその中では世界の特殊化が，活動と活力による特殊化として根源的に表現され，そして保持される。しかしながら動詞における実質的な語根，それらはいわば伝達したり記述したりする性質をもっており，〔対象の〕様々な運動，種々なる特質，さらには対象それ自体を表示するのであるが，その際にはそれを感じた者や，知覚された人物

---

23) Einleitung. zum Kawi-Werk, *W.* Ⅶ ,263; vgl. Ⅶ ,125. [編注24]
24) A.a.O., *W.* Ⅶ ,113. [編注25]

（Persönlichkeit）に対する関係は問題になっていない——だが他の言語的要素に対しては，人物の表現であるとか，そういう人物に対する関連の仕方そのものとかが，語の意味の唯一の本質を形成している*25。フンボルトは自身の『いくつかの言語における場所を表す副詞と人称代名詞の親縁関係について』編注27 という論文のなかで，こうした主観的な語根が言語において根源的であることが間違いないこと，そして代名詞が一番後になって現れた品詞であるという理解がまったく不適切な想像であることを示そうと試みた。ここではそれに基づいて，代名詞をただ名詞の替わりを意味しなければならないという狭い意味での文法的な考え方を，言語の深部から創りだされた見解が押しのけたのである。「原点となるもの（das Erste）は，言うまでも無く語り手自身が人間であることである。語り手は自然と常に直接に接触しているものであり，言語においても，自然に対して自我という表現を対置することをやめるわけにはいかない。しかし自我にはおのずから汝が与えられているのであって，この新しい〔我と汝の〕対立から，第三者の人称が成立してくるのであるが，この第三者は感ずる者，語る者という〔人間の〕仲間の埒外にもあり得るものであるから，そうなると，第三者・三人称は生命のないもの（Sache）にまでも拡大される」*26。批判的認識論が物質に先立つ形式の論理的な先験性，つまり物的・実体的存在に先立つ純粋な関係を基礎づけようと試みるように，フンボルトは，こうした内側から外側への，つまりは関係から存在へという道を踏み越えて行く。しかしながら，彼にとってもまた根底においては，ただプロテロン・テ・ピュセイ（本性において先立つもの）が問題であったのであり，プロテロン・プロス・ヘマース（我々にとって先立つもの）ではない——すなわち，それらに全ての言語形成が基づくところの個々の契機の中での，事実に即した妥当性の相違（Geltungsuntershied）であり，その個別な時間的現出の順序規定ではないのである。というのは，とりわけその客観的な根源は，現実的につまり独立的に存在する言語の要素と見なされることはできず，むしろそれは明らかに分析それ自身による成立の様相を呈する。しかし本当の言語は依然としてただ発話のなかでのみ示されるのであり，

---

25) A.a. O., *W*. Ⅶ, 103. 編注26
26) *W*. Ⅶ, 103f.; vgl. Ⅵ, 304ff. 編注28

そして現実における言語の原初的発明は，言語の分析が上方へと辿って行くのと同じ道を，下方へと歩んで行くのではないのである[*27]。

また細部においてフンボルトの言語論からは，一方で動詞が客観的な意味の担い手として，また他方では代名詞が主観的な関係の表現として，それぞれが支配的な地位をもっていることが示されている。言語の精神的な特性そのものが基づくところの「総合規定の作用」(Akt des synthetischen Setzens) は，動詞のなかに最も明瞭に，そして最も力強いものとして現れている。動詞はいわばそうした作用自体を，純粋な特性のなかで表し，またその中に含まれており，全ての偶然的な付随的事柄から切り離されている。動詞は文法機能としては総合規定の作用だけが付け加えられるのであり，そのため強力な確実性という点において，名詞や他の発話を構成する要素とは異なっている。文章におけるその他全ての語は，いわば死んで横たわっており，結びつけられる要素である。そして動詞だけが生命を保持し，生命が拡大してく中心点なのである。「まさにこの総合作用に基づいて，動詞は・で・あ・る (das Sein) という賓辞 (Prädikat) の形を用いて述語と主語とを結びつけるのであるが，この場合，・で・あ・るは力に満ちた述語によって行為に転換し，今度はそれが主語に及んで，その行為は主語そのものの属性に帰せられるに至る。その結果，結びつけることも可能であるという程度にしか考えられていなかったものが，生きた現実の中の実際の状態，または本当の過程に変化してしまうわけである。動詞は遥か遠くの雲間に閃く稲妻ではなく，脚下に落ち込んでくる電撃そのものなのである。〔一例を以って示せば〕精神〔という概念〕と不滅〔という概念〕とは，結合し得ると単に人が脳裏に思い浮かべているだけではなく，事実，精神は不滅なのである。思考は——あえて感性的な表現を用いるとすれば——動詞によってその内面的な住居を棄て，現実の中へと移り住むようになる」[*28]。

というのは，動詞においては——フンボルトがベルンハルトの言語論とイギリスのハリスから受け継ぎ，それを彼自身の独特な洞察に応じて変形させ，またさらに推し進めたものによれば——二つの異なる基

---

27) A.a.O., *W*. Ⅶ, 105. [編注29]
28) *W*. Ⅶ, 214. [編注30]

礎的な作用が結びついている*29。すなわち，フンボルトのもとでは，純粋な関係規定が存在規定と一体化するのである。述語は単に主語へと添えられるものではなく，むしろ仲裁の形式（Form des Beilegung）によって主語自体が現実の中に提示されるのであり，そして一つの存在するものとして，単に想定されたものとしてではなく，予め提示されたものであることを主張する。こうした存在の基礎規定は，それ自体としては，それぞれの口頭での表現のうちに現れている。言うなれば，樹木が生茂ることは，それと同時に樹木が生い茂っていると言われるのであり，それは特定の対象として，ある特定の性質をもって存在している。そのため動詞は単に定まっていて，停止した付加語なのではなく，存在によって，そして存在のカテゴリーによる力動的で活動的な統合なのである。そしてそのカテゴリーはここで，その直接的なもののなかで単に論理的な力においてのみならず，また，同時に言語を形成する力において示され，また実証される。この点に関してフンボルトは次のようなボップの証拠を詳細に採り上げる。すなわち，サンスクリット語においては，見たところ最初の未来時制と，添字──過去時制を形成するものの一つが，ある根語と動詞 as（sein）から構成されていることである*30。この点に関してフンボルトの言語論は，改めてカントの判断力の学説における最も特徴的な展開に結びつく。カントによれば，判断の核心と本来的な機能とは，単に所与の表象内容を分析的に解釈することでも，またはそれらを単に心理学的に，連想の単純な装置という意味において，互いに結びつけることでもない。むしろ判断が創りだすものは，認識におけるある全く新たな高い価値（Dignität）すなわち存在と客観的妥当性の一つの形式であり，それが単なる現存在と主観的意識における表象の単なる流出（Ablauf）に立ち向かうのである。フンボルトはこうした「積極的な定立」の作用を，再び言語の至るところで見出し，そして彼が強調するところによれば，特定の言語にあらゆる時代を通じて魂を吹き込み続

29） この点に関してより詳しくは A.F. Pott, *W. v. Humboldt und die Sprachwissenschaft*, 2. Aufl. Berl. 1880, I, S. CCIIff. または M. Scheinert, a.a.O., S.184f. Vgl. Die Einleitung zum Kawi-Werk, *W.* Ⅶ, 223. 編注31

30） S.*W.* Ⅶ, 218. 編注32

ける生命の全体は，この総合作用の強さ如何に依存している[*31]。そのため表象の類（Gattung）が，予め現存する対象を単に受領するだけの意識ではあり得ないことが改めて明らかになる。「様々な感官のもつ活動性は，精神の内面的な行為と総合的に結びつかなくてはならず，さらに，表象はこういう総合から己を解き放ち，主観的な力に対抗して対象になりきり，今度は対象として新しく知覚されつつ，主観の中へと帰還してゆく。こういう動きのためには，言語が不可欠なのである。というのは，言語において精神の活動が唇を突き破って発現してくるのであるが，精神の営みによってそこに生まれたものは，精神活動の行われた人物の耳へと戻ってゆくものだからである。このように，表象というものは，〔主観から離れて〕現実の生きた客観性という領域に移されてしまうのであるが，しかし，そうだからといって，表象は主観性から切り離されてしまうわけではない。ところで，こういうことをなし遂げるのは言語だけなのである。さて，言語の助けを借りて，このように，主観性へと帰還する必然性をもった客観性への移行ということが不断に行われているわけであるが，こういう主・客間の移行がなければ，概念の形成は不可能となり，したがって正しい思考も全て不可能となってしまう」[*32]。

　フンボルトの言語哲学および言語学の内容と傾向を，あらゆる側面から明らかにするような，こうした簡明にして確かな命題の中に，最後に，再びもっとも深い奥底からフンボルトをカントに結びつけるものが現れている。独断的な世界観にとっては，存在は二つに分かれて互いに厳しく対立する領域，すなわち表象と対象，意識と現実，自我世界（Ichwelt）と事物的世界とに分裂している。これらの領域が互いにいっそう鋭く分離すればするほどに，それだけその問題は複雑にまた困難になるが，それにもかかわらず，両者の間には架橋，仲裁，理念的な連関もしくは現実的な相互作用がなくてはならない。『純粋理性批判』は方法論的な厳格さと体系的な完全さの中で，こうした問題が解決不能であることを示しており，つまりその内的な二律背反の性質を明示しているのである。しかしながら，それは同時にこうした消極的な解答によって，主観性と客観性における新たな概念を，そしてその中に新たな問いを設

---

31) *W.* Ⅶ, 213. [編注33]
32) *W.* Ⅶ, 213 [編注34]

定する。主観と客観の世界は，今や単に絶対的な存在の二つの両半分であるばかりか，またそれは同一の精神的な機能なのである。そしてそれによって我々は両者の内容と，その区分および相互の結びつきを獲得する。このような抽象的な結論はフンボルトによって，すなわち言語の仲裁（Vermittlung der Sprache）によって，精神的生命の具体的な考察の中に採り入れられる。同様に，我々が意識および世界の構成要素に関する従来の形而上学的な区分の中に留まる限り，また単に「内」や「外」という存在の区分の中に留まる限り，言語は摑みどころのない謎であり続ける。我々が力動的な対立を固定した存在の対立の地位へと据えるとき，――我々が単なる現存在や所与から，作用それ自体の基礎形式へ，すなわちエルゴンからエネルゲイアへと遡って進む時に，初めて言語は明らかになる。精神的な行為の主観性，自由そして自立性こそ，それに，全ての精神的な働きの客観性と必然性が，そしてそれゆえに，絶え間なく，そして止むことのない創造とその所産の統一としての言語もまたそれらに基づいていることが，今や明瞭に示されるのである。

編　注

1)　Vgl. I.Kant『自然科学の形而上学的基礎』(*Metaphysische Anfangsgründe der Naturwissenschaft*（1786）Akad. Ausg. Ⅳ), S.470:「しかしながら私の考えでは，それぞれの特殊な自然学説において，その中から数学が見出されるのと同じ数だけ，真正な学問が見出されるのである」。
2)　ハーマンの『理性の純粋主義への批判の再考』では，彼の死後に公刊された断章が問題にされており，ハーマンは1784年の終わりにそれに関する部分をJ. G. ヘルダーに宛てて送付した。その断章はF. T. リンクによってカント哲学についての他のテクストと共にハーマンの死後に出版された。*Mancherley zur Geschichte der metacritischen Invasion. Nebst einem Fragment einer älteren Metacritik von Johann George Hamann, genannt der Magus in Norden, und einigen Aufsätzen, die Kantische Philosophie betreffend,* Königsberg 1800, S.120-134（Neudruck in Aetas Kantiana, Brüssel 1969）．
3)　Johann Gottfried Herder: *Verstand und Erfahrung, Vernunft unt sprache, eine Metakritik zur Kritik der reinen Vernunft,* Leipzig, 1799.
4)　Vgl. Johann Gottfried Herder: *Abhandlung über den Ursprung der Sprache,* Berlin, 1772（Preisfrage aus 1769/70）．
5)　Vgl.Anm.4.

6) ここでは次の著作を指している。Jean-Jacques Rousseau: *Essai sur l'origine des langues où il est parlè de la mélodie et de l'imitation musicale*, Avertissement et Notes par Charles Porset, Bordeaux 1970. Der »Essai« erschien postum 1781 in Genf.
7) Vgl. Oben Cassirers Anm. S.243.
8) Vgl. Oben Cassirers Anm. S.243. この部分は次の箇所に見られる。Wilhelm v. Humboldt: Werke in fünf Bänden, hrsg. Von Andreas flitner und Klaus Giel, Darmstadt（Wissenschaftl. Buchgesellschaft）1960-1981, Bd.V(1981), S.122f.
9)「表象の対象とは，――対象認識にとって――まさに我々の表象における統一性からのある濃密化なのである」。(*KdrV.* A, S.69f./ B, S.93f.) Vgl. A, S.104「私にとっての表象の対象という表現は，いったい何を意味するのか」。「様々な表象を，一つの共通した表象のもとに集め，それに秩序を与える統一作用である」Vgl. KdrV B, S.93/ A, S.68. また、「統一作用」(Einheit der Handlung) に関しては，さらに B, S.153 を参照。
10) 文通相手のアウグスト・ヴォルフ（1759-1824）は，優れた文献学者・教育者であった。
11)『カヴィ語研究序説』（Einleitung zum Kawi-Werk）は，また『人間の言語構造の相違性と，人類の精神的発展に及ぼすその影響について』という題が与えられている。引用箇所は Humboldt: Werke Bd. Ⅲ (1963), S.605f.
12) Humboldt: *Werke* Bd.III, S.20.
13) Humboldt: *Werke* Bd. III, S.528.
14) Humboldt: *Werke* Bd. III, S.448.（116 頁）（フンボルトの引用箇所については，邦訳『言語と精神』亀山健吉訳，法政大学出版局，1984 年を参照した。そのため邦訳での出典箇所はそれぞれ（　）内にて記す。）
15) Humboldt: *Werke* Bd. III, S.417f.
16) Humboldt: *Werke* Bd. III, S.20.
17) Humboldt: *Werke* Bd. III, S.153. この『手稿』（*Handschrift*）は『人間の言語構造の相違について』と題されている。
18) Humboldt: *Werke* Bd. III, S.433f.（94-95 頁）
19) Humboldt: *Werke* Bd. III, S.438.（100-101 頁）
20) Humboldt: *Werke* Bd. III, S.607.（331-332 頁）
21) Humboldt: *Werke* Bd. III, S.468.（143 頁）
22) Vgl. *KdrV*. A, S.285/B, S.341.
23) Humboldt: *Werke* Bd. III, S.489, 691.（174 頁）
24) Humboldt: *Werke* Bd. III, S.663; vgl. S.506ff.（403-404 頁）(「永遠に分離と結合を続けてゆく言語というものの目的」については，S.506ff. も参照。）
25) Humboldt: *Werke* Bd. III, S.493.（179-180 頁）
26) Vgl. Humboldt: *Werke* Bd. III, S.482f.（164 頁）
27) Humboldt: *Werke* Bd. III, S.483. 1829 年のこの論文と，1827 年の『双数について』を参照。（だがカッシーラーは続く引用で再び *Werk* Bd. III, S.483 のテクストを用いている。）

第三章

28) Humboldt: *Werke* Bd. III, S.483; III, S.366f.（164-165 頁）（カッシーラーはアカデミー版の誤った頁数を示しており，304ff ではなく，正しくは 301ff. である。）
29) Vgl. Humboldt: *Werke* Bd. III, S.485.
30) Humboldt: *Werke* Bd. III, S.608.（334 頁）
31) Vgl. Humboldt: *Werke* Bd. III, S.617ff.
32) Humboldt: *Werke* Bd. III, S.612.
33) Humboldt: *Werke* Bd. III, S.607.
34) Humboldt: *Werke* Bd. III, S.428f.（88 頁）

あ と が き
　　　　　　　　―――――

　ここに上梓する『カッシーラーのシンボル哲学』は，著者が 2011 年 3 月に聖学院大学大学院において提出した博士学位論文に加筆と修正を加えたものである。同課程の学位論文審査を終えてから 5 か月あまりの時が過ぎたが，それはちょうど 3 月 11 日に起きた未曾有の震災，そして原発事故からの月日とほぼ同じ時間の経過である。あの震災の日，著者は師である金子晴勇先生の研究室にいた。すべての電車の運行が止まり，自宅までの帰り道を 5 時間以上に渡って歩いた記憶が依然として真新しい。そのため本書もまた同様に，学位論文として提出した時と比べても，未だ真新しいものであると言える。当然のことながら，それは健全な人文学の伝統に即した研究としてはさらなる成熟，つまりさらなる拡大と深化の可能性を大いに残していることを意味する。本書の主題であるカッシーラーのシンボル哲学に限って見たとしても，彼の遺稿や講義録からさらなる発見が見込めることは事実である。その中核を成すであろう『シンボル形式の哲学』第 4 巻の邦訳書（『象徴形式の形而上学――エルンスト・カッシーラー遺稿集第 1 巻』笠原賢介，森淑仁訳，法政大学出版局，2010 年）が昨年出版されたように，この分野の研究はさらなる「成熟」へと向けて前進している。
　そのため本書に収めた研究が未だその途上であるという事実は著者自身がもっとも強く意識しているが，幸運にも知泉書館からこれまでの成果として発表する機会を得たので世に出させて頂くこととした。というのも，20 世紀を代表する哲学者であり，また早くからわが国では馴染みの深い哲学者であったエルンスト・カッシーラーは，その著作の多くが翻訳されているにもかかわらず，未だ本格的な研究書が存在しないからである。本書を著すにあたっては，そうした多くの先達による邦訳書を参照させて頂いた。そのため，本書での引用文においてはその都度邦訳書での出典箇所も可能な限り明確に記した。それらも含めて，本書が

提示する視点が今後のシンボル哲学の研究に対して何らかの指針となれば幸いである。

次に，本書に含まれる二つの論文の初出を明記しておきたい。第3章「シンボル的直観と再現前化作用」は，『聖学院大学総合研究所紀要』2009年, No.46. 338-363頁。そして第5章「心身論とシンボル機能」は『聖学院大学総合研究所紀要』2010年, No.48. 355-376頁に掲載したものである。だが両論文はともに，それぞれ内容が不十分であるとか，または叙述が曖昧であると思われる箇所が存在したため，それらに修正を加えたうえで本書に収載した。

そしてここで強調して述べておかなければならないが，本書は著者の師である金子晴勇先生に負うところが極めて大きい。というのも，或る時には著者を導き，また或る時には促し，先生にはこれまで大学院の修士課程から博士課程まで一貫して情け深いご指導を頂いたからである。これは誇張ではなく，先生には研究の手法から研究者としての在り方まで，全てを教えて頂いた。もはやどれほど感謝しようとも，しきれないほどである。

ところで，著者がこの研究に着手したのは今から6年前の2005年であった。当時，大学院の修士課程に進学したばかりの著者は，未だ具体的な研究対象を決めあぐねていた。そんな折に大恩ある師との邂逅が事態を一変させたのだが，その出会いは紛れもなく聖学院大学教授，稲田敦子先生のおかげであった。稲田先生のご紹介によって金子先生からご指導を頂けることとなり，それによって本書での研究が始まった。またそれだけでなく，稲田先生には学部時代より常に的確な助言と暖かい助力を頂いた。そのため両先生に対しては適切な謝辞が見つからない程であるが，この場を借りて感謝の意を表したい。

さらに，聖学院大学教授 K. O. アンダスン先生には，本書に付け加えた英語での要約文を添削していただいた。また聖学院大学大学院教授，片柳榮一先生と新潟大学名誉教授，深澤助雄先生には，著者の学位論文審査において非常に鋭く的確な示唆を頂いた。旧友，清水佳人君には学位論文の提出にあたって幾度となくお世話になった。こうして数え上げればきりがないほどに多くの方々の助力によって本書を著すことができた。お世話になったすべての方々に謝辞を述べたい。

そして今日まで著者をあらゆる側面から支えてくれた家族に対しても，ここで感謝の思いを述べておきたい。
 最後に，出版にあたっては知泉書館社長，小山光夫氏に大変お世話になった。本書を公刊することができたのは偏に小山社長のお陰である。その暖かい援助に対してここに御礼申し上げる。

2011年8月8日

齊 藤 　 伸

参考文献

序章 『シンボル形式の哲学』とカッシーラー研究

Ernst Cassirer
- An Essay on Man, Yale University Press, New Heaven,1944.
- Philosophie der symbolischen Formen, erster Teil, Die Sprache, Wissenschaftliche Buchgesellschaft, Darmstadt, 1977. (『シンボル形式の哲学』第一巻「言語」, 生松敬三・木田元訳, 岩波文庫, 1989 年)
- Zur Metaphisik der symbolischen Formen, in; Nachgelassene Manuskripte und Texte, Bd.1, Herausgegeben von, John, Michael Krois und Oswald Schwemmer. (『象徴形式の形而上学』エルンスト・カッシーラー遺稿集第一巻, 笠原賢介・森淑仁訳, 法政大学出版局, 2010 年)
- Symbol, Myth and Culture, ed. by Donald Phillip Verene, Yale University Press, New Heaven, 1979. (『象徴・神話・文化』D. P. ヴィリーン編, 神野慧一郎・薗田坦・中才敏郎・米沢穂積訳, ミネルヴァ書房, 1985 年)

S. K. Langer, On Cassirer's Theory of Language and Myth, in; The Philosophy of Ernst Cassirer, ed. by Paul Arthur Schilpp, Open Court Publishing Company, 1949.

S. K. Langer, Philosophy in a New Key, Harvard University Press, 1951. (『シンボルの哲学』矢野萬里・池上保太・貴志謙二・近藤洋逸訳, 岩波現代叢書, 1960 年)

J.M. Krois, Cassirer. Symbolic Forms and History, Yale University Press, 1987.

Bayer, Cassirer's Metaphysics of Symbolic Forms, A Philosophical Commentary, Yale University Press, New Haven & London, 2001.

Skidelsky, Ernfst Cassirer. The Last Philosopher of Culture, Princeton University Press, 2008.

Heinz Paetzold, Ernst Cassirer. Von Marburg nach New York, Wissenschaftliche Buchgesellschaft, Darmstadt,1995.

Thomas Meyer, Ernst Cassirer, Ellert & Richter Verlag, Hamburg, 2006.

第 1 章 現代ドイツにおける言語論の歩み

Johann Gottfried Herder
- Abhandlung über den Ursprung der Sprache, in; Sprachphilosophische Schriften, Felix Meiner Verlag, Hamburg, 1964. (『言語起源論』木村直司訳, 大修館書店, 1977 年)

Wilhelm Von Humboldt

- Über die Verschiedenheit des menschlichen Sprachbaues und ihren Einfluß auf die geistinge Entwicklung des Menschengeschlechts, in; Wilhelm von Humboldt Werke Bd3, Wissenschaftliche Buchgesellschaft, Darmstadt,1963.（『言語と精神』亀山健吉訳，法政大学出版局，1984 年）
- Über den Dualis, in; op.cit.（『双数について』村岡晋一訳，新書館，2006 年）
- Über die Verschiedenheiten des menschlichen Sprachbaues, in; op.cit.（『双数について』「人間の言語構造の相違について」村岡晋一訳，新書館，2006 年）

Ernst Cassirer
- Philosophie der symbolischen Formen, erster Teil, Die Sprache, Wissenschaftliche Buchgesellschaft, Darmstadt, 1977.（『シンボル形式の哲学』第一巻「言語」，生松敬三・木田元訳，岩波文庫，1989 年）
- Sprache und Mythos, in; Wesen und Wirkung des Symbolbegriffs, Wissenschaftliche Buchgesellschaft, Darmstadt,1977.（『言語と神話』岡三郎・岡富美子訳，国文社，1972 年）
- 《Geist》und《Leben》in der Philosophie der Gegenwart,（1930）

(Geist und Leben Schriften, Recalm Verlag Leipzig 1993)（『現代哲学における〈精神〉と〈生命〉』，金子晴勇訳『現代ヨーロッパの人間学』知泉書館，2010 年）
- An Essay on Man, Yale University Press, New Heaven, 1956.（『人間』宮城音弥訳，岩波文庫，1997 年）

Die Kantischen Elemente in Wilhelm von Humboldts Sprachphilosopie, in; Ernst Cassirer Geist und Leben Schriften, Reclam, Leipzig, 1993.
- Urban, Cassirer's Philosophy of Language, in; The Philosophy of Ernst Cassirer, ed. by Paul Arthur Schilpp, Open Court Publishing Company, 1949.

S. K. Langer, On Cassirer's Theory of Language and Myth, in; op.cit.
麻生健『ドイツ言語哲学の諸相』東京大学出版会，1989 年
ユルゲン・トラバント『フンボルトの言語思想』村井則夫訳，平凡社，2001 年
斉藤渉『フンボルトの言語研究――有機体としての言語』京都大学学術出版会，2001 年
金子晴勇『ヨーロッパ人間学の歴史』知泉書館，2008 年
森淑仁『E. カッシーラーにおけるヘルダー受容について――『言語起源論』を中心に』（『ヘルダー研究』2 号，日本ヘルダー学会，1996 年）

第 2 章　カッシーラーにおける神話の哲学

Ernst Cassirer
- Philosophie der symbolischen Formen, zweiter Teil, Das mythische Denken, Wissenschaftliche Buchgesellschaft, Darmstadt, 1977.（『シンボル形式の哲学』第二巻「神話的思考」，木田元訳，岩波文庫，1991 年）
- Sprache und Mythos, in; Wesen und Wirkung des Symbolbegriffs, Wissenschaftliche Buchgesellschaft, Darmstadt,1977.（『言語と神話』岡三郎・岡富美子訳，国文社，

1972 年)
・An Essay on Man, Yale University Press, New Heaven, 1956.（『人間』宮城音弥訳，岩波文庫，1997 年)
・Zur Logic der Kulturwissenshaften, Fünf Studien, Wissenschaftliche Buchgesellschaft, Darmstadt,1942.（『人文科学の論理』中村正雄訳，創文社，1975 年)
S. K. Langer, On Cassirer's Theory of Language and Myth, in; The Philosophy of Ernst Cassirer, ed. by Paul Arthur Schilpp, Open Court Publishing Company, 1949.
金子晴勇『聖なるものの現象学』世界思想社，1996 年

第 3 章　シンボル的直観と再現前化作用

Ernst Cassirer
・Philosophie der symbolischen Formen, erster Teil, Die Sprache, Wissenschaftliche Buchgesellschaft, Darmstadt, 1977.（『シンボル形式の哲学』第一巻「言語」，生松敬三・木田元訳，岩波文庫，1989 年)
・Philosophie der symbolischen Formen, dritter Teil, Phänomenologie der Erkenntnis, Wissenschaftliche Buchgesellschaft, Darmstadt, 1977.（『シンボル形式の哲学』第三巻「認識の現象学」（上），木田元・村岡晋一訳，岩波文庫，1994 年)
・An Essay on Man, Yale University Press, 1944.（『人間』宮城音弥訳,岩波文庫,1997 年)
Johann Gottfried Herder
・Abhandlung über den Ursprung der Sprache (Joh. Gotter. Herder's Sprachphilosophie Ausgewählte Schriften), Felix Meiner Verlag, 1964.（『言語起源論』木村直司訳，大修館書店，1972 年)
J.M. Krois, Cassirer. Symbolic Forms and History, Yale University Press, New Heaven, 1987.
Hamlin and Krois, Symbolic Forms and Cultural Studies. Ernst Cassirer's Theory of Culture, Yale University Press, 2005.
Hartman, Cassirer's Philosophy of Symbolic Forms, in; The Philosophy of Ernst Cassirer, ed. by Paul Arthur Schilpp, Open Court Publishing Company, 1949.
Hamburg, Cassirer's Conception of Philosophy, in; op. cit.
Urban, Cassirer'sPhilosophy of Language, in; op. cit.
Leander, Further Problems Suggested by The Philosophy of Symbolic Forms, in; op. cit.
深澤助雄『シンボルの受胎』（『世界の視点——知のトポス』第 5 号）新潟大学人文学部哲学・人間学研究会，2010 年

第 4 章　シンボル形式としての科学的思考

Ernst Cassirer
・Philosophie der symbolischen Formen ,dritter Teil, Phänomenologie der Erkenntnis, Wissenschaftliche Buchgesellschaft, Darmstadt, 1977.（『シンボル形式の哲学』第三

巻「認識の現象学」(下), 木田元訳, 岩波文庫, 1997 年)
・Das Erkenntnisproblem in der Philosophie und Wissenschaft der neueren Zeit, zweiter Band,(Wissenschaftliche Buchgesellschaft), 1994.(『認識問題——近代の哲学と科学における』須田朗・宮武昭・村岡晋一訳, みすず書房, 2000 年)
・Die Begriffsform im mythischen Denken, in; Wesen Und Wirkung des Symbolbegriffs, Wissenschaftliche Buchgesellschaft, Darmstadt, 1977.
・An Essay on Man, Yale University Press, New Heaven, 1956.(『人間』宮城音弥訳, 岩波文庫, 1997 年)
John Locke, An Essay Concerning Humanunderstanding, Prometheus Books, 1995.(『人間知性論』(三), 大槻春彦訳, 岩波文庫, 1976 年)
George Berkeley, A Treatise Concerning the Principles of Human Knowledge, Dover Publications, Inc, Mineola, New York, 2003.(『人知原理論』大槻春彦訳, 岩波文庫, 1977 年)
Seymour W. Itzkoff, Ernst Cassirer. Scientific Knowledge and the Concept of Man, University of Nortre Dame Press, Indiana, 1971.

第 5 章　心身論とシンボル機能

Ernst Cassirer,
・Philosophie der symbolischen Formen, dritter Teil, Phänomenologie der Erkenntnis, Wissenschaftliche Buchgesellschaft, Darmstadt, 1977.(『シンボル形式の哲学』第三巻「認識の現象学」(上), 木田元・村岡晋一訳, 岩波文庫, 1994 年)
・Zur Metaphisik der symbolischen Formen, in, Nachgelassene Manuskripte und Texte, Bd.1, Herausgegeben von, John, Michael Krois und Oswald Schwemmer, Meiner Felix Verlag Gmbh, 1995.
・《Geist》und《Leben》in der Philosophie der Gegenwart, in; Ernst Cassirer, Geist und Leben, Schriften, Reclam Verlag, Leipzigg, 1993.(『現代哲学における「精神」と「生命」』, 金子晴勇訳『現代ヨーロッパの人間学』知泉書館, 2010 年)
Max Scheler, Die Stellung des Menschen im Kosmos, in; Max Scheler: Gesammelte Werk Bd.9 (hrsg. Von Manfred Frings), Bern/ München 1976.(『宇宙における人間の地位』シェーラー著作集 13, 亀井裕・山本達訳, 白水社, 1977 年)
Goldstein, Der Aufbau des Organismus.(『生態の機能——心理学と生理学の間』村上仁・黒丸正四郎訳, みすず書房, 1957 年)
Verene, Cassirer's Metaphysics, in; The symbolic Construction of Reality - The Legacy of Ernst Cassirer, ed. by Jeffrey Andrew Barash, The University of Chicago Press, Chicago and London, 2008.
Bayer, Cassirer's Metaphysics of Symbolic Forms, A Philosophical Commentary, Yale University Press, New Haven & London, 2001.
金子晴勇『現代ヨーロッパの人間学』知泉書館, 2010 年

第6章　新たなる人間の定義

Ernst Cassirer
- An Essay on Man, Yale University Press, New Heaven, 1956.（『人間』宮城音弥訳，岩波文庫，1997年）
- Philosophie der symbolischen Formen, erster Teil, Die Sprache, Wissenschaftliche Buchgesellschaft, Darmstadt, 1977.（『シンボル形式の哲学』第一巻「言語」，生松敬三・木田元訳，岩波文庫，1989年）
- Philosophie der symbolischen Formen, zweiter Teil, Das mythische Denken, Wissenschaftliche Buchgesellschaft, Darmstadt, 1977.（『シンボル形式の哲学』第二巻「神話的思考」木田元訳，岩波文庫，1991年）
- Zur Metaphisik der symbolischen Formen, in, Nachgelassene Manuskripte und Texte, Bd.1, Herausgegeben von, John, Michael Krois und Oswald Schwemmer, Meiner Felix Verlag Gmbh, 1995.（『象徴形式の形而上学——エルンスト・カッシーラー遺稿集第一巻』笠原賢介・森淑仁訳，法政大学出版局，2010年）
- Symbol, Myth and Culture, ed. by Donald Phillip Verene.（D. P. ヴィリーン編『象徴・神話・文化』神野慧一郎・薗田坦・中才敏郎・米沢穂積訳，ミネルヴァ書房，1985年）
- Zur Logic der Kulturwissenshaften, Fünf Studien, Wissenschaftliche Buchgesellschaft, Darmstadt, 1980.

S. K. Langer, Philosophy in a New Key, Harvard University Press, 1951.
Seymour W. Itzkoff, Ernst Cassirer: Scientific knowledge and the concept of man, University of Nortre Dame Press, Indiana, 1971.
Max Scheler, Die Stellung des Menschen im Kosmos, in; Max Scheler: Gesammelte Werk Bd.9 (hrsg. Von Manfred Frings), Bern/ München 1976.（『宇宙における人間の地位』シェーラー著作集13, 亀井裕・山本達訳, 白水社, 1977年）
金子晴勇『現代ヨーロッパの人間学』知泉書館, 2010年

終章　『シンボル形式の哲学』の後世への影響

Ernst Cassirer
- Philosophie der symbolischen Formen, erster Teil, Die Sprache, Wissenschaftliche Buchgesellschaft, Darmstadt, 1977.（『シンボル形式の哲学』第一巻「言語」，生松敬三・木田元訳，岩波文庫，1989年）
- Zur Metaphisik der symbolischen Formen, in, Nachgelassene Manuskripte und Texte, Bd.1, Herausgegeben von, John, Michael Krois und Oswald Schwemmer（The Philosophy of Symbolic Forms, vol.4: The Metaphisics of Symbolic Forms, ed., by John Michael Krois and Donald Phillip Verene, Trans., by John Michael Krois）
- An Essay on Man, Yale University Press, New Heaven, 1956.（『人間』宮城音弥訳，岩波文庫，1997年）

S. K. Langer
- Philosophy in a New Key, Harvard University Press, 1957.（『シンボルの哲学』矢野萬里・池上保太・貴志謙二・近藤洋逸訳，岩波書店，1960 年）
- Feeling and Form, Charles Scribner's Sons, New York, 1953.（『感情と形式』Ⅰ・Ⅱ，大久保直幹・長田光展・塚本利明・柳井茂雄訳，太陽社，1970，1975 年）
- Philosophical Sketches, The Johns Hopkins Press, Baltimore, 1962.（『哲学的素描』塚本利明・星野徹訳，法政大学出版局，1974 年）

Charles Morris, Signs, Language and Behavior, George Braziller, INC., 1955.

J.M. Krois, Cassirer. Symbolic Forms and History, Yale University Press, New Heaven, 1987.

メルロー＝ポンティ『知覚の現象学』Ⅰ，竹内芳郎・小林貞孝訳，みすず書房，1967 年

金子晴勇『現代ヨーロッパの人間学』知泉書館，2010 年

付論　カッシーラーの宗教理解

Ernst Cassirer,
- Die Philosophie der Aufklärung, Felix Meiner Verlag, Hamburg, 2007.（『啓蒙主義の哲学』中野好之訳，紀伊国屋書店，1962 年）
- Rousseau, Kant, Goethe, Felix Meiner Verlag, Hamburg, 1991.（『18 世紀の精神』原好男訳，思索社，1979 年）
- Kants Leben und Lehre, (Immanuel Kants Werke, herausgegeben von Ernst Cassirer, Bd.XI) verlegt bei Bruno Cassirer, Berlin, 1923.（『カントの生涯と学説』門脇卓爾・高橋昭二・浜田義文監修，みすず書房，1986 年）

Kant
- Die Religion innerhalb der Grenzen der bloßen Vernunft (Kants Werke, Bd.VI) verlegt bei Bruno Cassirer, Berlin, 1923.（『宗教論』カント全集第 9 巻，飯島宗享・宇都宮芳明訳，理想社，1974 年）
- Kritik der reinen Vernunft, (Kants Werke, Bd.III) verlegt bei Bruno Cassirer, Berlin, 1922.（カント『純粋理性批判』（上）篠田英雄訳，岩波文庫，1993 年）
- Kritik der praktischen Vernunft, (Kants Werke, Bd.V) verlegt bei Bruno Cassirer, Berlin, 1922.（『実践理性批判』波多野精一・宮本和吉・篠田英雄訳，岩波文庫，2009 年）
- 『人倫の形而上学』森口美都男・佐藤全弘訳，世界の名著 32，中央公論社，1972 年

パウル・メンツァー編『カントの倫理学講義』小西国夫・永野ミツ子訳，三修社，1968 年

パスカル『パンセ』世界文学全集，松浪信三郎訳，筑摩書房，1975 年

ヴォルテール『哲学書簡』串田孫一編，世界の名著 35，中央公論社，1998 年

ルソー『エミール』今野一雄訳，岩波文庫，2009 年

『人間不平等起源論』小林善彦訳，世界の名著 30，中央公論社，1966 年

ポール・アザール『ヨーロッパ精神の危機』野沢協訳，法政大学出版局，1973 年

グレトゥイゼン『フランス革命の哲学』井上堯裕訳,法政大学出版局,1977年
シュバイツァー『カントの宗教哲学』(下)斎藤義一・上田閑照訳,白水社,2004年
金子晴勇『エラスムスとルター——十六世紀宗教改革の二つの道』聖学院大学出版会,
　　2002年
金子晴勇『ヨーロッパ人間学の歴史』知泉書館,2008年
楠正弘『理性と信仰——自然的宗教』未来社,1974年

人名索引

アインシュタイン　5, 110
アウグスティヌス　106, 163
アリストテレス　28, 44, 152, 203
ヴィーコ　46
ウゼナー　59, 41, 57, 58-61, 64, 65, 69, 70, 73, 95
ヴォルテール　201-05
エラスムス　200
カント　3-5, 9, 14, 30, 36, 49, 50, 67, 71, 83, 85, 91, 92, 105, 108, 110, 126, 127, 146, 183, 188, 189, 194, 199-202, 206-17, 219-27, 233-35, 237-40, 244, 245, 249-51
キリスト　9, 60, 82, 163, 200-03, 209, 211, 212, 214
クザーヌス　200, 216
クライスト　155
クラーゲス　149
グレトゥイゼン　201, 205
ゲーテ　49, 63, 214
ケーラー　39, 46, 97, 103, 177, 178
コペルニクス　164
コーヘン　3, 4
ゴールドシュタイン　154
コンディヤック　18, 25, 46, 230, 231
サリヴァン先生　98, 179
シェーラー　8, 143, 144, 149-57, 161, 166, 168
シェリング　36, 49, 54, 55, 66-68, 83, 235
ジュースミルヒ　14, 16, 17, 23, 230
シュタインタール　226, 235, 236
シュトラッサー　127
シュバイツァー　215, 216
ジンメル　143-45, 148
スピノザ　148, 235
ソクラテス　56, 161-63, 165
ダーウィン　164

チャールズ・モリス　192
ディルタイ　200
デモクリトス　46
デカルト　202, 227
ナトルプ　4
ハイデガー　143
ハイム　226
バークリー　118-24, 126, 229, 230
パスカル　163, 164, 201-06
パブロフ　173, 174
ハーマン　220, 224, 233, 251
ピュタゴラス　112
フッサール　91-93, 107, 108
プラトン　163
フンボルト　6, 9, 13-15, 25-39, 42, 45-50, 54, 108, 130, 146, 147, 187, 188, 190, 219, 220, 225-27, 234-41, 243-52
ヘーゲル　36, 48
ベーコン　119, 120
ヘルダー　6, 7, 13-29, 32, 34-40, 43, 46, 48-51, 54, 89, 96, 97, 99, 100, 101, 103, 107, 108, 115, 116, 167, 169, 171, 177, 187, 190, 219, 220, 224, 228, 230-35, 251
ヘルムホルツ　115, 127
ヘレン・ケラー　98, 177, 179-81, 192
ポール・アザール　200, 201
ホッブズ　120, 217, 228
ミュラー　57
メルロー＝ポンティ　187, 188
モーセ　59, 230
モンテーニュ　164
ユクスキュル　166-70, 178, 182, 196
ライプニッツ　227, 228, 230
ランガー　9, 10, 178, 186, 190-98, 226
ルソー　18, 25, 46, 170, 171, 201, 202, 205-10, 212, 216, 217, 232
ロック　118-20, 228, 231

ローラ・ブリッジマン　177, 179-81

事項索引

ア 行

ア・プリオリ　23, 213
意志　63, 174, 179, 181, 187, 213, 222, 232
一般化　15, 39, 57, 60, 62, 63, 119, 121, 126, 129
意味　16, 19, 35, 40, 42, 43, 46, 57, 58, 60, 63, 65, 69, 70, 72, 73, 75, 76, 78, 81, 85-98, 100, 104, 107, 108, 110, 112-14, 116, 118, 123, 125, 133, 137, 138, 150, 151, 153, 154, 173-75, 177-82, 186-88, 192, 194, 197,
因果　40, 74-76, 223
印象　4, 22, 24, 37, 44, 46, 47, 59, 64, 68, 71, 72, 76, 77, 86, 88-95, 98-101, 103, 105, 115, 117, 119, 123, 124, 129-31, 135, 136, 162, 170, 180, 196, 197, 202, 226, 233, 244, 245
宇宙　20, 40, 45, 70, 78, 81, 82, 95, 108, 143, 149, 152, 156, 162, 164, 166, 168-71, 178, 179, 181, 202, 205, 224, 235, 240
エネルゲイア　28, 108, 146, 251
エルゴン　108, 146, 251
音声　15-18, 24, 25, 28, 30-35, 40, 42, 45, 46, 50, 65, 97, 100, 123, 175, 178, 180, 181, 229, 231, 232, 237, 239, 242, 243, 246
　──形式　31, 32, 42, 50

カ 行

概念　18, 22, 30, 31, 33, 34, 37-39, 41, 43, 44, 47, 48, 50, 53, 54, 58, 59, 61-65, 70, 74-76, 81, 82, 85-87, 89, 90-92, 99, 101, 102, 108-40, 145, 152, 153, 166, 169, 170, 172, 182, 186-88, 191, 192, 197, 201, 209, 210, 213, 214, 221-25, 228-34, 236-45, 248, 250
　──形成　37, 61, 70, 114, 244
　──作用　61-65, 114, 121, 127
　──的　54, 62, 75, 76, 115, 116, 133, 135-38, 140, 166, 228, 230
科学　3, 4, 7, 8, 13, 15, 38, 49, 54, 56, 71, 72, 74-76, 82, 83, 85, 104, 105, 109, 110-17, 122-33, 135-40, 161, 163-66, 168, 171, 172, 184, 186-89, 191, 214, 222, 223, 225, 228, 231, 251
　──的概念　129, 132, 135, 136
　──的思考　7, 8, 38, 49, 54, 56, 71, 74-76, 83, 85, 109-16, 126, 127, 137, 139, 140, 168, 186, 187, 189
　──的世界概念　85, 124-26, 128, 129, 131, 137, 139, 140
カテゴリー　30, 36, 71, 73, 74, 76, 128, 145, 234, 237, 238, 240, 244, 245, 249
感覚　4, 17-20, 22, 24, 25, 35, 37, 40, 42, 43, 45, 59, 71, 72, 77, 86, 88, 90-94, 98, 99, 101, 103, 107, 111-13, 115, 116, 119, 130, 132, 133, 135, 138, 152, 170, 174, 180, 196, 197, 228-31, 238, 244, 245
　──的印象　37, 86, 88, 90
　──知覚　90, 91, 93, 112, 228, 229
環境　70, 72, 98, 103, 153, 166, 168-70, 172, 182, 196, 209, 214
感受系　169, 170, 182
関数　4, 77, 78, 110
感性　32, 33, 44, 68, 77, 78, 88, 91, 93, 94, 97, 98, 101, 105, 109, 123, 124, 131-33, 137, 138, 169, 248
　──的印象　68
観念　5, 6, 14, 33, 38, 58, 60-62, 91, 102, 103, 108, 110, 117-22, 124, 126, 131, 144, 145, 148, 152, 155, 180, 184, 188, 191, 193, 197, 198, 206, 207, 214, 220, 223,

225-29, 234-36, 239, 246
　——論　　5, 6, 14, 38, 91, 108, 119, 126, 184, 220, 225-28, 234, 239
記憶　　88, 106, 107, 137, 231
幾何学　　77, 78, 94, 163, 164, 203
　——的精神　　163
起源　　7, 13-15, 18, 19, 22-26, 38, 39, 42, 45, 46, 48, 50, 54, 55, 57, 58, 61, 66, 71, 79, 80, 81, 83, 96, 98-100, 116, 136, 151, 164, 177, 186, 204-06, 209, 225, 228-33
記号　　40, 46, 65, 85, 87, 97, 104, 105, 109, 118, 120, 122, 123, 129, 130-38, 153, 172-75, 177, 184, 192, 193, 197, 227-32, 240, 241, 246
機能的円環　　169-71, 178, 182, 183, 196
客観　　7, 22, 30, 31, 36, 37, 42, 44, 46, 47, 54, 55, 59, 60, 65, 68-72, 77, 80, 83, 86, 95, 97, 98, 100, 101, 104, 108, 114, 116, 119, 122, 124, 126-33, 135, 138, 139, 156, 157, 161, 162, 167, 168, 172, 175-79, 184, 189, 221-23, 237-51
　——化　　7, 37, 47, 59, 60, 65, 68, 70-72, 97, 104, 114, 116, 124, 126-30, 167, 176, 238, 244
　——的形態化作用　　83, 95, 157
協働　　17, 32, 46, 72, 94, 104, 105, 107, 123, 146-49, 152, 156, 157, 165
空間　　43, 44, 71, 74, 76, 77-82, 95, 102-06, 114, 115, 127, 145, 164, 175, 186, 226, 229
偶然　　58, 75, 76, 155, 164, 248
啓示　　200, 203, 208-17, 224, 233
形態化　　5, 34, 83, 95, 124, 125, 157
啓蒙主義　　5, 9, 14, 49, 199-203, 205-07, 209, 214, 215, 230, 232, 233
ゲシュタルト　　116
欠陥動物　　19-21, 26, 99, 170
原因　　33, 60, 74-76, 223
言語　　4-7, 9, 10, 13-20, 22-50, 53-58, 61-63, 65, 66, 68-70, 73, 74, 82, 83, 85-87, 89, 96-101, 104, 105, 107-09, 116, 118-21, 123, 129-41, 146-49, 157, 167-69, 171, 172, 175-84, 186-90, 192-94, 219, 220, 223-52
　——形式　　30-32, 39, 50, 65, 132, 146, 148, 238, 243, 244
　——的概念　　129, 135, 136, 140, 231
　——的記号　　129, 130, 133, 135-37, 227, 229, 231, 232
『言語起源論』　　13-15, 18, 23, 25, 26, 38, 39, 48, 50, 96, 99, 177, 232
原始心性　　40, 45, 48, 68, 70, 96, 114, 117
現象　　4, 5, 7, 14, 23, 27, 29, 36-38, 48, 49, 55, 58, 59, 62, 64, 68, 69, 75, 85, 86, 88-92, 96, 103, 105-08, 110, 111, 113, 115, 117, 127, 138, 141, 142, 149, 151, 166, 168, 171-73, 176, 179, 184, 187, 188, 189, 197, 212, 216, 222, 223, 227, 236-39, 244
　——学　　4, 5, 7, 14, 59, 85, 86, 90-92, 107, 108, 111, 127, 138, 141, 142, 166, 188, 189
現前　　7, 72, 80, 81, 85, 86, 88, 89, 92-96, 98, 99, 102, 103, 105-07, 112, 122, 123, 125, 130, 131, 193, 194, 198
コスモス　　70
悟性　　18, 20, 21, 32, 33, 72, 91, 105, 189
言葉のカーテン　　121, 229
コペルニクス的転回　　71, 126, 183

サ 行

再現前　　7, 85, 86, 88, 89, 92-96, 98, 99, 102, 103, 105-07, 112, 123, 125, 130, 193, 194, 198
　——化作用　　85, 86, 102, 105-07
サイン　　173, 178, 183, 192
思惟　　20, 49, 92, 152, 164, 165, 215, 216
時間　　53, 56, 74, 76, 77, 79, 80-82, 89, 102, 103, 105-07, 127, 138, 174, 175, 226, 240, 247
敷居　　79
シグナル　　173-81, 183, 184, 189, 192, 193, 196, 197

事項索引

志向　13, 43, 63, 88, 91-93, 101, 106, 107, 120, 135, 137, 147
　──性　88, 91, 92, 107, 120, 147
指示　43, 56, 57, 61, 70, 86, 97, 98, 106, 115, 116, 122, 129, 131, 175, 181, 241
自然　7, 13-20, 23, 25, 39-42, 45, 46, 48, 49, 57, 59, 62, 63, 68, 69, 73, 75, 76, 82, 87, 88, 91, 99, 102, 104, 105, 107-14, 117, 124-26, 128, 130, 131, 137-39, 148, 155, 156, 162, 164-66, 169, 171-73, 184, 186, 187, 189, 190, 194, 195, 200, 201, 203, 204, 206, 208, 210, 211, 213-17, 222-24, 228-32, 235, 242, 247, 251
　──崇拝　57, 216
　──的音声　16, 17
　──的宗教　201, 203, 208, 210, 211, 215-17
　──的世界概念　110-14, 124-26, 128, 131, 137, 139, 187
実践理性　139, 210, 212, 213, 221
社会　26, 35-37, 161, 162, 200, 206-08, 210, 217
主観　31, 36, 37, 42, 44, 55, 59, 63, 65, 69, 70, 71, 80, 86, 91, 94, 95, 98, 117-19, 126, 128, 132, 139, 146, 147, 161, 162, 171, 172, 175, 178, 188, 189, 197, 229, 238-43, 245, 247-51
　──性　36, 55, 59, 117, 118, 132, 139, 146, 147, 171, 175, 189, 239, 241, 242, 250, 251
　創造的──性　55, 59, 117, 146
　超越論的──性　146
主体　59, 61, 67, 70, 132, 133, 146, 164, 175, 176, 207, 212, 213, 229
瞬間神　41, 59, 60, 62, 64, 65, 95, 96
純粋理性　3, 4, 9, 50, 71, 83, 85, 105, 108, 110, 126, 127, 167, 188, 189, 211, 213-15, 219, 224, 225, 227, 234, 238, 250
『純粋理性批判』　3, 4, 9, 50, 71, 83, 85, 105, 108, 110, 126, 127, 188, 189, 213, 214, 219, 224, 225, 227, 234, 238, 250
象徴　8, 10, 11, 85, 98, 154, 166, 167, 168-76, 179, 180, 182-84, 189, 196, 197
　──系　154, 168-73, 176, 182, 196, 197
　──的動物　8, 166-68, 173, 176, 184, 189
衝動　19-22, 27, 30, 35, 43, 47, 99, 102, 103, 144, 146, 147, 150-52, 191, 199, 226
情動　6, 15-19, 40, 42, 46, 65, 74, 96-98, 109, 162, 167, 172, 176-79
　──言語　40, 42, 46, 96, 109, 167, 176-79
所産　58, 70, 108, 146-49, 153, 208, 223, 236, 240, 251
　──的形式　148, 149, 153
心象　41, 88, 91, 131, 197
進化　18, 26, 150, 164, 178, 179, 207
　──論　164, 207
　創発的──　179
人格神　41, 60, 61, 73
信仰　60, 61, 73, 80, 82, 163, 199, 200-03, 207-09, 211-14, 216, 217
神話　4, 5, 7, 8, 10, 37-42, 48, 49, 53-59, 61, 62, 64-83, 85, 87, 95, 96, 102, 104, 105, 108, 109, 112, 116, 129, 135, 136, 138-41, 146, 167, 168, 170, 171, 183, 186, 187, 189, 195
　──的概念作用　61, 62, 64, 65
　──的思考　4, 5, 7, 8, 40-42, 48, 53-56, 59, 61, 65, 66, 68-83, 85, 96, 102, 104, 108, 109, 112, 116, 129, 135, 136, 138-41, 170, 183, 186, 187, 189, 195
　──的世界　58, 78-80
シンボリズム　176, 180, 181
シンボル　1, 3-11, 13, 36-38, 40-42, 47-50, 53-57, 61, 66, 68, 72, 81-83, 85-96, 98-103, 105-11, 114-16, 120, 125, 127, 130, 133, 136, 138-43, 145, 146, 148, 153, 154, 156, 157, 159-61, 166-68, 170-98, 219, 229-31, 233
　──機能　7, 72, 87, 88, 91, 107-10, 130, 139-41, 166, 173, 176, 180-84, 186, 188-90, 194, 197, 198
　──的直観　85

──形式　3-11, 13, 36-38, 40-42, 48-50, 53-57, 66, 68-71, 82, 83, 85-88, 90, 91, 101, 102, 107-11, 114-16, 120, 130, 133, 136, 138-43, 145, 146, 148, 159, 160, 167, 168, 170, 172, 182, 183, 185-90, 192-95, 197-19, 230
推論　62-64, 145, 237
図式　77-79, 105, 186, 226, 234
ストア　163
聖　59, 60, 79, 80-82, 94, 164, 195, 200, 207, 208, 212, 214
生成　27, 28, 30, 32, 33, 35, 45, 47, 49, 58, 67, 75, 89, 94, 144, 146, 148, 187, 240
生の哲学　8, 141-44, 151, 157
生命　8, 16, 17, 25, 27, 29, 30, 36, 46, 47, 97, 102, 132, 141-57, 164, 169, 170, 191, 232, 234, 235, 237, 240, 241, 247, 248, 250, 251
世界観　31, 34, 37, 42, 58, 75, 77-81, 109, 111, 114, 126, 163, 164, 182, 187, 222, 241, 250
先験的　103, 110, 116, 125, 127, 188
繊細な精神　163
即自　48, 94, 98, 236, 237, 246
相関　36, 63, 92, 104, 105, 146-49, 152, 154, 156, 226, 237, 243, 244
総合　32, 72, 91, 116, 163, 169, 216, 222, 230, 235, 237, 238, 243, 246, 248, 250
創造　3, 14, 22, 29, 33, 44, 47, 55-59, 74, 87, 88, 94, 95, 101, 108, 117, 119, 126, 132, 136, 140, 146-49, 171, 172, 174, 176, 186, 189, 191, 203, 206, 230, 231, 237-39, 243, 251
　──的観念　191
　──的主観性　55, 59, 117, 146
相対　5, 72, 110, 113, 114, 216
素材　54, 71, 92, 95, 122, 129, 133, 136-38, 166, 180, 234
　脱──化　133, 136, 138
像　10, 11, 46, 62, 66, 70, 72, 75, 99, 101, 151, 153, 155, 164, 175, 185, 197, 229, 242, 243, 247

タ　行

対極　96, 139, 154-57, 173
対自　48, 98
代表　3, 4, 13-15, 18, 39, 60, 64, 73, 86, 88, 89, 103, 112, 118, 119, 121, 122, 125, 168, 173, 174, 188, 189, 217, 230
代理　72, 86, 89, 100, 122-26, 192, 198, 212, 224
対話　24, 36, 37, 40, 132, 162
ダヴォス討論　143
堕罪　163, 201-04, 206
他者　24, 33-37, 118, 208, 212
タブラ・ラサ　118
段階的　20, 25, 59, 61, 70, 71
知覚　4, 24, 35, 47, 63, 69, 71, 72, 76, 77, 86, 88-95, 101-03, 106, 107, 109, 110, 112-15, 119, 123, 125, 130, 162, 165, 171, 176, 183, 188, 193, 194, 196, 228, 229, 241, 242, 244, 246, 250
秩序　16, 17, 72, 76, 78, 93, 105, 115, 127, 133-35, 138, 149, 229, 231, 252
抽象　7, 15, 30, 33, 39, 40, 43, 62, 65, 71, 73, 76, 89, 97, 102, 110, 112, 113, 117, 119, 121-23, 126, 129, 145, 172, 178, 179, 181, 182, 184, 187, 189, 194, 222, 229, 234, 240, 251
　──化　7, 15, 39, 40, 43, 62, 65, 76, 110, 113, 117, 123, 126, 129, 172, 187, 189, 194, 240
超越　5, 35, 36, 50, 71, 91, 99, 102, 105, 107, 110, 127, 144-46, 164, 183, 194, 195, 207, 210, 219, 221, 226, 229, 237, 239, 240
　──論　5, 36, 50, 71, 91, 105, 110, 127, 145, 146, 183, 194, 219, 226, 237, 239, 240
聴覚　24, 25, 35, 103
　内的──　35
直観　5, 7, 15, 25, 32, 36, 39, 43, 55, 59, 66, 76-78, 81-83, 85, 86, 90, 92, 93, 95, 96, 99-01, 103-07, 109-17, 125-33, 135,

事項索引 273

136, 138-40, 187, 189, 194, 228, 231, 234, 235, 246
──的思考　129
徴表　29, 89, 100, 101
転化　94
展望　20, 111, 112, 117, 119, 123, 220, 221
統覚　22, 77, 90, 91, 233
　神話的──　77
特殊の神々　41, 59, 60, 65

　　　　ナ　行

内観　161, 162
内省　20-22, 43, 48, 50, 99-101, 162, 164, 233
──意識　21, 22, 43, 48, 50, 99, 233
内的言語形式　31, 32, 39, 50, 243, 244
認識　4, 5, 7, 8, 13, 22-24, 33, 34, 36, 38, 44, 47, 49, 55, 59, 62, 64, 66-71, 76, 77, 79, 80-83, 85-88, 90-94, 96, 98-101, 103, 107, 108, 110-31, 136, 138-42, 146, 156, 157, 161-63, 165, 166, 170-72, 176, 182, 187-89, 193-97, 202, 203, 208, 210, 211, 213, 221, 222, 227-30, 232, 237-39, 241, 244, 246, 247, 249, 252
──論　71, 88, 91, 94, 108, 110, 125, 126, 139, 140, 182, 187, 230, 237, 244, 246, 247
能産　108, 132, 146-49, 153, 240
──的形式　132, 148, 149, 153
ノエシス (Noesis)　92, 94
ノエマ (Noema)　92
乗り物　130, 190, 238, 240

　　　　ハ　行

媒介　77, 127, 146, 154, 171, 176, 178, 237, 240, 241
媒体　29, 47, 65, 76, 81, 120, 123, 148, 180, 182, 235
反作用　43, 154, 243
反省　14, 21, 22, 44, 70, 89, 99, 100, 101, 105, 116, 155, 176, 223, 233, 235, 236, 239, 243
判断　22, 62, 63, 75, 90, 95, 100, 120, 123, 127, 141, 149, 216, 221, 233, 237-39, 249
反応系　169, 170, 182
飛躍　3, 179, 184
表示　78, 86-88, 93, 96-99, 104, 105, 115, 118, 119, 121, 123, 133, 138, 174, 188, 193, 230, 241, 244, 245, 246
表情　94, 95, 97, 98, 104, 133, 165
表象　16, 19, 20, 24, 30, 42-45, 69-73, 75, 88, 90-92, 98, 101, 111, 115, 116, 119, 121-24, 127, 130-33, 137, 138, 173, 186, 189, 197, 210, 228-32, 237, 238, 240, 241, 249, 250, 252
文化　3-7, 10, 11, 15, 26, 29, 33, 35-38, 48-50, 54-56, 59, 63, 66, 68, 83, 87, 95, 96, 100, 103, 108, 109, 113, 114, 139, 140, 146, 148, 159, 160, 165, 167, 168, 170, 172, 173, 176, 186-190, 217
分節　18, 28, 30, 33-35, 40, 42, 45, 47, 69, 74, 80, 90, 93, 96, 98, 100, 101, 116, 122, 124, 130, 131, 134, 137, 177, 195, 243, 244

　　　　マ〜ワ　行

身振り言語　43-45
命題言語　40, 42, 43, 46, 65, 96, 109, 167, 176-79, 181, 184
物自体　16, 72, 110, 194, 228, 245
目的論　223, 232

有機的　6, 17, 21, 27, 30, 102, 103, 105, 108, 150, 155, 157, 164, 166, 169, 185, 246

理性　3-5, 9, 14, 17-23, 25, 27, 33, 35, 38, 40, 48, 50, 71, 83, 85, 99, 105, 107, 108, 110, 116, 126, 127, 139, 152, 163, 164, 167, 168, 172, 173, 187-89, 191, 196, 200-02, 204, 205, 209, 210-17, 219, 221,

　　　　222, 224-28, 234, 238, 250, 251
理神論　　201, 203, 216
理論　　4, 5, 23, 34, 43, 44, 46, 55, 61-65,
　　67, 71, 73, 76, 77, 80-83, 85, 87, 88, 103,
　　108-14, 117, 119-21, 126, 128, 133, 136,
　　139, 165-72, 182, 185, 187, 188, 196, 206,
　　207, 221-23, 227, 232-34, 243
　　――的概念作用　　61-65
霊性　　212, 217
ロゴス　　39, 40, 45, 70, 97, 135, 167, 224,
　　237

論証的　　101, 116, 117
論理　　4, 6, 15, 30, 43, 45, 56, 59, 61-63,
　　65, 68, 71, 74, 76, 83, 93, 97, 98, 102,
　　105, 112, 113, 116, 123-25, 127, 128, 130,
　　136, 145, 163-65, 172, 180, 182, 192, 194,
　　202-04, 208, 221, 223, 227, 228, 230, 234,
　　237-40, 244, 247, 249
　　――学　　61, 124, 227, 228, 239

ワイマール　　3

Cassirer's Symbolic Philosophy

By

Shin Saito

Chisenshokan Tokyo
2011

Contents

Introduction
  I. *The Philosophy of Symbolic Forms* and the Aim of This Book   3
  II. The Structure of This Book   6
  III. Cassirer Studies at Present   9

Chapter 1. The History of Language Theory in Modern Germany: From Herder and Humboldt to Cassirer
  Introduction   13
  I. Herder's Language Theory   14
  II. Wilhelm von Humboldt's Language Theory   26
  III. Cassirer's Language Theory   38
  Conclusion   48

Chapter 2. Cassirer's Philosophy of Myth: Mythical Thought as the Root of Symbols
  Introduction   53
  I. The Origin of Language and Myth   55
  II. Myth as Forms of Thought and Intuition   66
  Conclusion   82

Chapter 3. Symbolic Intuition and the Function of Representation: A Study of *The Philosophy of Symbolic Forms*, vol. 3
  Introduction   85
  I. Symbolic Pregnance and the Constitution of Perceptive World   88
  II. Intuition and Expressive Function   95
  III. Reflection and Expressive Function   99
  IV. Representation of Space and Time   102
  Conclusion   107

Chapter 4. Scientific Thought as a Symbolic Form: A Study of Concepts and Signs
  Introduction   109
  I. The Development from Natural World Concept to Scientific Concept   110
  II. Constitution of Concept   114
  III. From Linguistic Signs to Scientific Signs   129
  Conclusion   139

Chapter 5. The Mind-Body Problem and Symbolic Functions: A Study of Two Papers Entitled *"Spirit"* and *"Life"*
 Introduction 141
 I. "Spirit" and "Life" in Cassirer's First Paper 144
 II. "Spirit" and "Life" in Cassirer's Second Paper 149
 Conclusion 155

Chapter 6. A New Definition of Man: A Study of Cassirer's Later Work *An Essay on Man*
 Introduction 159
 I. The Crisis in Modern European Anthropology 161
 II. Human as a Symbolic Animal 166
 III. The Difference between Emotional Language and Propositional Language 176
 Conclusion 182

Conclusion
 I. The Conclusion of *The Philosophy of Symbolic Forms* 185
 II. S.K. Langer's Symbolic Philosophy 190

Supplement: Cassirer's Understanding of Religion
 Introduction 199
 I. The Dogma of Original Sin and French Philosophy of the Enlightenment 201
 II. Cassirer's Understanding of Kantian Religion 208
 Conclusion 215

Appendix: Ernst Cassirer, *The Kantian Element in Wilhelm von Humboldt's Philosophy of Language* (1919) 219

Postscript 255
Bibliography 259
Index of Names 267
Index of Subject Matter 269

1

Ernst Cassirer (1874-1945), one of the most famous philosophers in the 20th century, is generally recognized as a philosopher of culture. It seems that it is quite an adequate evaluation of him, because his three volumes of *The Philosophy of Symbolic Forms* (1923-29), which are his greatest works, are an attempt to clarify "culture" with his own concept of "symbolic forms". Therefore, in the first place, we must consider what *The Philosophy of Symbolic Forms* is, and state our aims.

Cassirer grew up in the Weimar culture, which was intended to overcome traditional ideas and to construct new forms of thoughts from the 19th to 20th centuries, and owing to Herman Cohen (1842-1918) and Georg Simmel (1858-1918), he was led to Kantian philosophy. As his famous study, *Kant's Life and Doctrine* (1918), was added to the final volume of Kant's complete works, of which Cassirer himself was the main editor, he was already an eminent Kantian "scholar". What made him an eminent "philosopher" was, as I mentioned above, his monumental work, *The Philosophy of Symbolic Forms*. In this work, Cassirer attempted to enlarge and deepen the Kantian doctrine of transcendental philosophy with newly-gained knowledge in linguistics, psychology, biology and cultural anthropology, and to construct his own philosophical system. In the second volume, he says, "*The Philosophy of Symbolic Forms* takes up this basic critical idea, this fundamental principle of Kant's 'Copernican revolution,' and strives to broaden it. It seeks the categories of the consciousness of objects in the theoretical, intellectual sphere, and starts from the assumption that such categories must be at work wherever a cosmos, a characteristic and typical world view, takes form out of the chaos of impressions."[1] In this sense, as a philosopher, Cassirer is characterized by his *The Philosophy of Symbolic Forms*, and it seems that there is no other way to understand his cultural philosophy without giving careful consideration to this work.

2

Secondly, let us summarize the structure and method of our investigation. It basically follows the structure of *The Philosophy of Symbolic Forms* (1923-29) because it seems the best way to make Cassirer's development of thought obvious. So first we must take up Cassirer's philosophy of language, for it was

---

1) Ernst Cassirer, *The Philosophy of Symbolic Forms*, volume 2, *Mythical Thought*, translated by Ralph Manheim, New Haven and London, Yale University Press, 1955, p.25.

the essential issue in the first volume of *The Philosophy of Symbolic Forms* (1923). Furthermore, to have a clear and comprehensive understanding of it, we have to go back to the philosophy of language in the 18th century, especially that of Herder and Wilhelm v. Humboldt. These two predecessors' thought greatly influenced Cassirer. Humboldt is called "the father of modern linguistics" and of course, as Cassirer himself mentions admiringly, he owes a great deal to Humboldt's theory of language. Therefore, the relationship between Cassirer and Humboldt has been often discussed, but at that time, people overlooked the root, which was Herder. In this sense, it is Herder's *Treatise on the Origin of Language* (1772) that Cassirer's philosophy of language is based on, for Herder was the first thinker who brought the problem of language to the problem of "mind". Therefore, Humboldt started his own language theory at this point, and Cassirer followed and expanded its subject, not only in language, but in all culture.

Cassirer takes up the problem of myth in the second volume of *The Philosophy of Symbolic Forms* (1925), which is entitled *Mythical Thought*. It was one of his essential subjects as much as language. It is possible to realize how important a problem it was for him by merely listing his works on myth. The same year he published volume two, he also published a small thesis which is titled *Language and Myth*. In this book, using Herman Usener's original concept, "momentary deities", he attempted to discover the origin of language and abstract thinking, namely symbolic thinking. The argument in *Language and Myth* was not repeatedly taken up by Cassirer, for he thought that his basic theory on mythical thought had already been explored in that book; and his examination began at the point at which *Language and Myth* left off, and he completed it in *The Philosophy of Symbolic Forms*. Therefore, these two works present Cassirer's principal theory on myth, but his later work, *An Essay on Man* (1944), which is written in English and discusses various cultural subjects, and *Myth of the State* (1946)[2] also argue the problems of myth. Just glancing at all the titles of his works, it is possible to show what a vital problem it was for Cassirer. In his philosophy of symbolic forms, language and myth "are two different shoots from one and the same root"[3], that is, mythical thought. Thus mythical thought must be regarded as the root of all symbolic forms and all human culture that develops from language and myth.

The third volume of *The Philosophy of Symbolic Forms* (1929), which is subtitled *The Phenomenology of Knowledge*, can be divided into two parts. In the first half, Cassirer considers what he calls "natural symbolic forms". Those

---

2) This writing was published in 1946 by Yale University Press after his sudden death in 1945.
3) Ernst Cassirer, *An Essay on Man*, Yale University Press, New Heaven, 1944, p.109.

are symbolic forms which are more primitive and essential than "artificial symbolic forms" like language, myth or scientific thought.[4] According to Cassirer, human intuition has a function called "symbolic pregnance", and all impressions we perceive contain universal signification before our minds are oriented to them. Cassirer illustrates this structure of intuitive perception using the expression that meaning has become "pregnant" in our perception. This idea of "symbolic pregnance" must be regarded as the fundamental principle of Cassirer's philosophy of symbols. He defines this idea and says, "By pregnance we mean the way in which a perception as a sensory experience contains at the same time a certain nonintuitive meaning which it immediately and concretely represents".[5] In saying this, he also insists that the mental function of "representation" has an important role. In his philosophy, when a person perceives an object, a two-fold operation occurred: The object "presents" itself, and at the same time, it is"represented". This is the fundamental structure of human perception in Cassirer's philosophy.

In the latter half of the volume three, Cassirer examines "scientific thought". He considers science to be the "the last step in man's mental development." There is no doubt that the acquisition of science has changed human culture dramatically, so he also says that "it may be regarded as the highest and most characteristic attainment of human culture."[6] As we can see from these words, science and "scientific thought" are the last and ultimate accomplishment of symbolic forms. According to Cassirer, these are not patterns of knowledge, but creative functions which lead us to new knowledge. Thus, he also says that this concept in scientific thought" not only travels a road that is opened and known in advance but also helps to open it.[7] "

In 1944, the year before his sudden death, Cassirer published his last work on human culture in English, that is, *An Essay on Man*. This work has a strong relationship with *The Philosophy of Symbolic Forms*. He states that in this book "what I could give here is more an explanation and illustration than a

---

4) Cassirer refers to the relationship between these two kinds of symbolic forms in the first volume of *The Philosophy of Symbolic Forms*. He says "we have acquired a new foundation for such an investigation. We must go back to 'natural' symbolism, to that representation of consciousness as a whole which is necessarily contained or at least projected in every single moment and fragment of consciousness, if we wish to understand the artificial symbols, the 'arbitrary' signs which consciousness creates in language, art, and myth." Ernst Cassirer, *The Philosophy of Symbolic Forms*, volume 1, *Language*, translated by Ralph Manheim, New Haven and London, Yale University Press, 1955, p.105.

5) Ernst Cassirer, *The Philosophy of Symbolic Forms*, volume 3, *The Phenomenology of Knowledge*, translated by Ralph Manheim, Yale University Press, New Haven and London, 1957, p.202.

6) *An Essay on Man*, p.207.

7) *The Philosophy of Symbolic Forms*, volume 3, p.289.

demonstration"[8] of his theory of symbols. Certainly this book contains less detailed contemplation on symbolic forms such as language, myth, science and art; however, it includes one of the most characteristic features of Cassirer's philosophy of symbols, that is, a new human definition, *animal symbolicum*.[9] Cassirer indicates in this book that each developed modern theory of man has caused the loss of an "intellectual center". Faced with such methodological difficulty, the classical definition human as *animal rationale* has lost its validity. Cassirer's original definition offers a moment to overcome such a situation by conceiving the human mind as functioning to create symbols, namely culture. In this sense, we must consider this book to be the conclusion of his symbolic anthropology.

At the end of our investigation, we must refer to later philosopher influenced by Cassirer. S.K. Langer is the most famous successor to Cassirer. In her *Philosophy in a New Key* (1942), the symbol is regarded as the "generative idea" of today, from which various thoughts and forms are brought about. Thus, she claims that "If it is indeed a generative idea, it will beget tangible methods of its own, to free the deadlocked paradoxes of mind and body, reason and impulse, autonomy and low, and will overcome the checkmated arguments of an earlier age by discarding their very idiom and shaping their equivalents in more significant phrase".[10] Following Cassirer's theory, which examined the phenomenon of mind or its function through symbolic forms, Langer enters deeper into the consideration of the symbol itself, and purpose to construct her own theory of symbols. Therefore, it is possible that her thought on symbol augment Cassirer's *The Philosophy of Symbolic Forms*, and thus helps us to understand the whole depth and richness of his theory.

Incidentally, another consideration supplements our study, because Cassirer's "understanding of religion" is worth referring to. Generally, the age of Enlightenment is regarded as having been critical or skeptical of religion. But his famous *The Philosophy of the Enlightenment* (1932) insists that, "If we attempt to test this traditional view by concrete historical facts, we soon come to entertain the gravest doubts and reservations so far as German and English thought of the Enlightenment is concerned".[11] Thus, according to Cassirer, the philosophy of the Enlightenment did not try to even destroy religion but to reconstruct it with new forms of thought. Hence, the interest of Enlightenment

---

8) *An Essay on Man*, viii.
9) Ibid, p.26-27.
10) S. K. Langer, *Philosophy in a New Key*, Harvard University Press, 1951, p.25.
11) Ernst Cassirer, *The Philosophy of the Enlightenment*, translated by Frits C.A. Koelln and James P. Pettegrove, Beacon Press, Boston, 1964, p.134.

thinkers was in a new form of religion. In the 18th century, the doctrine of "the original sin" no longer had its implicit power, and French philosophers, such as Voltaire and Rousseau, did not hesitate to point out its irrationality. They demanded religion be a universally ethical faith. But when it comes to Kant, who was not hostile to the Church, such universality fulfilled in the Gospel. Therefore, Cassirer says that, if we regard the Enlightenment as an age merely irreligious and skeptical, "such a view runs the risk of overlooking precisely the highest positive achievements of the period"[12]. Those achievements are, as I mentioned above, a new form of faith and a new form of religion. It seems that such religious understanding can play an important role in the present day, when atheism and materialism are sweeping the world.

3

Finally, let us survey the situation of Cassirer studies at present. The country which studies Cassirer's philosophy the most is the United States, not Cassirer's motherland Germany. It seems that there are two major reasons for this. One is that the U.S. is where he spent his last days, and Yale University holds his numerous manuscripts. Cassirer studies in the U.S. began while Cassirer was still alive, and the most remarkable study was *The Philosophy of Ernst Cassirer* (1949), in the series *Library of Living Philosophers*. In this book, 23 major scholars in the U.S. examined the philosophy of Cassirer. Cassirer did not live to see this book's completion, so he did not realize how highly his philosophy was evaluated in the U.S., but it is certain that his philosophy, not only "on symbols" but also on history and politics, were more correctly understood and accepted in the U.S. than in Germany. S.K. Langer, for example, introduced Cassirer's thought to English readers by translating *Language and Myth*.[13]

The study of Cassirer in the U.S. today includes D.P. Verene and J.M. Krois, the editors of the fourth volume of *The Philosophy of Symbolic Forms*. In 1979, Verene also edited Cassirer's lectures under the title of *Symbol, Myth and Culture*. In this book, in the introduction, he explains his own understanding of Cassirer's philosophy, so this book can be regarded as one of the most useful handbooks on Cassirer. Krois is the author of *Cassirer, Symbolic Forms and History,* (1987), in which he gives an overall view of Cassirer's philosophical

---

12) Ibid, p.135.

13) Langer was also one of the writers included in *The Philosophy of Ernst Cassirer*, in which she evaluates Cassirer's theory of myth. Cf. S.K. Langer, On Cassirer's Theory of Language and Myth, in; The Philosophy of Ernst Cassirer, ed. by Paul Arthur Schilpp, Open Court Publishing Company, 1949.

systems; this is also a good "guide" to Cassirer. In recent years, other scholars such as Skidelsky[14] and Bayer[15] have presented their own understandings of Cassirer.

In Japan, curious to say, although existentialism has been the most popular mode of thought for a long time, Ernst Cassirer was a thinker with whom many Japanese are familiar. The first Japanese translation of *The Philosophy of Symbolic Forms* was published in 1941 by psychologist Yatabe Tatsuo. This translation was published more than 10 years before the English translation appeared, and in fact most of Cassirer's works have been translated into Japanese.

Nevertheless, it is much more curious that there is no "guide" to Cassirer's philosophy like the above-mentioned book by Krois. It seems that it is impossible to completely describe the whole of Cassirer's vision, as his concerns extended in many directions, not only in symbolic philosophy, but also in politics, biology and even to the theory of relativity. Thus I have not attempted to deal with every aspect of Cassirer's thought. Instead, I have aimed to discuss only Cassirer's philosophy of symbols as clearly as possible by encapsulating the essence of his thought. I wish to offer guidelines for understanding Cassirer's philosophy of symbols which, in their complexity, demand considerable efforts from the reader in order to understand them.

---

14) *Ernst Cassirer, The Last Philosopher of Culture*, Princeton University Press, 2008.

15) *Cassirer's Metaphysics of Symbolic Forms*, A Philosophical Commentary, Yale University Press, New Haven&London, 2001.

齊藤　伸（さいとう・しん）
1983年東京都生まれ。2011年聖学院大学大学院アメリカ・ヨーロッパ文化学研究科博士後期課程修了。学術博士。現在，聖学院大学総合研究所特任研究員。主な研究分野は現代哲学，現代人間学，言語哲学。
〔業績〕「シンボル的直観と再現前化作用」(『聖学院大学総合研究所紀要』2009年，No.46.)
「カッシーラーにおける心身論とシンボル機能」(『聖学院大学総合研究所紀要』2010年，No.48.)

〔カッシーラーのシンボル哲学〕　　　ISBN978-4-86285-114-7

2011年9月10日　第1刷印刷
2011年9月15日　第1刷発行

著　者　齊　藤　　伸
発行者　小　山　光　夫
製　版　ジ　ャ　ッ　ト

発行所　〒113-0033 東京都文京区本郷1-13-2
　　　　電話03(3814)6161 振替00120-6-117170
　　　　http://www.chisen.co.jp
　　　　株式会社　知泉書館

Printed in Japan　　　　　印刷・製本／藤原印刷